COMERCIO EXTERIOR

BLANCA AGUIRRE
KLAUS ROTHER

COMERCIO EXTERIOR

SGEL

Sociedad General Española de Librería, S. A.

Primera edición, 1996
Segunda edición, 1999

EL ESPAÑOL
por profesiones

Produce: SGEL-Educación
        Avda. Valdelaparra, 29 - 28100 ALCOBENDAS (Madrid)

Directora de la colección: Blanca Aguirre

Agradecemos los textos y documentos cedidos por las entidades e instituciones mencionadas en la obra.

ISBN: 84-7143-579-9
Depósito Legal: M-17.043-1999
Printed in Spain - Impreso en España

Cubierta: Erika Hernández
Ilustraciones y fotos: Archivo SGEL INCOLOR
Maqueta: C. Campos

Compone: Amoretti
Imprime: SITTIC, S. L.
Encuaderna: F. Méndez, S. L.

Presentación

El presente título, **COMERCIO EXTERIOR,** *de la colección* **El Español por Profesiones,** *está dirigido a todas aquellas personas que tienen conocimientos básicos de la lengua española y desean continuar su aprendizaje y profundización para utilizarla en un contexto profesional.*

Esta obra pretende satisfacer las necesidades específicas de comunicación, tanto oral como escrita, de todos aquellos profesionales relacionados con las transacciones del comercio internacional. Para ello, el material ha sido organizado en nueve unidades didácticas subdivididas, cada una de ellas, en tres secciones.

En cada sección, el lector encontrará los siguientes apartados:

- **Presentación:** *documentos auténticos o diálogos que introducen la situación profesional, el tema y el léxico pertinente.*

- **Para leer y comprender.**
- **Para hablar.**
- **Para practicar.**
- **Para terminar.**

Incorporan las cuatro destrezas básicas, así como los ejercicios y actividades comunicativas que permiten la familiarización con los procedimientos y documentos de la profesión.

Con el fin de facilitar el aprendizaje y la adquisición de léxico, se ha introducido una **Sección de Consulta** *en la que, en los apartados de* Diccionario, Funciones, Gramática *y* Memoria, *figuran las definiciones y explicaciones de los términos, los exponentes de las funciones, los aspectos gramaticales y las nociones desarrolladas en cada una de las unidades didácticas del libro.*

Para aquellos que adopten el sistema de autoaprendizaje, se incluye una Clave de Soluciones *de los ejercicios propuestos. Y, a continuación, los* Apéndices de Abreviaturas y Siglas, *así como un* Glosario multilingüe.

Confiamos en que, no sólo este título, sino toda la colección, sea de utilidad para profesionales, profesores y alumnos.

LOS AUTORES

CONTENIDOS

Unidad	TEMAS Y SITUACIONES	ACTIVIDADES
1	**Comercio internacional** A. El sector exterior B. Cooperación económica internacional C. Integración de mercados	• Conceptos y nociones básicas en el Comercio Internacional. • Comprensión y exposición de información profesional. • Cumplimentación de documentos. • Adquisición de léxico profesional. • Prácticas de redacción. • Corrección ortográfica. • Representaciones gráficas.
2	**La internacionalización de la empresa** A. La decisión de exportar B. En el departamento de exportación C. Comercialización en el exterior	• Supuestos profesionales en contextos de expresión oral. • Comprensión y expresión de relaciones laborales. • Técnicas de organización de la información (oral y escrita). • Prácticas de argumentación. • Familiarización con los procedimientos apropiados en reuniones y juntas. • Adquisición de jerga profesional. • Comunicación no verbal. • Entrevista de trabajo. • Redacción de cartas de presentación y Currículum Vitae.
3	**Al servicio del comercio exterior** A. Información y asesoramiento B. Estímulos a la exportación C. Servicios bancarios	• Interpretación y exposición de información técnica. • Interpretación de pictogramas y símbolos. • Búsqueda y organización de fuentes de información. • Familiarización con servicios e instrumentos de ayuda financiera. • Expresión oral y escrita. • Prácticas de traducción. • Comprensión de prensa especializada. • Lenguaje de la publicidad.
4	**Comunicaciones y documentos en el comercio exterior** A. Correspondencia comercial B. Por teléfono C. Documentos en el comercio internacional	• Fórmulas para la comunicación personal y por teléfono. • Relaciones comerciales por correspondencia. • Expresión de condiciones contractuales. • Utilización de tecnología de comunicación. • Familiarización con procedimientos y documentos profesionales.
5	**Producto e imagen** A. ¿Marketing global? B. Publicidad y promoción C. Imagen internacional	• Exposición de políticas de exportación. • Marketing e investigación comercial. • Lectura comprensiva. • Exposición oral y escrita. • Prácticas de traducción. • Estudio de casos. • Formación de léxico específico. • Expresión visual y lenguaje de la publicidad. • Imagen corporativa.

CONTENIDOS

Unidad	TEMAS Y SITUACIONES	ACTIVIDADES
6	**Promoción y nuevos mercados** A. Ferias y exposiciones B. Presentaciones de empresas y de productos C. El despacho en la aduana	• Planificación y organización de presentaciones internacionales. • Familiarización con reuniones internacionales. • Teleconferencia. • Cumplimentación de formularios. • Despacho en la Aduana. • Fórmulas de relación social. • Consolidación de lenguaje específico. • Viajes y reuniones sociales y comerciales. • Interpretación y transferencia de información no textual. • Aspectos culturales.
7	**La contratación internacional** A. El contrato de compraventa B. Condiciones de entrega: Incoterms C. Una exportación directa	• Lectura comprensiva de textos técnicos. • Discurso interactivo: comprensión y expresión. • Exposición de condiciones contractuales. • Incoterms. • Prácticas de técnicas de negociación. • Transmisión de mensajes orales, por escrito y con gestos. • Utilización de fuentes de información comercial. • Supuestos profesionales.
8	**Medios de pago y cobro en el comercio internacional** A. Medios de pago B. Condiciones y forma de pago C. Riesgos en las transacciones internacionales	• Medios, condiciones y formas de pago. • Formulación del crédito documentario. • Exposición de condiciones comerciales. • Redacción de informes. • Uso del diccionario. • Resultados de gestión y representación gráfica. • Adquisición de jerga técnica. • Familiarización con operaciones e instrumentos de las transacciones internacionales.
9	**El transporte internacional de mercancías** A. Modalidades de transporte B. El embalaje C. El seguro de transporte	• Extraer detalles de información técnica. • Expresión oral (presencial y por teléfono). • Utilización de publicaciones especializadas. • Transferencia de información no textual. • Documentos y operaciones del transporte internacional. • Aspectos culturales. • Traducción técnica. • Supuestos profesionales.

Sección de Consulta

Clave de la solución de los ejercicios

Apéndice de abreviaturas y siglas

Glosario multilingüe

1

Comercio internacional

A EL SECTOR EXTERIOR

Balanza Comercial

Barreras proteccionistas

Relación Real de Intercambio

Subbalanzas

Ventaja comparativa

Aranceles

Trueque

Balanza de Pagos

Librecambio

Integración

Cooperación

Se denomina comercio a la compra, venta e intercambio de bienes y servicios con fin lucrativo. Desde el punto de vista cuantitativo, esta actividad de intermediación entre productor y consumidor, se clasifica en mayorista y minorista. Por lo que respecta al ámbito, se divide en comercio interior (dentro de las fronteras políticas de un país) y exterior (realizado entre diferentes países).

El desarrollo del comercio exterior surge directamente de la doctrina librecambista, que propugna el establecimiento del comercio libre de restricciones cuantitativas y medidas que impidan el movimiento internacional de bienes, y en oposición al proteccionismo que recomienda la protección de la producción nacional, mediante restricciones tarifarias (aranceles, impuestos sobre el consumo o sobre el valor agregado y derechos **antidumping** sobre los productos importados) y no tarifarias (cuotas, licencias, permisos, controles de cambio y normas legales que regulan la importación y distribución).

Se considera que las exportaciones tienen un efecto importante en el crecimiento de un país: las empresas aumentan sus ventas y amplían sus mercados; por consiguiente, bajan los costes unitarios y alcanzan una mayor rentabilidad; el país obtiene divisas para regular las importaciones necesarias. Además, los recursos no invertidos en adquisiciones en el exterior se pueden dedicar a aquellos sectores de actividad económica que se distinguen por sus ventajas comparativas. Consecuentemente, las exportaciones actúan como un multiplicador de la renta nacional.

De modo que, al juzgar el comercio exterior de un país, es conveniente examinar el conjunto de la balanza de pagos: las exportaciones tienen como contrapartida una entrada de moneda extranjera en concepto de pago mientras que hay que pagar las importaciones generalmente con moneda del país vendedor. El equilibrio del comercio exterior se consigue cuando el saldo de la balanza comercial es nulo, o cuando la relación entre el valor de la exportación y el de la importación es igual a 1.

1. *Para leer y comprender*

a) **Tome nota de las palabras-clave del tema y tradúzcalas a su idioma.**

b) **Complete las nociones de Comercio Internacional con sus propias explicaciones sobre:**

— Librecambio y Proteccionismo.
— Ventaja comparativa o de los costes comparativos.
— Relación Real de Intercambios (RRI).
— Trueque.
— Balanza de Pagos y subbalanzas.
— Aranceles.

c) **Señale las expresiones utilizadas en el texto para referirse a:**

1. Al por mayor/al por menor.
2. Divisas.
3. Conjunto de transacciones comerciales realizadas entre residentes de un mismo país.

4. Conjunto de transacciones, en mercancías o servicios, que los residentes de un país hacen con los de otros países.
5. Tasa de cobertura: 100%.
6. La diferencia entre el equivalente monetario de las exportaciones y el de las importaciones.

2. *Para hablar*

a) *Prepara una breve exposición utilizando el siguiente esquema:*

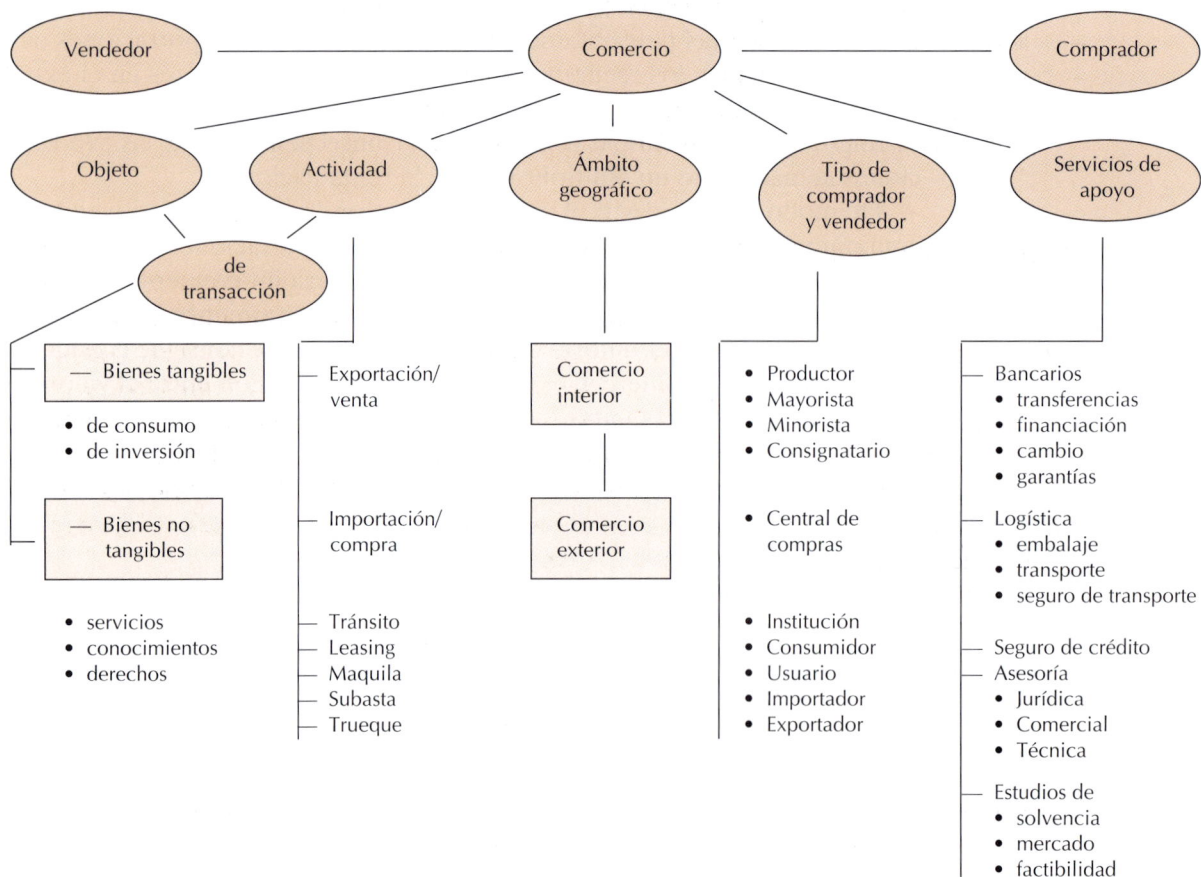

b) *Formule preguntas a sus compañeros sobre las nociones básicas del ejercicio 1.b.*

3. *Para practicar*

a) *Complete el texto con la construcción se y el verbo correspondiente: denominar, derivar, producir, fabricar, realizar, producir.*

Los intercambios comercial _____ desde las civilizaciones más antiguas. Cuando el intercambio _____ entre dos bienes materiales _____ trueque o intercambio en especie. Así, por ejemplo, un fabricante de vidrio debe vender o intercambiar su producción para comprar alimentos o ropa. Si en un país _____ trigo a un precio tres veces inferior a lo que cuesta en otro, y en éste _____ vidrio a la mitad de precio que en el primero, del intercambio de esos productos _____ un aumento de la renta y bienestar de ambas naciones.

b) *Acentúe las palabras siguientes, si es necesario:*

— politica	politizar	politicamente
— pais	paisaje	paisano
— proteccionismo	proteccionista	proteccionismo
— actuacion	actuar	actuo
— solamente	solo	solo
— arancelario	aranceles	arancel
— economico	economista	economia

c) *Ponga los signos de puntuación y los acentos en el texto:*

«Las relaciones de intercambio o terminos de intercambio por referencia a la expresion **terms of trade** son todos aquellos indicadores o indices que permiten analizar desde un punto de vista economico el esfuerzo o ventaja que para un pais determinado suponen los intercambios internacionales asi como la mejora o empobrecimiento que estas relaciones experimentan a lo largo del tiempo la mayoria de ellos suelen referirse a la situacion de la balanza de mercancias comparando por tanto magnitudes referentes a las exportaciones y a las importaciones entre las relaciones de posicion cabe destacar el denominado indice de cobertura que se expresa del siguiente modo:

$$\frac{\text{valor total de las exportaciones}}{\text{valor total de las importaciones}} \times 100$$

en la medida en que este indice no alcanza el valor 100 supone que el valor de las mercancias importadas no es compensado por el valor de las mercancias vendidas y por tanto señala directamente la situacion de la balanza de mercancias».

d) *Elija la forma verbal correcta:*

1. El comercio es/está la última fase del proceso productivo, al hacer llegar los productos al consumidor final.
2. Un mundo donde reina la libertad de intercambio fue/es/era más próspero.
3. Hay teorías que indican que no son/están deseables las barreras que impiden el comercio internacional.
4. La Relación Real de Intercambio se emplea para estudiar la evolución de las condiciones en que un país está/es comerciando con los demás.
5. Un informe del Banco Mundial señala que el comportamiento económico de los países orientados hacia afuera estuvo/ha sido muy superior al de los orientados hacia adentro.

e) **Redacte un resumen sobre la Balanza de Pagos y las subbalanzas:** Balanza por cuenta corriente (Balanza comercial, Balanza de servicios, Balanza de transferencias) y Balanza de capitales.

4. *Para terminar*

a) **Estudie los indicadores de la economía española relacionados con el sector exterior y, a continuación:**

    1.   Señale las tendencias ($\uparrow\,\downarrow\,=$) en una y otra fecha:

	1995	1989
• Exportaciones		
• Importaciones		
• Saldo balanza comercial		
• Saldo balanza corriente		
• Saldo capital a largo		
• Nivel reservas		
• Tipo de cambio pesetas/dólar		
• Tipo de cambio pesetas/marco		
• Tipo de cambio efectivo real pesetas/CEE		

INDICADORES DE LA ECONOMÍA ESPAÑOLA

1989

Indicador	Fuente	Período	Dato	% variación igual período año anterior	%	Tendencia Síntesis
Sector exterior						
Exportaciones (millones pesetas)	DGA	Sep. 89	398.350	- 8,9	8,8	Caída respecto al año anterior
Importaciones (millones pesetas)	DGA	Sep. 89	699.566	8,7	20,9	Moderación importadora
Saldo balanza comercial (millones dólares)	B. España	Sep. 89	- 2.292	- 1.807 (*)	—	Continúa el deterioro
Saldo balanza corriente (millones dólares)	B. España	Sep. 89	- 781	- 408 (*)	—	Se modera el déficit corriente
Saldo capital a largo (millones dólares)	B. España	Sep. 89	+ 1.570	- 186 (*)	—	Crecimiento de inversión extranjera
Nivel reservas (millones dólares)	B. España	Sep. 89	46.753	14,8	23,8	Se reduce el volumen
Tipo de cambio pesetas/dólar	B. España	Sep. 89	122,2	- 1,7	2,2	Menor fortaleza del dólar
Tipo de cambio pesetas/marco	B. España	Sep. 89	62,60	-6,0	- 5,0	Posición fuerte de la peseta
Tipo de cambio efectivo real pesetas/CEE	B. España	Ago. 89	114,89	9,6	8,3	Pérdida de competitividad

* Dato en igual período del año anterior.
Elaborado por el Servicio de Estudios del Banco Bilbao Vizcaya (2 de noviembre de 1989).

		1995				
Sector exterior						
Exportaciones (millones peetas)	DGA	Oct. 95	1.050.400,17	17,47	18,82	Real acumulado del 18,1%
Importaciones (millones pesetas)	DGA	Oct. 95	1.322.697,24	18,21	19,07	Real acumulado del 18,6%
Saldo balanza comercial (m. m. pesetas)	B. España	Oct. 95	- 210,90	23,26	22,91	Acumulado - 1.718,4 m. m. de pesetas
Saldo por cuenta corriente (m. m. pesetas)	B. España	Oct. 95	177,40	- 467,29	- 273,97	Acumulado 492,7 m. m. de pesetas
Saldo inversiones a largo plazo	B. España	Oct. 95	203,10	- 4,74	- 240,43	Aumenta inversión en deuda
Nivel reservas (millones dólares)	B. España	Nov. 95	37.868,4	- 15,40	- 13,69	Ligero aumento
Tipo de cambio pesetas/dólar	B. España	Nov. 95	121,70	- 5,29	- 6,78	123,21 (12 de diciembre)
Tipo de cambio pesetas/marco	B. España	Nov. 95	85,90	3,09	5,54	85,90 (12 de diciembre)
Tipo de cambio efectivo real pesetas/CEE	B. España	Oct. 95	89,88	0,99	0,15	Pérdida competitividad
Elaborado por el Servicio de Estudios del Banco Bilbao Vizcaya (21 de diciembre de 1995).						

2. Por parejas: preparen un estudio comparativo entre los indicadores de la economía española, de diciembre de 1995, y los indicadores de la economía de sus países en el sector exterior, en la misma fecha. Utilice los verbos y adverbios que indican cambio.

Verbos: mantenerse; descender; disminuir; aumentar; fluctuar; incrementar; estabilizarse.

Grado del cambio: sustancialmente; enormemente; considerablemente; notablemente; moderadamente; ligeramente.

Velocidad del cambio: repentinamente; bruscamente; súbitamente; rápidamente; paralelamente; gradualmente; lentamente.

B COOPERACIÓN ECONÓMICA INTERNACIONAL

La Organización de Cooperación y Desarrollo Económico, con sede en París, es una agrupación constituida en septiembre de 1961 por los 18 estados miembros de la OECE (Organización Europea de Cooperación Económica) con objeto de «promover políticas que contribuyan a la sana expansión económica de los países miembros, así como de los no miembros en vías de desarrollo (PVD)». Las obligaciones de los estados miembros en materia comercial son las que se asumen en el marco del GATT.

En Washington se encuentra el Fondo Monetario Internacional, organismo instituido en Bretton Woods, en julio de 1944, para armonizar el buen funcionamiento del sistema monetario internacional y la vigilancia de las políticas de cambio (estabilización de los cambios y convertibilidad de las monedas) y de la concesión de créditos a los países con dificultades en su balanza de pagos. Agrupa a 152 países del mundo que, en función de su capacidad económica, satisfacen una cuota proporcional que sirve para determinar sus derechos de voto y de giro. En 1969, los derechos de giro fueron completados por unos derechos especiales de giro (DEG) con el fin de favorecer la liquidez internacional y facilitar la forma de pago.

El Banco Internacional de Reconstrucción y Desarrollo fue fundado en 1945. Su capital es propiedad de los gobiernos miembros, que necesariamente tienen que pertenecer al FMI. Su finalidad es cooperar al desarrollo de los países afiliados, promover las inversiones extranjeras y contribuir a las inversiones privadas, fomentar la cooperación monetaria internacional y la estabilidad del cambio monetario. Tiene su sede en Washington.

El Acuerdo General sobre Aranceles de Aduana y Comercio es un organismo intergubernamental de la ONU, creado en Ginebra en 1947. En general, los objetivos del GATT son una mayor liberalización del comercio internacional y evitar las barreras arancelarias entre los países adheridos al Acuerdo (en la actualidad casi un centenar y otros treinta más que aplican de facto estas normas en su política comercial). El principio básico de funcionamiento de este tratado multilateral, plasmado en la cláusula de nación más favorecida, es el de no discriminación. El texto original del acuerdo ha sido enmendado varias veces en las diferentes rondas de negociaciones, entre las que destacan la Ronda de Tokio y la de Uruguay.

La Conferencia de las Naciones Unidas para el Comercio y el Desarrollo es un órgano de la ONU, constituido en 1964 y ubicado en Ginebra. Cuenta con 170 países miembros y tiene como tarea principal fomentar el comercio internacional con el fin de favorecer el desarrollo económico, en particular el de los países subdesarrollados, y formular nuevos principios políticos en materia de comercio y desarrollo.

1. *Para leer y comprender*

a) *Relacione las siglas en inglés con el organismo correspondiente y complete el cuadro:*

	Fecha	Sede	Objetivos	Otros detalles
GATT				
IBRD				
IMF				
OECD				
UNCTAD				

b) *Anote las expresiones que indiquen:*

— creación y composición de un organismo
— cooperación económica
— objetivos
— condiciones de adhesión

c) *¿Cómo expresaría en su idioma?*

- países en vías de desarrollo
- armonizar el funcionamiento
- convertibilidad de monedas
- derechos especiales de giro

- con sede en...
- estabilización de cambios
- cuotas proporcional
- aplicar de facto

2. *Para hablar*

a) ***Desarrolle oralmente las siglas, anteponiendo el correspondiente artículo. Por ejemplo: FMI, el Fondo Monetario Internacional.***

PVD	GATT	OECE	CEE	UE
ONU	SMI	ECU	CECA	BIRD

b) ***En grupo: pregunten a sus compañeros sobre:***

— La Conferencia Internacional de Bretton Woods (julio 1944).
— Los organismos de la ONU relacionados con la economía y el desarrollo.
— El GATT y sus diferentes Rondas.
— La UNCTAD.

3. *Para practicar*

a) ***Reformule las frases siguientes, según el ejemplo:***

$$\text{La OCDE} \begin{cases} \textit{se constituyó} \\ \textit{fue constituida} \end{cases} \textit{en 1961}$$

1. La sesión se desarrolló de acuerdo con el orden del día.
2. Se armonizaron las distintas políticas de pesca.
3. Este año se concedieron créditos a los países mediterráneos.
4. Se había acordado establecer la sede en París.
5. Hay que esperar a que se estabilice el dólar.
6. En 1964 se formularon los principios políticos en materia de desarrollo.

b) ***Complete las frases con la forma correcta de los verbos ser y estar.***

1. El año pasado la conferencia _____ muy bien organizada.
2. La Ronda Uruguay _____ la última de las organizadas hasta la fecha.
3. El tema más complejo hoy _____ la cuota proporcional.
4. Un principio básico _____ la no discriminación.
5. En la reunión anterior las discusiones _____ muy agrias.
6. La sede del GATT _____ en Ginebra.

c) **Escriba las fechas siguiendo el ejemplo:**

15-8-90	15 de agosto de 1990

3-9-61   10-6-58   29-2-96
21-12-94   17-5-99   17-1-2002

d) **Elija uno de los organismos de cooperación económica internacional de los que sea miembro su país y redacte un breve informe:** origen y antecedentes, estructura, objetivos, realizaciones y valoraciones.

4.   Para terminar

a) **En la sopa de letras encontrará las siglas de las organizaciones y términos relacionados con la cooperación económica internacional que se mencionan a continuación:**

- Organización No Gubernamental.
- Sistema Monetario Internacional.
- Ayuda Oficial al Desarrollo.
- Fondo de Ayuda al Desarrollo.
- Derechos Especiales de Giro.
- Organización Mundial de Comercio.
- Trade Related Intellectual Property Rights.
- Multilateral Investment Guarantee Agency.

A	B	S	P	G	C	D	E	F	G	S	H
I	A	J	B	K	I	L	C	L	L	M	N
O	T	R	I	P	P	D	Q	E	R	I	S
T	F	U	G	V	H	C	X	I	Y	Z	J
K	A	L	B	M	M	I	G	A	M	C	Ñ
O	D	P	E	O	F	Q	C	G	R	H	S
T	A	V	B	N	V	F	A	D	X	C	Y
I	Z	D	A	G	B	E	D	O	C	F	D
E	G	F	H	G	J	H	J	I	D	J	K
K	T	L	X	M	V	M	V	Ñ	M	Y	Z
P	D	E	G	Q	A	R	B	S	C	T	D
U	E	V	F	X	G	Y	H	Z	U	A	V

b) **Escriba una carta a la Oficina de Publicaciones de las Comunidades Europeas solicitando bibliografía y documentación para hacer un trabajo sobre uno de los siguientes temas:**

1.   Las relaciones comerciales de la Comunidad Europea con terceros países.
2.   Programas comunitarios de ayuda al desarrollo.
3.   La Ronda Uruguay del GATT y la Unión Europea.

Recuerde la estructura de una carta:

(Su dirección)

Destinatario (1)

Lugar, fecha

Saludo:
Introducción
Cuerpo o texto

Despedida

Firma

(1) Comunidades Europeas. Dpto. de Publicaciones. Paseo de la Castellana, 46. Madrid 28046.

C | INTEGRACIÓN DE MERCADOS

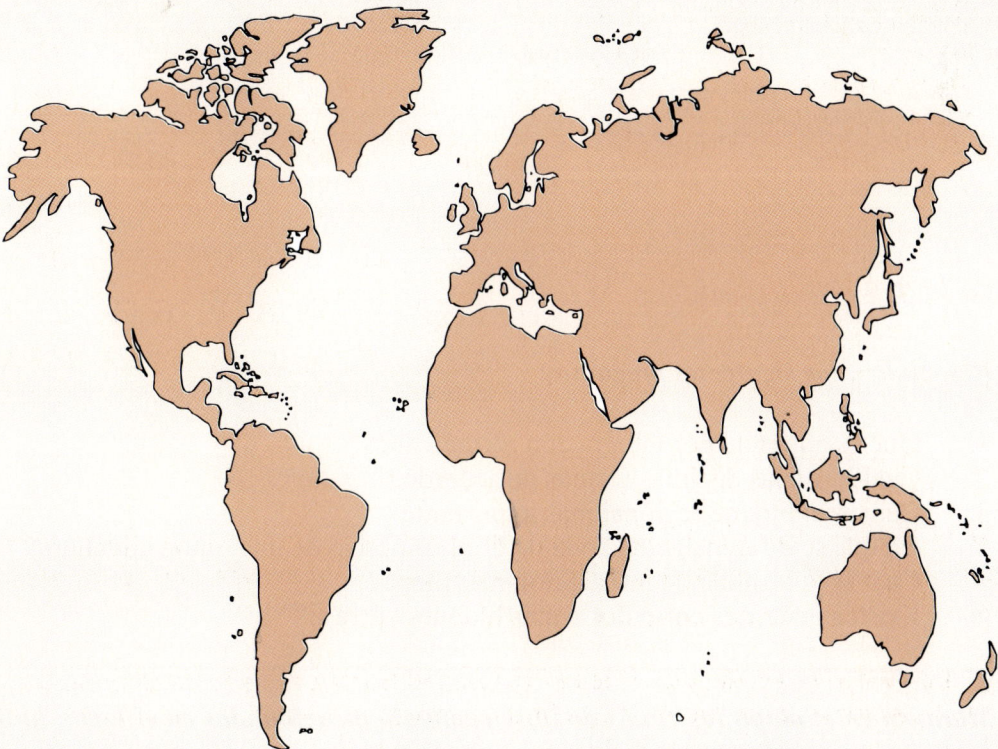

La liberalización del comercio internacional se ha producido mediante dos vías: las negociaciones en el seno del GATT y los acuerdos regionales o tratados entre un pequeño número de países con el fin de promover el libre comercio entre ellos, manteniendo barreras frente al exterior. Las fórmulas de integración son:

a) Áreas de libre comercio, formadas por países que han eliminado todas las barreras comerciales entre ellos, pero que frente al exterior mantienen sus propios aranceles.

b) Las uniones aduaneras son semejantes a las áreas de libre comercio pero, además, adoptan un arancel común frente al exterior.

c) El mercado común se diferencia de las uniones aduaneras en que existe libertad de movimientos de los factores de producción (capital y trabajo).

d) La unión económica y monetaria es la forma más completa de integración entre varios países. Consiste en una zona de mercado común en la que además se unifican las políticas económicas (un solo banco central, una sola moneda, etc.).

Los acuerdos y tratados más importantes son:

1. El Espacio Económico Europeo (EEE) formado por Unión Europea y los países de la Asociación Europea de Libre Comercio (EFTA) es la mayor zona de libre comercio en el mundo que, con sus 380 millones de consumidores, domina el 40% del comercio mundial.

2. El Mercado Único Europeo, en vigor desde el 1 de enero de 1993, aspira a un mayor desarrollo económico y competitivo, bienestar social y pleno empleo para los ciudadanos de los países miembros de la Comunidad Europea —sustituida desde noviembre de 1993 por la Unión Europea (UE)—, ampliada a 15 países, tras la adhesión de Austria, Finlandia y Suecia en 1995.

Los principios establecidos son: libre circulación de personas; libre circulación de mercancías; libre circulación de servicios y libre circulación de capitales.

El siguiente paso es la Unión Económica y Monetaria (UEM) y para lo cual se eligió, en la cumbre de Madrid de 1995, el nombre de la moneda única: EURO.

3. El Tratado de Libre Comercio (TLC) o North Atlantic Free Trade Association (NAFTA) es un área de libre comercio entre México, Estados Unidos y Canadá, con 370 millones de consumidores.

4. El MERCOSUR es un acuerdo regional establecido en 1991 entre Argentina, Brasil, Paraguay y Uruguay que, a partir de 1995 se conformó en una unión aduanera, con un arancel exterior común. MERCOSUR, con 210 millones de consumidores potenciales significa el 55% del producto bruto de América Latina.

5. La Asociación de Naciones del Sureste Asiático (ASEAN) es un área de libre comercio formada por Indonesia, Malasia, Filipinas, Singapur, Tailandia, Vietnam y Brunei, concebida en sus principios como un foro de discusión de asuntos políticos, económicos y de seguridad entre los países miembros se convirtió, en 1992, en un área de libre comercio.

1. Para leer y comprender

a) Responda a las siguientes preguntas:

1. ¿Qué se entiende por integración de mercados?
2. ¿Cuáles son las distintas formas de acuerdo?
3. ¿Cuál es el bloque regional más importante?
4. ¿En qué se diferencia una zona de libre comercio de una unión aduanera?
5. ¿Cuál es la fórmula de integración más plena?
6. ¿Existen acuerdos entre dos o más bloques entre sí?

b) Marquen en el mapa las zonas de libre comercio mencionadas en el texto, indicando los países que componen cada bloque.

c) *¿Podría señalar los países que conformaban o conforman otras asociaciones de libre comercio? AELC (EFTA), ALALC, MCCA, ALADI, CARICOM, Pacto Andino y APEC.*

2. Para hablar

a) *Por parejas: planteen preguntas a su compañero sobre los acuerdos celebrados por la Comunidad Europea con otros países:*

    — Tipos de acuerdo
    — Interlocutores
    — Objetivos
    — Resultados
    — Sectores

Una amplia gama de acuerdos

La Comunidad ha celebrado toda una serie de acuerdos con sus interlocutores. Estos acuerdos pueden ser de varios tipos:
- La Comunidad ha celebrado acuerdos para el establecimiento de uniones aduaneras con Turquía, Malta y Chipre.
- Se negociaron acuerdos individuales de libre comercio con los países vecinos de la AELC. Estos acuerdos se combinaron y fortalecieron para formar el Espacio Económico Europeo (EEE).
- Se han celebrado «acuerdos europeos» (también denominados acuerdos de asociación) con los países de Europa central y oriental. El objetivo de estos acuerdos es integrar sus economías con la de la Comunidad lo más rápidamente posible.
- Los acuerdos preferenciales celebrados con los países mediterráneos y el Convenio de Lomé concluido con los Estados ACP constituyen piezas claves de la estrategia comunitaria de ayuda al desarrollo. Estos acuerdos confieren un acceso privilegiado al mercado de la CE para sus exportaciones, al tiempo que prevén la concesión de ayuda financiera y técnica.
- La Comunidad también ha celebrado una serie de acuerdos comerciales no preferenciales y de acuerdos de cooperación económica, como los firmados con países de Asia y de América latina.
- Además, la CE ha celebrado acuerdos sectoriales especiales como los alcanzados con los exportadores de productos textiles y de artículos de confección del Tercer Mundo para garantizarles el acceso al mercado comunitario.

b) *En grupo: discutan las ventajas e inconvenientes del Mercado Único y de la Unión Económica y Monetaria para los ciudadanos y las empresas de los países miembros.*

MU	UEM
• libre circulación de personas • libre circulación de mercancías • libre circulación de servicios • libre circulación de capitales	• moneda común • derechos de ciudadanía de la Unión Europea • mayor protección de los consumidores; sanidad pública, educación; creación de importantes infraestructuras de transporte, telecomunicaciones; cultura, etc. • política exterior y seguridad común

3. Para practicar

a) *Redacte el extracto del artículo en pasado.*

«En la reunión de jefes de Estado y de Gobierno de la Unión Europea que se celebrará los días 15 y 16 de diciembre en Madrid se tomarán decisiones importantes para la Unión Económica y Monetaria (UEM) de Europa. Entre ellas está, sobre todo, la determinación del escenario de transición a la moneda europea, pero también se espera una decisión sobre el nombre de la moneda. Según los planteamientos del Consejo de Ministros de Economía y Finanzas de la UE (Ecofin), la introducción de la moneda europea se realizará en tres fases: al comienzo de la llamada fase transitoria, los jefes de Estado y de Gobierno decidirán qué Estados miembros cumplen las condiciones necesarias para participar en la fase final de la UEM. Inmediatamente después de esta decisión se creará el Banco Central Europeo (BCE), en Francfort, y se comenzará la producción de billetes y monedas unificados.

La entrada en la fase final comenzará, según lo previsto en los tratados, el 1 de enero de 1999, con la determinación definitiva de los tipos de cambio de las monedas de aquellos Estados miembros que participen en esta fase y del factor de conversión a la moneda europea.

La divisa europea se convertirá en una moneda autónoma. No obstante, las nacionales seguirán siendo el único instrumento legal de pago hasta que esté en circulación la moneda europea.»

(Extracto: «Determinar el escenario de transición», Theo Waigel, *El País,* diciembre 1995)

b) **Escriba las cifras siguientes:**

— 37.000.000   — 138.952
— 45.200   — 972.107
— veinticinco mil doscientos marcos
— tres millones y medio
— mil millones de dólares
— nueve millones, cuatrocientas dieciocho mil pesetas.

c) **Escriba el adjetivo correspondiente a los países y zonas geográficas:**

— Belice   — EEUU
— Dinamarca   — Guatemala
— Holanda   — Caribe
— Andes   — Canadá
— Polonia   — Alpes

d) **Compare los gráficos de importaciones y exportaciones y elabore un breve informe.**

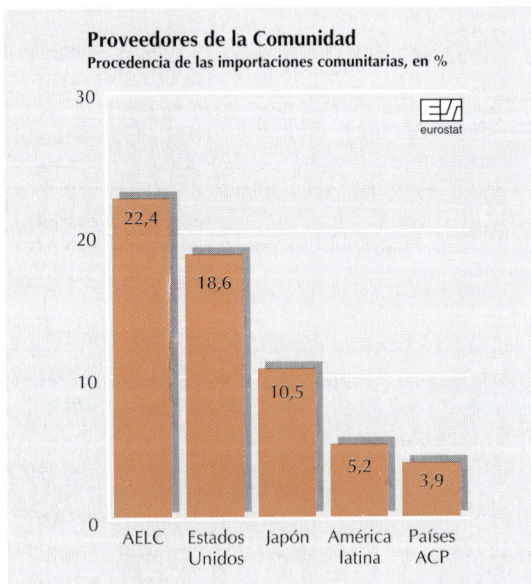

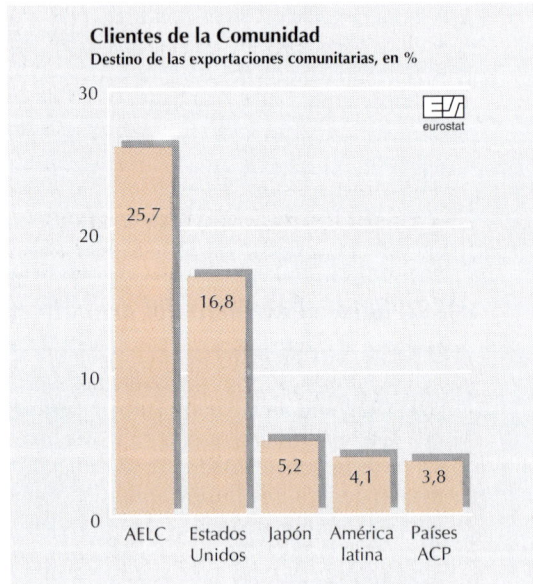

Proveedores de la Comunidad
Procedencia de las importaciones comunitarias, en %

eurostat

AELC	22,4
Estados Unidos	18,6
Japón	10,5
América latina	5,2
Países ACP	3,9

Clientes de la Comunidad
Destino de las exportaciones comunitarias, en %

eurostat

AELC	25,7
Estados Unidos	16,8
Japón	5,2
América latina	4,1
Países ACP	3,8

(Documentación Europea: *Europa en un mundo cambiante*).

4. Para terminar

a) Por parejas: uno de ustedes está interesado en asistir a la Jornada sobre el TLC.

1. *Preparen la conversación telefónica solicitando información sobre:*

- organizadores
- programa y ponentes
- horario y lugar de celebración
- cuota y forma de inscripción
- lengua/servicio de traducción
- documentación

2. *Ensayen la conversación telefónica. También la pueden grabar.*

3. *Formulen preguntas a su compañero para rellenar el boletín de inscripción.*

Expansión

LUPICINIO RODRIGUEZ ABOGADOS

INSTITUTO DE FOMENTO EMPRESARIAL

El Tratado de Libre Comercio entre Estados Unidos, México y Canadá

OPORTUNIDADES QUE OFRECE A LA EMPRESA ESPAÑOLA

PROGRAMA

Miércoles, 26 de enero de 1994

8,30 Inscripción y recogida de la documentación.

9,00 Apertura de la sesión por el Presidente de la Jornada.
Excmo. Sr. D. Fernando Olivié
Embajador de España.
Asesor de Relaciones Internacionales.
CEOE.

9,15 Oportunidades que presenta el NAFTA para las empresas españolas. Descripción de los mercados que abarca.
Sr. D. José García Morales
Director Adjunto de Relaciones Internacionales.
CEOE.

10,15 Café.

10,45 Análisis del Tratado desde una perspectiva técnica. Implicaciones jurídicas y fiscales que tiene para una empresa que quiere ganar cuota de mercado en los EEUU.
Mr. Marc Wiegand.
Mr. Gene I. Godley.
Sr. D. Luis M. Nido.
Abogados-Socios.
Bufete Bracewell & Patterson.
Texas-Washington.

12,45 Operativa práctica comercial de este tratado en relación a las empresas españolas y el territorio de los EEUU.
Mr. Donald Newquist.
Presidente Com. Internac. de Comercio. Gobierno Federal EEUU.

13,45 Coloquio.

14,30 Almuerzo.

16,00 Implicaciones jurídicas y fiscales para las empresas españolas del NAFTA. Visión desde la perspectiva mejicana.
Lic. D. Eduardo Siqueiros.
Abogado-Socio. Bufete Barrera, Siqueiros, Torres Landa. México D.F.

17,00 Operativa práctica comercial de este tratado en relación a las empresas españolas y el territorio de México.
Ing. D. Alberto Usobiaga Suinaga.
Vicepresidente Ejecutivo.
Consejo Mexicano de Inversión.

18,00 Tratamiento legal de las inversiones españolas en el extranjero: EEUU Y México.
Sr. D. León Barriola Urruticoechea.
Abogado-Socio.
Bufete Lupicinio Rodríguez. Abogados.

19,00 Coloquio.

19,30 Clausura.

INFORMACIÓN PARA REALIZAR SU RESERVA

La cuota de inscripción es: 105.000 pesetas más I.V.A. (consulte tarifa si su empresa está abonada al Instituto de Fomento Empresarial).

En este precio está incluido la documentación de ponencias, comidas, cafés y refrescos en los descansos. Las inscripciones sólo se considerarán formalizadas una vez satisfecho el importe de las mismas. La cuota de asistencia es deducible fiscalmente en el Impuesto sobre Sociedades.

FORMAS DE INSCRIPCIÓN

Telefónica: (91) 577 96 13
Fax: (91) 577 96 12
Correo, I.F.E., C/ Núñez de Balboa, 83, 28006 Madrid.

FECHA Y LUGAR DE CELEBRACIÓN

Madrid, 26 de enero de 1994. Hotel Miguel Angel, C/ Miguel Angel, 31.

(Rellene y envíe al Instituto de Fomento Empresarial, Núñez de Balboa, 83. 28006 Madrid. Fax: 577 96 12)

BOLETÍN DE INSCRIPCIÓN

1.er apellido............................ 2.º.............................
Nombre.................................... Cargo ....
Departamento..........................Empresa.................
Dirección...
Población... C.P...........
Tel.:.................... Fax:.................. CIF/DNI................
N.º empleados................ Actividad ....
⃝ Ruego me mantengan informado.
⃝ Ruego me reserven plaza.   COD. 442

b) ***Redacte un resumen de las conclusiones de la encuesta, realizada por BVR/GEBI-EG Magazin, sobre las ventajas y desventajas del Mercado Interior Europeo para las empresas.***

Ventajas y desventajas económicas del mercado interior europeo para las empresas

Las siguientes conclusiones se han extraído de una encuesta realizada en la República Federal de Alemania sobre las ventajas y desventajas del mercado interior:

Ventajas:

- Costes medios decrecientes merced a una mayor producción en serie.
- Registro y protección más amplios en la Comunidad de las marcas comerciales y los distintivos (excepción: el distintivo comunitario no debe coincidir con los distintivos nacionales actualmente existentes).
- Mejor explotación de las patentes. Gracias a la protección en el ámbito comunitario las innovaciones se pueden comercializar de una manera más fácil y más rápida, y con mejores costes.
- Supresión de la distorsión de la competencia a través de los diversos tipos imponibles y clases de impuestos.
- Reducción de los costes generales fijos y de los costes unitarios como consecuencia de un volumen de producción más elevado.
- Posibilidades de prolongar el ciclo de vida de un producto.
- Facilitación del almacenamiento al eliminarse las normas específicas de los países que condicionan las exportaciones.
- Reducción de los riesgos al paliar los riesgos coyunturales alemanes.
- Períodos más cortos de espera en las fronteras.
- Reducción de las formalidades con el mutuo reconocimiento de las normas y los trámites de admisión.
- Reducción de los costes gracias a la libre elección de la compañía aseguradora.
- Previsible reducción de costes como consecuencia de la liberalización del tráfico de capitales (transferencias bancarias, instrumentos de inversión, gastos de capital).

Desventajas

- Peligro de que disminuya la capacidad por causa de un rápido aumento de la demanda.
- Reducción del personal en el servicio exterior.
- Difícil mantenimiento del servicio al cliente a escala europea.
- Barreras lingüísticas.
- Mayores costes de información sobre los países comunitarios.
- Aumento en los costes de viajes.
- Costosa administración y control de los negocios en el extranjero (sobre todo cuando se trata de fundar una propia sucursal).
- Mayores distancias geográficas de mentalidad.
- Aumento de las necesidades de capital para la creación o ampliación de nuevos mercados.

Fuente: BVR/GEBI-EG Magazin.

2

La internacionalización de la empresa

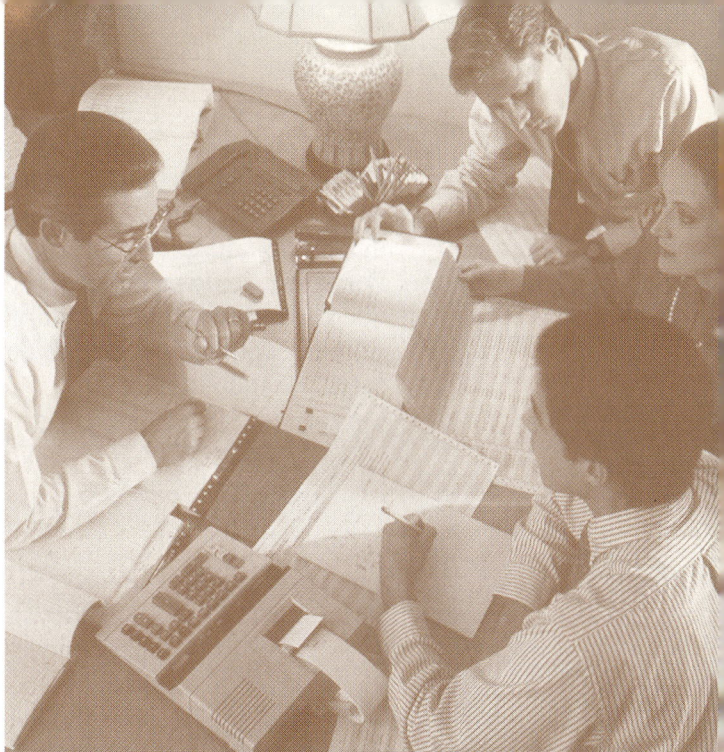

A	LA DECISIÓN DE EXPORTAR

29 febrero

¿Argumentos para exportar?
- *Mercado nacional saturado.*
- *Peticiones de ofertas recibidas.*
- *Reducción ventas mercado doméstico.*
- *Presión competencia.*
- *Ventajas comparativas.*
- *Trato preferencial en los países importadores.*
- *Incentivos a la exportación.*
- *Internacionalización clientes/competidores.*
- *Capacidad productiva no aprovechada*

Decisión de exportar

- *Aprovechar capacidad existente.*
- *Reducir costes unitarios.*
- *Lograr competitividad.*
- *Penetrar en mercados exteriores.*
- *Aumentar ventas y prestigio.*
- *Realizar crecimiento y progreso.*
- *Obtener más ganancias.*

Dr. General:	Señores... Si ya estamos todos, creo que podríamos continuar.
	Bien. Como ven en este resumen del análisis que acabamos de hacer, todos nosotros coincidíamos plenamente

en que la situación favorece nuestra decisión de expansión.

También, como recordarán, habíamos discutido otros argumentos y ventajas... así como los efectos positivos de la internacionalización.

Por tanto, vamos a pasar al segundo punto del orden del día. Es decir, plantear las implicaciones de nuestra decisión de exportar y el diseño de la estrategia.

Jaime, cuando quieras.

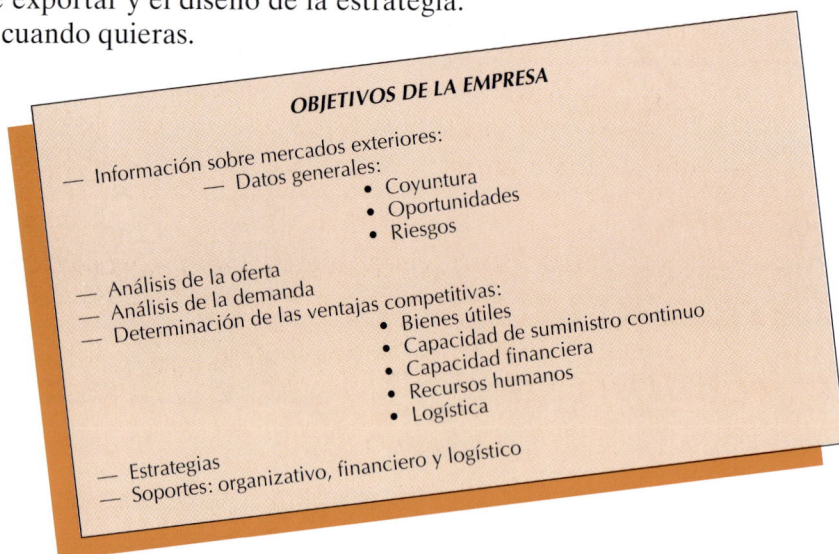

OBJETIVOS DE LA EMPRESA

— Información sobre mercados exteriores:
   — Datos generales:
      • Coyuntura
      • Oportunidades
      • Riesgos

— Análisis de la oferta
— Análisis de la demanda
— Determinación de las ventajas competitivas:
      • Bienes útiles
      • Capacidad de suministro continuo
      • Capacidad financiera
      • Recursos humanos
      • Logística

— Estrategias
— Soportes: organizativo, financiero y logístico

Dr. Comercial: Como veis en esta transparencia, esta decisión afectará a toda la organización de la empresa. Así pues, una primera implicación será la adaptación de su estructura organizativa a las necesidades de la gestión comercial internacional, fruto de la estrategia, en función del tipo de producto y de los objetivos, así como de los medios que se van a utilizar. O dicho de otro modo, dependiendo de la selección de mercados y forma de presencia en éstos. ¿Alguna pregunta, hasta aquí? ¿No?

Perfecto. Éste es el proceso que vamos a seguir y que iremos discutiendo en reuniones sucesivas. ¿Alguna duda, Laura?

Dra. de Compras: Es sobre la política de personal...

Dr. Comercial: Gracias por recordármelo. Sí, la próxima semana se va a incorporar a nuestro equipo un técnico en comercio exterior. Si no hay ninguna pregunta más... Eso es todo.

1. *Para leer y comprender*

a) *Tome nota para contestar:*

1. Objeto de la reunión.
2. Justificación de la decisión de exportar:
    a) causas (mercado doméstico y empresa)
    b) razones (ventajas de la exportación)

3. ¿Qué implicaciones tiene para la empresa?
4. ¿Cuáles son las decisiones básicas?
5. ¿De qué depende la posibilidad de exportar?

b) **Subraye las fórmulas empleadas para:**

— iniciar y concluir una reunión
— resumir los puntos tratados
— cambiar de tema
— ceder la palabra
— hacer referencia a medios visuales
— ofrecer aclaraciones

c) **Relacione las expresiones siguientes con las capacidades o recursos de la empresa:**

1. Aceptar compromisos de entrega de mercancías en el plazo fijado.
2. Competir con gama de productos media alta.
3. Cumplir normas técnicas.
4. Anticipar gastos e inversión.
5. Formular ofertas en lengua extranjera.
6. Adoptar decisiones en función de la información.

2. Para hablar

a) **En grupos: formulen preguntas a sus compañeros sobre las causas y razones para la internacionalización de la empresa.**

b) **Comunique por gestos a sus compañeros los mensajes siguientes:**

— Sigue hablando
— Estoy de acuerdo
— ¿Puedes repetirlo?
— No entiendo nada
— Eso es interesante
— Lamento interrumpirte, pero...

c) **Lectura del Acta de la reunión de directivos, prestando atención a pronunciación y entonación.**

«El Presidente tomó la palabra haciendo referencia a la última reunión en la que se había discutido la posible exportación a Alemania, dado que el mercado nacional estaba saturado y la coyuntura favorecía la decisión de exportar.
Con la ampliación de la exportación se trataba de evitar, sobre todo, que la crisis afectase a la empresa.

A continuación, se trataron los siguientes puntos, de acuerdo con el orden del día:
1. Situación financiera y cifras de ventas.
   — El Director Administrativo, D. Miguel Cortés, analizó brevemente la situación financiera de ELDOSA, que fue calificada positivamente.
   — El Director Comercial, D. Vicente Solares, expuso cronológicamente el desarrollo de la acogida de los productos en los mercados exteriores y presentó una lista de alternativas de exportación (Anexo I).
2. Reflexiones sobre la oportunidad de impulsar las exportaciones.
   A continuación, se abrió un turno de palabra para discutir acerca de la conveniencia de reforzar la expansión con la presencia de otros productos, con las siguientes conclusiones:
   — Se consideró que había llegado el momento de penetrar en el mercado alemán ya que, aprovechando la devaluación de la peseta, se podría introducir artículos de alta calidad a precios más bajos.
   — Se optó por iniciar la exportación con dos productos de calidad competitiva.
   — Se acordó ampliar el Departamento de Exportación con un nuevo empleado debido a las necesidades que plantearía el mercado alemán.
3. Información, ruegos y preguntas.
   — La Sra. Romero, Jefe del Departamento de Exportación, anunció su intención de recabar información específica sobre los productos que se iban a exportar a Alemania.
   Y no habiendo más asuntos que tratar, se levantó la sesión a las 19.30.»

3. Para practicar

a) **Redacte el borrador del acta correspondiente a la reunión sobre «La Decisión de Exportar».**

> Recuerden: tema, asistentes, fecha, orden del día, intervenciones, decisiones e información.

b) **Redacte frases, indicando causa y efecto o consecuencia. Puede utilizar los verbos siguientes:** llevar a; dar lugar a; conducir a; tener como resultado; ser responsable de; ocasionar; provocar; causar.

Ejemplo: a) *Debido al incremento y tratamiento de la información, se pueden tomar decisiones más acertadas.*

b) *El incremento y tratamiento de la información da lugar a decisiones más acertadas.*

1. Exigencia clientela/permanente puesta a punto de productos, servicios y organización.
2. Nuevos competidores en el mercado/desarrollo de capacidad de reacción de la empresa.
3. Diversificación de mercados/evitar ciclos económicos depresivos.
4. Exportación/prórroga del ciclo de vida de los productos.
5. Necesidad de emplear métodos de previsión/planteamiento de objetivos y estrategias.

c) *Reflexione sobre los distintos tipos de reuniones, contexto y finalidad.*

1. Indique los verbos que se podrían utilizar en cada caso.
2. Traduzca los verbos a su idioma.
3. Anote las fórmulas que recuerde para cada función.

Ejemplo:

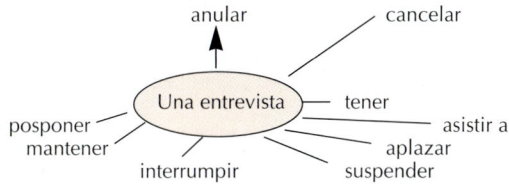

Posibles fórmulas para anular una entrevista:
• Lamento no poder asistir a
• Siento tener que aplazar
• Me resulta imposible ir
• Tendremos que dejarlo para otra ocasión porque

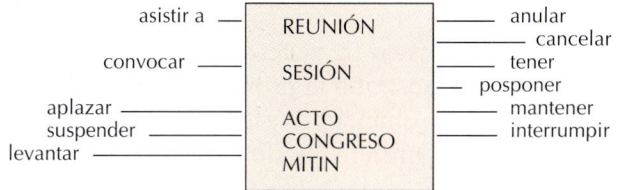

4. *Para terminar*

REUNIÓN DE LA JUNTA DIRECTIVA DE ELDOSA

a) *En grupos: preparen la reunión, adoptando cada uno el punto de vista de uno de los asistentes.*

Tema: Planes de Expansión.
Asistentes: Presidente, Director Administrativo, Director Comercial, Director de Compras y Director de Producción.
Antecedentes: la empresa, ubicada en Alcalá de Henares, fabrica electrodomésticos y ha tenido una buena acogida en varios países de la Unión Europea (Francia, Italia y Portugal). La Dirección se plantea la introducción de sus productos en Latinoamérica, comenzando su expansión con una representación en Venezuela.

1. Decisiones que deben tomar:
    — Información e investigación del mercado latinoamericano.
    — Localización de la sede en Venezuela.
    — Organización y estructura de la empresa: forma jurídica, relaciones con la empresa matriz y departamentos.
    — Funciones de la sede en Venezuela: distribuir o producir.
    — Estrategia: recursos humanos, financieros, permisos para invertir, calendario de acciones.
    — Productos y calidad.
    — Nivel de precios.
    — Sistema de distribución.
    — Comunicación.
    — Marketing mix.

2. Nombren un secretario para que tome nota de las decisiones y redacte el Acta con las conclusiones.

b) *Por parejas: clasifiquen cada grupo de expresiones de acuerdo con las funciones siguientes:*

1. iniciar una reunión
2. concluir una reunión
3. exponer razones
4. manifestar apoyo/acuerdo
5. interrumpir

6. manifestar reservas, desacuerdo
7. pedir/dar opinión
8. sopesar alternativas
9. ceder la palabra
10. señalar los objetivos

a) Estoy de acuerdo pero...
   Suscribo la propuesta
   Coincidimos plenamente

b) Quisiera añadir...
   Si me permiten...
   Lamento interrumpir

c) Me gustaría oír...
   ¿Cuál es tu punto de vista?
   Personalmente, creo...

d) Tiene la palabra...
   ¿Eres tan amable de...?
   El señor.../La señora...

e) Por tanto, la única solución
   Desde el punto de vista financiero...
   ¿Lo reconsideramos?

f) Me opongo rotundamente
   En parte sí, pero...
   No obstante...

g) La razón principal es...
   Estoy a favor porque...
   Con mi voto en contra

g) ¿Empezamos?
   Señoras y señores...
   Deberíamos comenzar...

i) Como saben, esta reunión...
   Nos hemos reunido con el fin de...
   Según el orden del día...

j) Para terminar...
   En resumen...
   Permíteme que resuma...

B EN EL DEPARTAMENTO DE EXPORTACIÓN

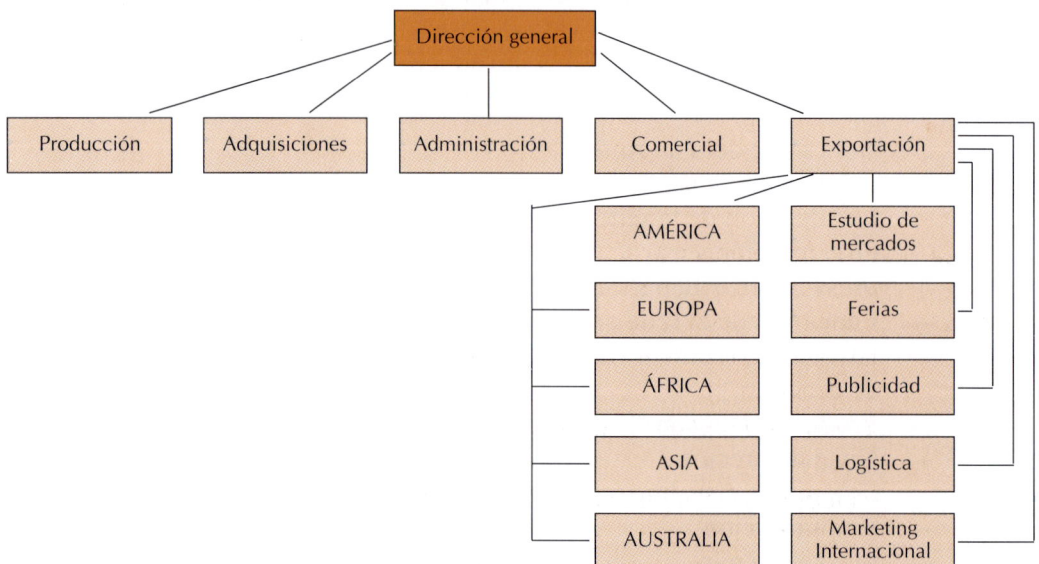

Dirección general

Producción — Adquisiciones — Administración — Comercial — Exportación

AMÉRICA — Estudio de mercados
EUROPA — Ferias
ÁFRICA — Publicidad
ASIA — Logística
AUSTRALIA — Marketing Internacional

Sr. Fuentes:	Hola, buenos días. ¿Qué tal está, Sra. Muñoz?
Sra. Muñoz:	Muy bien, gracias.
Sr. Fuentes:	Antes de presentarle al resto del personal del departamento, voy a informarle brevemente sobre nuestra organización. Anteriormente, el Departamento de Exportación estaba subordinado a la Dirección Comercial pero, ahora, depende directamente de la Dirección General.
	Se subdivide en las siguientes secciones: América, Unión Europea, África, Asia y Australia, por una parte, y Publicidad, Ferias, Logística, Estudio de Mercado y Marketing Internacional. Esta última es la que hemos querido reforzar con su incorporación, dada la importancia que ha adquirido.
Sra. Muñoz:	Desde luego, si se quiere exportar con éxito hay que planificar cuidadosamente los instrumentos del marketing. Por cierto, ya he estado analizando el mercado para las herramientas y parece muy prometedor.
Sr. Fuentes:	Lo es. Anteriormente, exportábamos a los países latinoamericanos —básicamente herramientas ligeras de fabricación propia— pero, debido a la crisis de este subcontinente y a la desaceleración de los PVD, estamos más interesados en los países de la Unión Europea.
Sra. Muñoz:	Consecuentemente, se simplificarán los trámites.
Sr. Fuentes:	Desde luego.
	Ahora, si le parece, voy a presentarle a otras dos personas del departamento. La señorita Julia Braun se encarga de buscar clientes, en América, e iniciar los contactos con ellos, hacer ofertas, recibir pedidos, negociar las condiciones de entrega y, además, supervisa los despachos y atiende el servicio postventa.
	Ignacio Larra es el encargado de elaborar los documentos de exportación y busca el modo más eficaz de transporte.
Sra. Muñoz:	Encantada.
Sr. Fuentes:	Y éste es su despacho. Le presento a la señorita Maite, su secretaria. Maite habla perfectamente francés e inglés y se defiende en alemán. Bien, ahora, les dejo. Hasta luego.

1. *Para leer y comprender*

a) *Elija la respuesta correcta:*

1. Se ha incorporado a la empresa:
   a) un transitario.
   b) una secretaria.
   c) una profesional del marketing.
2. La empresa:
   a) va a introducirse en mercados exteriores.
   b) está introducida.
   c) desea reorientar y reforzar su posición.

3. En esta empresa, Marketing Internacional
   a) depende de la Dirección Comercial.
   b) es una sección del Departamento de Exportación.
   c) es una Dirección independiente.
4. La empresa pertenece al sector
   a) productivo.
   b) extractivo.
   c) servicios.
5. La secretaria puede comunicarse en:
   a) 4 idiomas.
   b) 3 idiomas.
   c) 2 idiomas.

b) **Subraye las expresiones utilizadas para hablar de:**

— organización (funciones, líneas de producto o mercados)
— cambios y orientaciones en la empresa
— obligaciones en el futuro
— funciones

c) **Elabore una lista de funciones del Departamento de Exportación, relacionando las columnas A y B.**

A

1. Elaborar
2. Buscar
3. Preparar
4. Estudiar
5. Hacer
6. Negociar
7. Contactar
8. Coordinar
9. Realizar
10. Conseguir
11. Entregar

B

a) viajes al extranjero y ferias
b) solvencia de los clientes
c) estudio de mercado, de la competencia
d) clientes
e) trámites de exportación
f) cambio de divisas
g) facturación
h) ofertas
i) con otros departamentos/entregas
j) documentación al transportista
k) seguros de crédito

2. *Para hablar*

a) **Por parejas: completen el cuestionario sobre su competencia y necesidades lingüísticas y, a continuación, comparen sus resultados con su compañero.**

NIVEL LENGUA EXTRANJERA	ALEMÁN	ESPAÑOL	FRANCÉS	INGLÉS	OTROS
Básico					
Intermedio					
Superior					

NIVEL LENGUA EXTRANJERA	ALEMÁN	ESPAÑOL	FRANCÉS	INGLÉS	OTROS
Necesito practicar:					
Comprensión oral					
Comprensión escrita					
Expresión oral					
Expresión escrita					
Gramática					
Léxico					
Pronunciación					

b) En grupos: preparen preguntas, en varios idiomas, para comprobar los conocimientos de sus compañeros sobre las distintas áreas que debe dominar un técnico en comercio exterior:

oportunidades, riesgos, clases de transacciones, normas y especificidades de los productos, contratación, condiciones de entrega, condiciones de pago y cobro, cambio de divisas, estudio de solvencia, financiación, seguro de crédito, embalaje, transporte internacional, seguro de transporte, intermediarios, documentación, etc.

3

3. *Para practicar*

4

a) **Lea atentamente las ofertas de empleo y resuma:**

En el anuncio Se desea	1	2	3	4
Se precisa				
Tipo de empresa				
Funciones				
Formación requerida				
Condiciones de trabajo				

b) **Por parejas: cada alumno selecciona uno de los anuncios y explica las razones de su elección (características del puesto, formación profesional adecuada, cualidades personales, ambiciones, etc.).**

c) **Redacte su currículum vitae:**

> I.   Datos personales:
> II.   Estudios realizados:
> III. Experiencia laboral:
> IV.   Lenguas extranjeras (niveles):
> V.   Otros datos de interés:

d) **Redacte una carta de presentación solicitando uno de los puestos de trabajo.**

e) **En grupos: lean el texto y comenten con sus compañeros acerca de los elementos co-
municadores del lenguaje no verbal y su importancia en el transcurso de una entrevista de trabajo.**

- **La mirada:** el contacto ocular implica el inicio de una posible interacción. Indica atención
  y sirve para regular los turnos de palabra. Calcule que el 75% del tiempo que dure la entrevista debería mirar directamente al entrevistador.
- **La expresión facial:** indica el estado de ánimo, los sentimientos y las actitudes. Procure
  que la expresión facial concuerde con el mensaje.
- **La sonrisa:** es una invitación a la apertura de los canales de comunicación. Conviene que
  sonría alguna vez pero sin excederse.
- **La postura corporal:** debe evitar posturas de abatimiento. Procure mantener la cabeza alta
  y los hombros hacia atrás para dar impresión de energía y vitalidad. Según vaya transcu-
  rriendo el tiempo, puede inclinar el cuerpo hacia adelante, ya que es un signo de acerca-
  miento y de actitud positiva.
- **Las manos:** los movimientos de las manos sirven para ilustrar ideas, objetos o acciones que
  son difíciles de verbalizar. Pero tenga cuidado porque también apoyan o contradicen el
  mensaje. El tocarse el pelo, la nariz o la corbata constantemente da sensación de inseguridad.
- **La distancia:** el grado de proximidad denota la naturaleza de la interacción. Procure mantener una postura cercana pero sin invadir el espacio del entrevistador.

f) **Entrevista de trabajo. Por parejas: uno de los alumnos es el entrevistador y el otro el
candidato. Preparen la entrevista, de acuerdo con el puesto de trabajo que hayan solicitado en el ejercicio 3.d.**

4.   Para terminar

MARKETING INTERNACIONAL

a) **En grupos: elijan uno de los siguientes temas para hacer una exposición oral, utilizando medios audiovisuales (grabaciones, transparencias, etc.).**

1.   Marketing: concepto; objetivos e instrumentos; marketing global o local.
2.   Estructura y funciones del Departamento de Marketing en la empresa exportado-
     ra: información, planificación, organización, gestión, control y ajustes.
3.   Investigación de mercados:
     — Métodos: recopilación de datos mediante investigación secundaria o mediante
       investigación primaria (observación, entrevistas, cuestionarios, etc.).
     — Posibles objetos de estudio de mercados: selección de mercados potenciales:
       segmentación; selección de formas de presencia en los mercados; posiciona-
       miento de la empresa/de un producto; calidades requeridas; gama de produc-
       tos; nivel de precios; actitud de la competencia.
4.   Estudio de mercado para un producto concreto:
     Oferta: competidores, productores e importadores, su cuota de mercado, calida-
     des, canales de distribución, precios, publicidad.
     Demanda: en el país, exportación; tipo de compradores (productores, intermedia-
     rios, consumidores); usos de compra (dónde, cuándo, cuánto, en qué condiciones).

COMIMEX Asesores

Exportador: Como le dije por teléfono, antes de tomar una decisión, quiero asesorarme sobre determinados aspectos de la distribución. Había pensado optar por un sistema de comercialización exploratorio, poco costoso y sin riesgo.

Asesor: Vamos a ver... Tenemos que considerar sus objetivos, claro está, y los productos y mercados. Como sabe muy bien, la decisión acerca de la estrategia de comercialización depende también de la clientela y de los recursos propios, humanos, financieros y organizativos. Luego, hay que tener en cuenta la competencia en cada mercado y, naturalmente, los canales de distribución existentes para cada producto hasta su destino final. Sin olvidarnos de los aspectos de tipo fiscal.

Exportador: Sí... desde luego. Tengo algunas dudas y, por eso, me gustaría analizar con usted las alternativas para asegurarme las mejores condiciones de eficacia, rentabilidad y durabilidad.

Asesor: Bueno... cada canal tiene sus pros y sus contras. Hay varias vías de acceso a los mercados... Naturalmente, en función del tipo de control que se ejerce sobre el canal de distribución: la venta subcontratada, es decir, la exportación indirecta a través de una empresa de exportación o la exportación directa a un importador-distribuidor; la exportación en cooperación con otra empresa, como es el caso del consorcio de exportación, el piggy-back y la joint venture... Y, finalmente, la exportación con venta directa al cliente, que es la que permite controlar las acciones del marketing. Es decir, el establecimiento de una red comercial propia, filial comercial o sucursal, con apoyo de representantes, agentes a comisión o la venta por correo.

Exportador: Ya... De acuerdo con el informe que le remití previamente, ¿qué me aconsejaría, usted?

Asesor: Tratándose de una PYME, hay que olvidarse de la última opción... de momento.

Exportador: Sí, esa alternativa ya la había desestimado puesto que, si bien tiene la ventaja del contacto directo con el cliente, exige recursos humanos especializados, una organización más compleja, técnicas de marketing, otros recursos...
No veo claro las ventajas del consorcio de exportación, el piggy back y la unión de exportadores.

Asesor: El primero es una agrupación temporal de empresas que se unen para realizar un proyecto complejo de exportación. En el segundo caso, se trata de utilizar la estructura y organización comercial de una empresa ya establecida en el mercado para vender un producto complementario. Esa empresa recibe una comisión sobre las ventas realizadas. En una unión de exportadores, los participantes complementan su surtido, aumentan su oferta y, entre todos, pueden contratar a un especialista en exportación.

Exportador: Ninguna me parece una solución apropiada... Como tampoco me lo parecen la joint venture... ni la compañía de comercio exterior. Consiguientemente, por exclusión, nos queda el importador-distribuidor.

Asesor: Es la solución que yo sugeriría... en principio. La compra de productos es en firme y no hay que preocuparse del almacenaje. Asegura la presencia en el mercado y permite establecer un servicio pre y postventa a la clientela.

Exportador: El único problema es encontrar el importador-distribuidor adecuado. ¿Podrían ustedes asesorarme en esto?

Asesor: Por supuesto... podemos proporcionarle relaciones por sectores, países y ciudades pero, recuerde que hay dos reglas de oro: trabajar en estrecha colaboración con el importador/distribuidor y asegurarle que la distribución de su producto le va a reportar beneficios.

1. *Para leer y comprender*

a) *Tome nota para resumir:*

1. sistema que obliga a compartir la soberanía comercial:
2. sistema que reduce al mínimo el control sobre los mercados:
3. sistema que ofrece el máximo control sobre los mercados:

b) *Señale los pros (+) y los contras (-) de los sistemas de comercialización:*

Exportación y venta	Exportación directa al cliente	Exportación en cooperación	Exportación indirecta
1. bajo nivel de control sobre los mercados; localización y relación con intermediarios; falta de contacto con clientes y de información.			
2. aprovechamiento de infraestructura y conocimiento de los mercados; no precisa inversión de recursos.			
3. precisa inversión, recursos humanos especializados, organización eficaz y técnicas de marketing; metodología para contratación de agentes o representantes.			

Exportación y venta	directa al cliente	Exportación en cooperación	Exportación indirecta
4. control del mercado; transparencia de acción comercial: contacto permanente con clientes.			
5. compartir soberanía comercial; sólo productos complementarios; contrato de corta duración.			
6. presencia en mercados; gestión rutinaria; seguridad; comercializar sin infraestructura.			

c) Explique o defina:

— red comercial   — representante asalariado
— filial   — agente a comisión
— sucursal   — venta por correo

2. Para hablar

a) Por parejas: reproduzcan la conversación entre el exportador y el asesor, utilizando un registro informal.

b) En grupos: diseñen un esquema sobre las ventajas e inconvenientes de la exportación y venta directa al usuario o consumidor final; exportación indirecta por empresas exportadoras y venta indirecta por importadores-mayoristas, detallistas y otros intermediarios—, y exportación directa al exterior y venta indirecta por intermediarios. A continuación, formulen preguntas a los compañeros de otros grupos sobre las alternativas de la comercialización en el exterior.

c) Por parejas: estudien las alternativas y elijan el canal para la distribución de uno de los siguientes productos:

— de consumo duradero con marca
— maquinaria con necesidad de servicio posventa

3. Para practicar

a) Elijan la opción correcta:

1. Es necesario invertir tan/tanto/mucho en recursos humanos como en instalaciones.
2. Es un sistema bastante/demasiado/tanto seguro.
3. Hay que rentabilizar casi/todo/más la red comercial.

4. La empresa desea retener casi/bastante/todo el control sobre el mercado.
5. ¿Cuál es la solución algo/más/nada ventajosa?

b) Complete las frases siguientes, utilizando: o, u, y, e, ni.

1. Las reclamaciones suelen ser por incumplimiento de contrato ____ por productos defectuosos.
2. Los agentes se quejan porque las comisiones están mal calculadas ____ incompletas.
3. Hay que distinguir entre exportación directa ____ indirecta.
4. Es necesario asesorarse antes de elegir un sistema ____ otro.
5. No creo que éste sea el agente idóneo ____ este otro tampoco.

c) Elabore un breve informe sobre la implantación en su país del sistema de venta por correo. Recuerde: tipo de productos, método de venta, catálogos; por teléfono o en espacios televisivos, etc.

4. Para terminar

PROCESO DE SELECCIÓN DE UN AGENTE

a) Elabore un listado de las funciones que debería cumplir un agente a comisión en relación con:

- información
- análisis y seguimiento del mercado
- prospección y relación con los clientes
- atención a las reclamaciones
- control de expediciones
- promoción
- cobros

b) Por parejas: compare el listado con el de su compañero. A continuación, diseñen un diagrama que represente el proceso de selección de un agente.

> Recuerden:

— vías para obtener listas de posibles agentes
— criterios de selección que van a aplicar: identificación, red comercial, cartera comercial, normas de actuación u otros
— cuestionarios y entrevistas
— contrato

c) En grupo: debate sobre las distintas funciones y procedimientos.

d) Redacte en español una de estas ofertas de trabajo, o todas.

3

Al servicio del comercio exterior

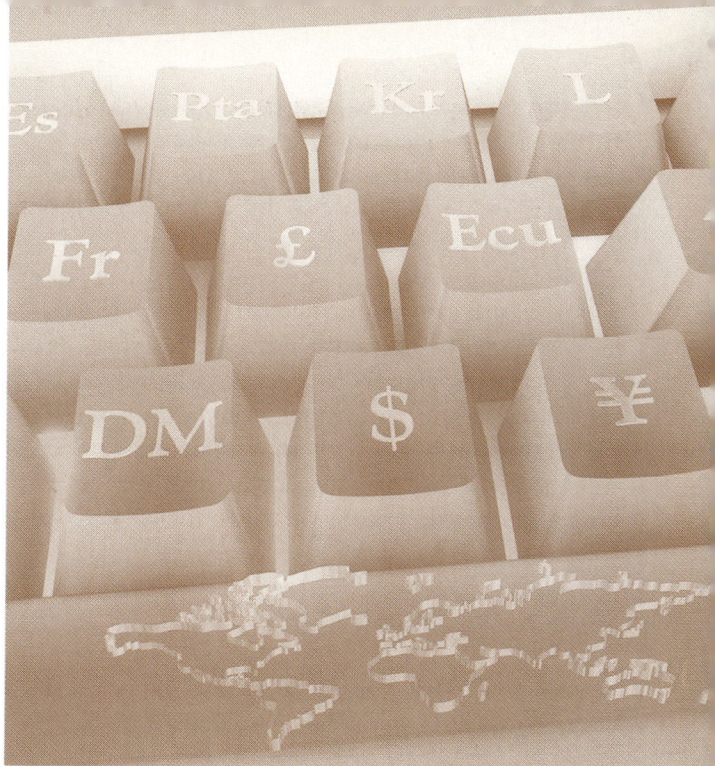

| A | **INFORMACIÓN Y ASESORAMIENTO** |

SEGUROS

FORMACIÓN

MISIONES COMERCIALES

ICEX

ASESORAMIENTO

PROMOCIÓN

CRÉDITOS

FERIAS

Las empresas que deciden iniciar o desarrollar una actividad comercial en el exterior, en primer lugar, deben contar con recursos humanos familiarizados con las técnicas adecuadas que requiere el comercio internacional.

Los aspectos esenciales que exigen los conocimientos de un experto son aquellos relacionados con:

1. Normas y reglamentos técnicos: envases y embalajes, homologación, certificación de calidad y legislación medioambiental.

2. Formalización de contratos; medios de pago idóneos; aspectos jurídicos y soluciones de litigios.

3. Medios de transporte y rutas más convenientes; acondicionamiento y estiba de las mercancías; documentación de porte; sistema tarifario y condiciones del seguro.

Por una parte, las empresas exportadoras e importadoras, deben conocer la gama de instrumentos que tienen a su disposición sobre oportunidades comerciales en el exterior y, por otra, disponer de orientación y atención personalizada sobre el marco legal y los trámites generales.

Un apartado muy importante, para la internacionalización de la empresa, son las iniciativas de promoción comercial en el mercado exterior que —a través de programas sectoriales— permiten la participación en ferias, o la presentación en puntos de venta, exposiciones, degustaciones o desfiles.

Por último, las empresas que orientan sus actividades hacia el comercio internacional deben conocer las medidas de fomento a la exportación, en los sectores público y privado, así como otros estímulos: crediticios (crédito y seguro de crédito a la exportación); arancelarios (perfeccionamiento activo, regímenes de excepción), desgravación fiscal, etc.

1. *Para leer y comprender*

a) Subraye las palabras-clave del tema y trate de definirlas de acuerdo con el contexto.

b) Localice en el texto los aspectos relacionados con:

1. Asesoramiento
2. Ayudas a la exportación
3. Contratación internacional y arbitraje
4. Formación
5. Información
6. Normalización y Certificación
7. Promoción
8. Transporte internacional

2. *Para hablar*

a) Tome notas para hacer una exposición oral sobre las necesidades de las empresas y la preparación técnica que deben satisfacer los profesionales del comercio exterior.

Recuerde:

Tiene que Debe Ha de	+ Infinitivo	Es	necesario preciso conveniente importante lógico interesante	que + Subjetivo

b) **Por parejas: el alumno A solicita al alumno B la información que dispone sobre los organismos y recursos españoles al servicio del comercio exterior, y a la inversa.**

<table>
<tr><td>

Alumno A (*)

ICEX
COFIDES
CESCE
EUROVENTANILLA
AENOR

</td><td>

Alumno B (**)

Bases de datos SIBILA-SIE
CAMARA DE COMERCIO
IMPI
INDO
SOIVRE

</td></tr>
</table>

* Información en el apartado 4 de esta unidad.
** Información en la sección de Consulta de esta unidad (3.A.2.b.; página 183).

c) **En grupo: redacten una lista de organismos y fuentes de información existentes en su país para recabar la información disponible sobre los mercados exteriores:**

— Indicadores del tamaño del mercado.
— Indicadores de la estabilidad política del país.
— Indicadores del funcionamiento del mercado.
— Barreras arancelarias y no arancelarias.
— Otras informaciones de interés: bancos, empresas de transportes, pesas y medidas, puertos de acceso, hoteles, períodos de vacaciones y fiestas, clima, etc.

> **¿CÓMO ESTABLECER CONTACTOS?**
>
> **IMPORTANTE ES LA RELACIÓN DIRECTA CON EL USUARIO O INTERMEDIARIO PUEDEN INICIARSE LOS CONTACTOS A TRAVÉS DE...**
>
> - EMBAJADAS Y CONSULADOS EXTRANJEROS EN EL PAÍS
> - EMBAJADAS Y CONSULADOS NACIONALES EN EL EXTERIOR
> - CÁMARAS DE COMERCIO NACIONALES (DPTO. DE COMERCIO EXTERIOR)
> - CÁMARAS EXTRANJERAS DE COMERCIO EN EL PAÍS
> - CÁMARAS NACIONALES DE COMERCIO EN EL EXTERIOR
> - BANCOS EXTRANJEROS EN EL PAÍS
> - BANCOS NACIONALES EN EL EXTERIOR
> - TRANSPORTISTAS O AGENTES DE TRANSPORTE
> - REPRESENTANTES
> - FERIAS
> - REGISTRO DE EMPRESAS POR RAMOS
> - DIRECT MAILING
> - EUROVENTANILLA
> - INSTITUTO ESPAÑOL DE COMERCIO EXTERIOR (ICEX)

3. Para practicar

a) **Enumere los conocimientos técnicos que debe dominar un experto en comercio exterior:**

1. En primer lugar, es conveniente que...
2. En segundo lugar tiene que...
3. Por lo que respecta a... debe...
4. En cuanto a...
5. Finalmente, ...

b) **Complete las frases siguientes utilizando: para, a fin de, con el propósito de, para que, para que no.**

1. Es conveniente que compres el último número de EXPANSIÓN...
2. Me llamaron del Centro de Documentación...
3. Tenemos que vernos...
4. Estudie bien el contrato...
5. Necesito que vaya al banco...

c) **Defina las siguientes fuentes de información profesional, según el ejemplo: CATÁLOGO.**

1. *Es una publicación que permite al comerciante presentar a los compradores potenciales los objetos de su negocio.*
2. *Es una publicación cuya finalidad es presentar los productos de manera atractiva a los posibles compradores o usuarios.*

1. Manual de Comercio Exterior
2. Memoria Anual de una Empresa
3. Bases de Datos
4. Ordenanzas de Aduanas y Legislación Aduanera
5. Revista técnica
6. Arancel de Aduanas
7. Vídeo promocional
8. Servicio Vídeotex

d) **La información tiene que ser actualizada periódicamente. Indique la periodicidad de una publicación:**

1.	Diaria	5.	Trimestral
2.	Anual	6.	Quinquenal
3.	Mensual	7.	Quincenal
4.	Semanal	8.	Semestral

e) **Anote todas las palabras de la misma raíz:**

—	Informar	—	Certificar
—	Tramitar	—	Contratar
—	Arbitrar	—	Estibar
—	Asesorar	—	Formar
—	Homologar	—	Normalizar
—	Legislar	—	Asegurar

4. *Para terminar*

a) **Estudie las tendencias de los mercados internacionales, agrupando las noticias por países. A continuación, elija un mercado-meta y formule hipótesis sobre los productos que mejor se adaptarían a las tendencias y con los que interesaría realizar promociones. Para expresar distintos grados de certeza, puede utilizar:**

Supongo
Me imagino
El más adecuado

Con toda seguridad
Es casi seguro que
Con certeza
Es más que seguro

Es bastante probable
Probablemente
Quizás

(*Expansión*, n.º 132)

MERCADOS — TENDENCIAS		
ALIMENTACION	**BIENES DE CONSUMO**	**PRODUCTOS INDUSTRIALES**
ALEMANIA. A los golosos les gustan las novedades	**POLONIA.** Electrodomésticos para todos	**ALEMANIA.** Maquinaria de construcción: las ventajas del alquiler
ALEMANIA. El pescado en todas sus formas	**PORTUGAL.** Los juguetes son para Navidad	**CHINA.** Negocios contra la contaminación
ARABIA SAUDITA. La hora del aperitivo		**EMIRATOS ÁRABES.** Repuestos para coches
ARGENTINA. La pizza, un negocio redondo	**REINO UNIDO.** Calzado mejor y más cómodo	**ESTADOS UNIDOS.** Troqueladoras más flexibles
AUSTRALIA. Al rico helado	**SUDÁFRICA.** Electrodomésticos: los precios animan el mercado	**ESTADOS UNIDOS.** Buen momento para las herramientas de corte
BÉLGICA. El consumo del futuro		**ESTADOS UNIDOS.** Metros contra pulgadas
FRANCIA. Ovoproductos: huevo sin cáscaras	**TAILANDIA.** La cosmética llama a la puerta	**ITALIA.** Clima favorable para las máquinas de jardinería
ITALIA. Tomates listos para untar		

b) Explique porqué las siguientes instituciones, empresas o medios pueden ayudar al exportador a establecer contactos con posibles clientes en el exterior.

- Embajadas y consulados extranjeros en el país.
- Embajadas y consulados nacionales en el exterior.
- Cámaras de comercio nacionales y extranjeras.
- Bancos extranjeros en el país.
- Bancos nacionales en el exterior.
- Transportistas o agentes de transportes.
- Representantes.
- Registro de empresas por sectores.
- Ferias.
- EUROVENTANILLA.

c) Lea el folleto sobre la base de datos BIBLOS y anote:

- Actualización
- Contenido
- Recuperación de la información
- Descripción
- Volumen
- Fuentes
- Idioma
- Productor

(a) BIBLOS es una base de datos bibliográfica que permite al usuario un acceso instantáneo a las referencias de los documentos que constituyen el Fondo Documental del ICEX. El fondo, centrado en temas de comercio exterior, se actualiza permanentemente y está a disposición de todos los exportadores.

BIBLOS es un directorio on-line de los siguientes tipos de publicaciones:
- Estudios de mercado.
- Estadísticas de comercio exterior, de producción, etc.
- Directorios comerciales d importadores, fabricantes, distribuidores, agentes, etc., de todos los países del mundo.
- Aranceles.
- Legislación.
- Guías de países y monografías.
- Información económica general.
- Publicaciones periódicas y revistas de carácter sectorial y general.

Cada referencia contiene una descripción detallada del documento y un amplio resumen de su contenido.

(b) Los documentos llegan al ICEX a través de:
- Oficinas Comerciales de España en el extranjero.
- Cámaras de Comercio.
- Suscripción y adquisiciones de publicaciones de organismos nacionales e internacionales, tanto públicos como privados.
- Editoriales y distribuidores especializados.

(c) Castellano.

(d) Semanal.

(e) ICEX.

(f) 8.000 referencias.

La base puede ser interrogada por cualquier palabra o número contenido en cada uno de los campos. El campo "descriptores" remite a términos de un thesaurus normalizado.

ICEX
Instituto Español
de Comercio Exterior

FINANCIACION DEL COMERCIO INTERNACIONAL

INSTRUMENTOS FINANCIEROS DE APOYO A LA EXPORTACION

EL MERCADO DE DIVISAS

Créditos FAD y CARI

EL SEGURO DE CREDITO A LA EXPORTACION

MEDIOS DE PAGO Y COBRO EN EL COMERCIO EXTERIOR

COMO ASEGURAR LAS INVERSIONES EN EL EXTERIOR: M.I.G.A. Y CESCE

B. Para constitución de asociaciones y agrupaciones de empresas exportadoras.
- Por inversiones de penetración comercial en el exterior.
- Devolución del I.V.A.

D. Adaptación del Tráfico de Perfeccionamiento Activo, ahora Régimen de Perfeccionamiento Activo (R.P.A.).

A. Abaratamiento de primas y cobertura de nuevos riesgos por parte del Seguro de Crédito a la Exportación (CESCE).
- Libertad para cubrir operaciones con compañías de otros países.
- Participación española en la Agencia Multilateral de garantía de Inversiones (M.I.G.A.).

E. Flexibilización de las condiciones exigidas para operar en el mercado de divisas a plazos.
- Simplificación del régimen de control de cambios.

C. Potenciación, flexibilización y mejora operativa del Fondo de Ayuda al Desarrollo (F.A.D.).
- Extensión de los Contratos de Ajuste Recíproco de Interés (C.A.R.I.) y de las operaciones en pesetas y en ECUS.

1. Sistemas de financiación.

3. Mercado de Divisas.

2. Seguros.

4. Ventajas fiscales.

5. Medidas para mejorar la competitividad.

1. Para leer y comprender

a) Lea los titulares de prensa y escriba unas líneas especulando sobre el contenido de cada noticia.

b) Después de leer los extractos sobre los estímulos a la exportación, elija el título más adecuado para cada uno.

c) Resuma las actuaciones para fomentar las exportaciones en los aspectos siguientes:

	Potenciar	Desarrollar	Flexibilizar	Extender	Mejorar
1. Competitividad					
2. Divisas					
3. Financiación					
4. Fiscalidad					
5. Seguros					

2. Para hablar

a) En grupo: formulen preguntas a sus compañeros sobre las medidas de apoyo a la exportación.

b) Por parejas: preparen la conversación telefónica entre un empresario y un agente de seguros sobre los distintos tipos de póliza y su cobertura.

Empresario

— Póliza abierta.
— Póliza para contratistas de obras en el extranjero.
— Crédito comprador.
— Créditos documentarios.
— Garantía bancaria.
— Compensación por distintas causas.

Agente

■ Póliza CESCE
Abierta de Gestión de Exportación

En esta modalidad, los Exportadores contratan la cobertura de todas o parte de sus operaciones de exportación, con todos o con algunos de sus mercados o clientes. Es la póliza específica para los Exportadores con un flujo regular de ventas a distintos mercados y a diferentes importadores. Cada póliza puede adaptarse a las necesidades de cada Exportador. La **Póliza Abierta Cesce** es un servicio a medida, es una Póliza realmente Abierta que facilita la Gestión de sus Exportaciones.

3. Para practicar

a) Relacione las columnas A y B para completar las definiciones correspondientes a: F.A.D.; C.A.R.I.; CESCE; M.I.G.A.; I.V.A. y R.P.A.

A

1. Impuesto de naturaleza indirecta
2. Compañía especializada en la cobertura de riesgos de la importación
3. Organismo que ofrece pólizas de seguro y reaseguro para cubrir el riesgo no comercial de las inversiones
4. Régimen aduanero económico único
5. Mecanismo financiero de créditos a la exportación
6. Instrumento de ayuda financiera creado en España

que

en cuya

cuyo

en el que

por el cual

B

a) pueden participar entidades privadas de depósito.
b) se elimina el pago de derechos de importación.
c) objetivo es favorecer exportaciones de especial interés hacia países en vías de desarrollo.
d) se efectúan en países en vías de desarrollo.
e) sociedad participan el Estado, los bancos principales y 15 compañías de seguros.
f) grava el valor añadido por las empresas en sus procesos productivos.

b) Anote el verbo correspondiente y palabras de la misma raíz, añadiendo prefijos y sufijos:

- potencia
- ajuste
- seguro
- libre
- fiscal

- valor
- barato
- constitución
- flexible
- fomento

c) **Coloque los párrafos del artículo en el orden correcto.**

RAMÓN ZÚÑIGA

La Compañía Española de Seguros de Crédito a la Exportación (CESCE) ha creado un seguro de crédito a la exportación especial para pequeñas y medianas empresas *(pymes)*. La nueva póliza ha sido diseñada exclusivamente para *pymes* que exportan productos y servicios por un valor que no sobrepase los 100 millones de pesetas anuales.

C

Para garantizar el buen fin de las transacciones comerciales, CESCE dispone de una base de datos informática de clientes, conectada a su vez con otras bases de datos internacionales. Gracias a ellas puede conocer en un tiempo muy breve cuál es la solvencia de los compradores y de sus garantes. Además, la aseguradora cuenta con una red formada por 600 agencias de información fuera de España que actúan como colaboradoras.

Según Valero, otro aspecto que contribuye a la simplicidad de su producto es que, "al contrario de lo que ocurre con las pólizas normales, que obligan al tomador a informar periódicamente a la aseguradora sobre cómo marcha el negocio, con la Póliza 100 el empresario sólo debe ponerse en contacto con nosotros en caso de que se produzca un siniestro"

E

La CESCE tampoco limita el número de clientes que una empresa española pueda tener en el extranjero, ni el número de países de destino. "Esto también es una novedad en Europa", asegura Valero.

Para los bancos, la Póliza 100 supone también un beneficio y una tranquilidad porque tienen asegurados de forma eficaz los

F

"No obstante", aclara el directivo, "a la Póliza 100 también se pueden acoger otras firmas que tengan poca capacidad exportadora, por grandes que éstas sean". Según el Instituto de Comercio Exterior (Icex), cerca de 17.000 sociedades españolas venden en el extranjero mercancías cuyo valor no supera la barrera de los 100 millones año.

Para suscribir este innovador seguro, que está en el mercado desde el pasado 15 de noviembre, los empresarios sólo deben informar de las características del producto que van a vender, del cliente que lo compra, del país de destino y de la cifra de negocio. Su vigencia es anual. Se concede en un plazo de 15 días. Cubre los riesgos de impagos por motivos comerciales y políticos. Y la prima no supera el 1,5% sobre el valor asegurado.

préstamos que conceden a sus clientes. "En definitiva, son los bancos y cajas los que están trabajando con las *pymes*. Ya que nosotros aseguramos a sus clientes, estamos estableciendo acuerdos con ellos que les informan de las ventajas de nuestra póliza. Ya lo hemos hecho con La Caixa y el Banco de Sabadell", concluye.

D

"La Póliza 100 es una apuesta que hace CESCE por las *pymes*" que no contaban hasta ahora con seguros específicos para sus exportaciones, explica el director general de la entidad, Javier Valero. "Su característica principal", agrega, "es su simplicidad. Los seguros que hay en el mercado son muy complejos, lo que obliga a estas sociedades a dedicar un alto porcentaje de sus recursos humanos al seguimiento de los mismos"

Buscar la oferta oculta

Ajuste puntual

Más normas y mejores

Seguro de crédito a la exportación para 'pyme'

El euro traerá ganancias

(El País)

1. *Después de leer el artículo, elija el titular más adecuado.*
2. *Subraye las palabras que no conoce y trate de comprender por el contexto.*
3. *Conteste, por favor:*
   a) ¿Para quién se ha creado la póliza?
   b) ¿Solamente?
   c) ¿Por qué?
   d) ¿Qué hay que hacer para suscribirla?
   e) ¿Cuáles son las condiciones?

4. *Traduzca a su idioma las características de la póliza, de acuerdo con la información de la pantalla del ordenador.*

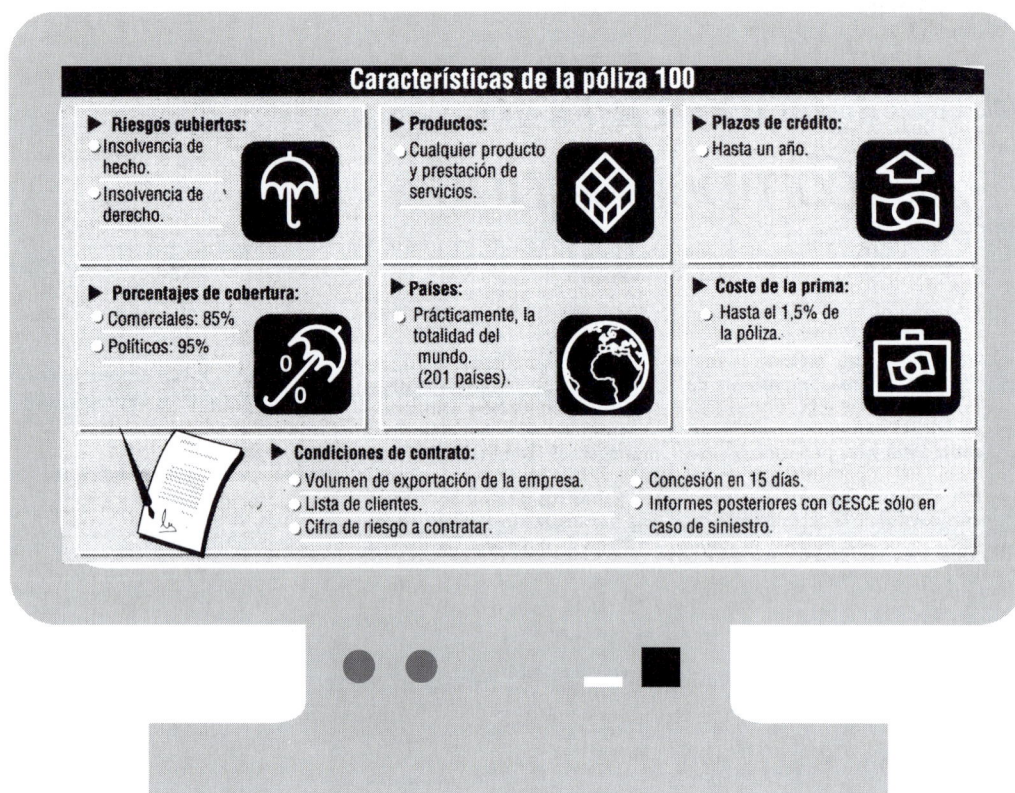

Características de la póliza 100

▶ **Riesgos cubiertos:**
- Insolvencia de hecho.
- Insolvencia de derecho.

▶ **Productos:**
- Cualquier producto y prestación de servicios.

▶ **Plazos de crédito:**
- Hasta un año.

▶ **Porcentajes de cobertura:**
- Comerciales: 85%
- Políticos: 95%

▶ **Países:**
- Prácticamente, la totalidad del mundo. (201 países).

▶ **Coste de la prima:**
- Hasta el 1,5% de la póliza.

▶ **Condiciones de contrato**
- Volumen de exportación de la empresa.
- Lista de clientes.
- Cifra de riesgo a contratar.
- Concesión en 15 días.
- Informes posteriores con CESCE sólo en caso de siniestro.

4.   Para terminar

a) **Lea cuidadosamente el formulario de Póliza Abierta de Gestión de Exportaciones y asegúrese de que entiende todos los términos de la misma. Puede consultar a su profesor, a sus compañeros, o en un diccionario técnico, etc.**

b) **Por parejas: preparen la conversación entre un exportador y un agente de seguros con el fin de suscribir la Póliza Abierta del ejercicio anterior.**

cesce

Compañía Española de Seguros
de Crédito a la Exportación, S.A.
Cía. de Seguros y Reaseguros

Velázquez, 74 — 28001 Madrid
Telfs.: 577 60 66 / 577 60 77
Télex: 23577 CESCE-E / 45369 CESCE-E
Fax: 575 88 11

Póliza Abierta de Gestión
de Exportaciones
Solicitud de Suplemento de Clasificación

Póliza N.º

☐ A — Primera Solicitud.
☐ B — Rehabilitación.
☐ C — Modificación en las Condiciones de Pago.
☐ D — Aumento del límite de riesgo.
(Indicar únicamente en los casos B, C o D)

Suplemento N.º

ASEGURADO

Nombre o razón Social:

Dirección:

N.º de Teléfono: N.º de Télex: D.P.:

DEUDOR

Nombre o razón Social: N.º de Fax:

Dirección:

Banco habitual: País:

N.º de Cuenta: Sucursal:

IMPORTADOR
(si es distinto del deudor)

Nombre: N.º de Teléfono: N.º de Fax:

Dirección:

Límite de riesgo solicitado: País:

Condiciones de Pago: Ptas.

Garantías de Pago:

Bco. Emisor del Crédito Doc. Irrevocable (en su caso):

Mercancía:

Experiencia con el Importador y/o Deudor.   Sí ☐   No ☐
(caso afirmativo, indicar las ventas realizadas en los dos últimos años)

Ventas realizadas (en miles de ptas.):

Año   /   Ptas.   Año   /   Ptas.

Incidencias de Pago: Sí ☐   No ☐

El Importador y/o Deudor es una Empresa del Grupo: Sí ☐   No ☐

Valor Mínimo de una Expedición: Ptas.

Persona encargada de este Expediente en la Empresa Exportadora: Sr.

En   , a   de   de 19

Firma y Sello del Asegurado.

El Asegurado deberá declarar cualquier circunstancia no especificada en el cuestionario que pueda influir en la Valoración del Riesgo de acuerdo con lo establecido en el Art. 10 de la Ley de Contrato de Seguro.

Notas: A) Esta Solicitud deberá ir acompañada de los correspondientes Gastos de Estudio de acuerdo con el Baremo en Vigor.
        B) El Asegurado no rellenará los espacios marcados en verde.

Domicilio social

28001 MADRID
Velázquez, 74
Telfs. 577 60 66 / 577 60 77
Télex: 23577 CESCE-E
Fax: 576 51 40

Delegaciones

08007 BARCELONA
Paseo de Gracia, 54
Telf.: 487 19 00
Télex: 50879 BASE-E
Fax: 487 37 88

48011 BILBAO
Gran Vía, 81
Telf.: 442 33 90
Télex: 31566 CEBI-E
Fax: 442 10 40

28001 MADRID
Velázquez, 74 - 4.º
Telfs.: 577 60 66 / 77 - Ext. 1440
Télex: 23577 CESCE-E
Fax: 575 88 11

41001 SEVILLA
Avda. de la Constitución, 24
Telf. 422 80 90
Télex: 72331 CESEV-E
Fax: 422 78 91

46003 VALENCIA
Plaza de la Reina, 19
Telf.: 392 42 04
Télex: 62165 CVAL-E
Fax: 392 13 02

C.I.F. A/28/264034   Reg. Merc. de Madrid, Tomo 597 General, Folio 1.º, Hoja M-12777, Inscripción 157   Fecha 27-12-90

CP-PA/203

Acceso directo a nuevos mercados.

Todo un mundo de servicios.

Un mundo de servicios.

Un mundo de posibilidades.

El mundo del Comercio Exterior en sus manos.

INFORMACION PARA QUE SU EMPRESA LLEGUE MAS LEJOS

Con el apoyo para quienes el mundo es su mercado.

Apoyo Financiero.

Todas las modalidades de financiación existentes en el mercado internacional:

* Prefinanciación
* Postfinanciación
* Crédito oficial a la exportación

Análisis de Riesgos y Coberturas.

* CAJA DE MADRID colabora con los exportadores en el estudio y valoración de los riesgos, así como en la aplicación de los mecanismos adecuados para su cobertura.

Información sobre Empresas.

* TRADECAJAMADRID: sistema que pone en contacto personas y empresas de todo el mundo con intereses comunes.

* Boletín de Comercio Exterior mensual.

Concursos y Licitaciones.

* Disposición de avales y garantías en cualquier parte del mundo.

Mecanismos y Garantías de Cobro.

Tratamiento eficaz de las garantías y demás mecanismos de cobro:

* Billetes, Transferencias, Cheques
* Remesas documentarias
* Créditos documentarios
* Stand-by y Garantías bancarias

Mercado de Divisas.

* CAJA DE MADRID, a través de su sala de mercado de divisas materializa de forma eficaz y competitiva la compra o venta de divisas, al contado o a plazo.
* Financiación y Préstamos en divisas.
* Cuentas en divisas.

1. Para leer y comprender

a) *Reflexiones sobre las frases publicitarias de los servicios internacionales de las entidades bancarias y conteste:*

1. ¿Qué le sugiere cada una?
2. ¿Qué mensaje tienen en común?
3. ¿Cuál le parece más atractiva o más convincente?
4. ¿Le recuerdan a algún mensaje de una entidad bancaria de su país?
5. Tradúzcalas a su idioma y compruebe su traducción con la de sus compañeros.

b) **Tome nota de los servicios que le ofrecen en relación con:**

1. Financiación.
2. Emisión y confirmación de créditos documentarios.
3. Informes comerciales.
4. Avales sobre licitación y ante aduanas.
5. Promoción de productos en el extranjero.
6. Compraventa de divisas a plazos y al contado.
7. Compraventa de billetes y cheques de viaje.
8. Contactos con los mercados de oferta y demanda internacionales.

c) **Proponga definiciones para los siguientes conceptos:**

aval, licitación, transferencia, cheque, remesa documentaria y crédito documentario.

2. *Para hablar*

a) **En grupos: formulen preguntas a sus compañeros para aclarar conceptos o aspectos técnicos en relación con la oferta de servicios y sus operaciones.**

b) **Relacione los comentarios con algunos de los servicios bancarios de la oferta. Por parejas: transmitan estos mensajes, utilizando estilo indirecto.**

1.

«Nosotros le localizaremos las empresas interesadas en sus productos.»

2.

«Tanto usted como el personal de su empresa disfrutarán de crédito en todo el mundo con nuestra Tarjeta.»

3.

«Ponemos a su disposición nuestra información comercial sobre firmas extranjeras.»

4.

«Disponga de los mejores medios de cobertura de riesgo de cambio.»

5.

«Cuente con las mejores fórmulas de financiación para sus transacciones internacionales.»

6.

«Con nosotros puede disponer de cuentas en divisas o en ECUS.»

c) **En grupo: propongan la frase publicitaria y la presentación oral de los servicios internacionales de una entidad bancaria.**

3. *Para practicar*

a) **Complete las frases con el adjetivo o pronombre posesivo apropiado:**

1. Con _____ Servicio Internacional, usted tiene en _____ manos el acceso directo a nuevos mercados.
2. Le facilitamos la búsqueda de las empresas interesadas en _____ productos.
3. _____ interés es el _____.
4. He acudido a ustedes porque _____ empresa necesita información especializada.
5. Recuerde: _____ socios son _____ socios.

b) **Transforme las frases según el ejemplo:**

¿Le hago un resumen de la conversación? Hágamelo, por favor.

1. ¿Les envío el informe ahora?
2. ¿Puedo plantearle un problema?
3. ¿Solicitamos el crédito?
4. ¿Analizamos juntos la situación?
5. ¿Consulto a varios bancos?

c) **Redacte en estilo indirecto el informe sobre transacciones de divisas:**

«Hemos realizado una encuesta entre los principales intermediarios financieros sobre el mercado de divisas español y sus respuestas nos han permitido llegar a las siguientes conclusiones: España mueve el 1,5% del mercado mundial de divisas, el volumen medio negociado es de unos 2,2 billones de pesetas, las transacciones predominantes siguen siendo las realizadas entre el dólar y las pesetas y el segmento de swaps ha sido el más dinámico.

Una vez elaborados los datos, se pudo llegar a la conclusión de que el volumen medio negociado ascendió a 18.261 millones de dólares. No obstante, los datos difieren si se tienen en cuenta todos los segmentos del mercado. Así, el volumen diario en el contado aumentó un 14% mientras que el importe de las transacciones en swaps creció un 93%.

Por otra parte, el dólar, la peseta y el marco continúan siendo las monedas predominantes, al ser objeto de intercambio en un 76, 69 y 40% del total de las operaciones realizadas, respectivamente.»

(Texto adaptado de EL PAIS-Negocios)

d) **Escriba las siguientes operaciones aritméticas:**

1. 390.000 + 5.000.5000 =
2. 56.990 - 30.000 =
3. 130.000 x 10 =
4. 48.400 : 4 =

e) **¿Cómo expresaría con números?**

1. Dos al cuadrado son cuatro.
2. Cuatro a la cuarta potencia son doscientas cincuenta y seis.
3. La raíz cuadrada de dieciséis es cuatro.
4. Dos tercios.
5. Una milésima parte.

f) **Desarrolle las abreviaturas utilizadas por las entidades bancarias:**

Bco.:	a/c.:	Com.:
gtos.:	Cta.cte.:	E/pag.:
L/:	n/ch.:	S.e.u.o.:

4. *Para terminar*

a) **El crédito documentario**

«El crédito documentario es un medio de pago propio del comercio internacional y se puede definir como un convenio en virtud del cual un banco (emisor), a petición y de acuerdo con las instrucciones de su cliente (ordenante o importador) deberá efectuar un pago a un tercero (beneficiario o exportador), o a su orden; o deberá pagar o aceptar las letras de cambio giradas por el beneficiario. Y autorizar a otro banco (intermediario) para que pague, acepte o negocie dichas letras de cambio, contra la entrega de los documentos exigidos, siempre y cuando se cumplan los términos y condiciones del crédito.
El crédito puede ser: revocable, irrevocable, confirmado o no, transferible o no y transferible reversible.»

1. *Traduzca a su idioma los términos-clave del crédito documentario y repase sus conocimientos sobre los medios de pago que se tratarán más adelante, en la unidad correspondiente.*
2. *Explique oralmente a sus compañeros el proceso del crédito documentario de acuerdo con el esquema.*

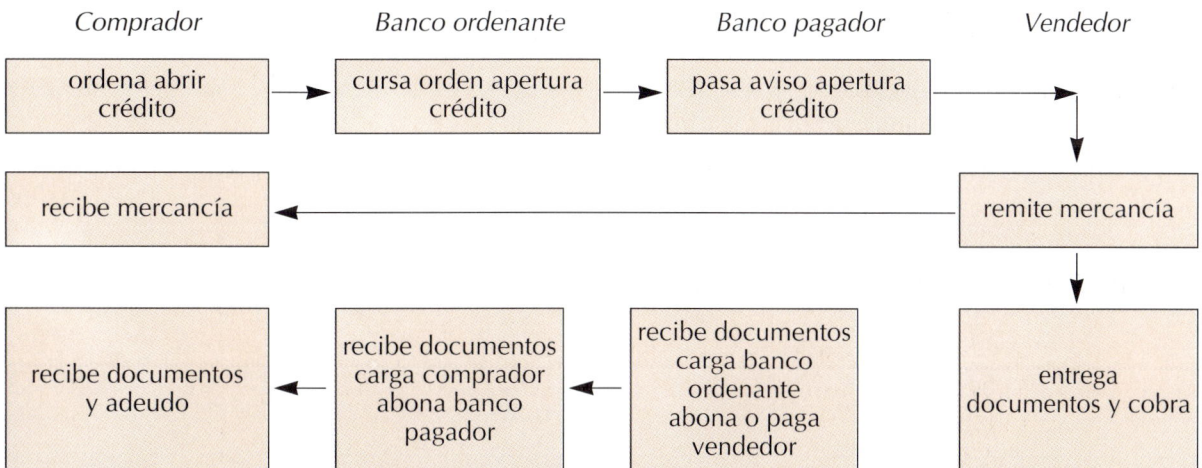

Comprador	Banco ordenante	Banco pagador	Vendedor
ordena abrir crédito	cursa orden apertura crédito	pasa aviso apertura crédito	
recibe mercancía			remite mercancía
recibe documentos y adeudo	recibe documentos carga comprador abona banco pagador	recibe documentos carga banco ordenante abona o paga vendedor	entrega documentos y cobra

b) **Indique el significado de los siguientes símbolos:**

1. + ...

2. – ....

3. x ....

4. : ....

5. $\sqrt{}$ ....

6. = ...

7. ≠ ....

8. > ....

9. < ....

10. ∞ ....

11. % ....

12. $\hat{=}$ ....

4

Comunicaciones y documentos en el comercio exterior

A CORRESPONDENCIA COMERCIAL

La correspondencia es uno de los aspectos que hay que cuidar más para el buen desarrollo de las relaciones comerciales, ya que cumple la doble función de representar a la empresa (membrete, logotipos, tipo de papel y redacción de las cartas) y actuar como documento con carácter contractual y obligatorio para el remitente.

La carta (o el fax) es la comunicación comercial más utilizada y su redacción debe reunir las características de claridad, precisión, corrección, cortesía y prudencia.

La estructura de la carta comercial responde siempre al modelo siguiente:

BLANCO SUR, S. A.
General Paz, 146
Teléfono: (541) 244 53 99
Fax: (541) 244 53 00
1834 Temperly (Buenos Aires)
ARGENTINA

MEMBRETE

Temperly, 13 de noviembre de...

LUGAR Y FECHA

1.

ENCABEZAMIENTO

ELDOSA, S. A.
Dpto. de Exportación
Apartado 1080
E-28003 Madrid

DIRECCION INTERIOR

Asunto: Solicitud de información

ASUNTO

n/ref. IMP/156

REFERENCIA

Muy señores nuestros:

SALUDO

Somos una empresa dedicada desde hace diez años a la importación de electrodomésticos y, dado el incremento de la demanda de estos productos en nuestros país, deseamos ampliar nuestra gama.

El mes pasado, con ocasión de la Feria de los Rurales de Buenos Aires, tuvimos la oportunidad de conocer una selección de los productos que fabrican ustedes y estamos interesados en incluirlos en nuestro surtido.

Les agradeceríamos que nos enviasen sus catálogos, así como folletos con información técnica detallada, y que nos indicasen precios, descuentos y demás condiciones de venta.

2.

CUERPO O TEXTO

En espera de recibir noticias suyas, les saluda muy atentamente.

DESPEDIDA

3.

FIRMA Y RESPONSABLE | Enrique Ponce Gómez

CARGO | Director de Importación

CIERRE Y COMPLEMENTOS

EPG/jc

INICIALES DE IDENTIFICACION

Anexos: nuestro catálogo

ANEXOS Y ADJUNTOS

P.D.

POSDATA

c.c.

CON COPIA

c.c.c.

COPIA CONFIDENCIAL

ELDOSA

ELDOSA, S. A. - Apdo. de Correos 180 - E-28003 Madrid

BLANCO SUR, S. A.
Dpto. de Importación
c/ General Paz, 146

1834 Temperly (Buenos Aires)
ARGENTINA

a la atención de Sr. D. Enrique Martínez Gómez

Su escrito del	Su referencia	Nueva referencia	Fecha
25.02.94	IMP/208	EXP/653	26 de febrero de

Asunto: Aviso de embarque

Muy Sr. Nuestro:

Lamentamos mucho lo ocurrido.

Inmediatamente después de recibir su carta dimos aviso a nuestro Servicio Técnico de mandarles los repuestos requeridos. Les podemos comunicar que el envío saldrá hoy mismo de nuestro almacén.

Los datos del embarque son los siguientes:

>   vuelo n.º IB 5370
>   llegada a Buenos Aires: 28-02-94, 15.20 horas
>   guía aérea n.º 750-6654325

Adjunto les mandamos copias de la factura comercial y de guía aérea.

Como pueden ver, hemos declarado los paneles como muestras sin valor comercial para facilitar la importación y reducir los gastos aduaneros. Les concedemos un descuento de 20.000 ptas. para cubrir sus gastos adicionales referentes a este asunto. Les podemos asegurar, que para los próximos envíos reforzaremos el embalaje de la mercancía.

Esperamos que este asunto no afecte nuestras relaciones comerciales.

Muy atentamente,

ELDOSA, S. A.

p.p.

Vicente Solares
Director Comercial

VS/cm

anexos

Oficina central:
Calle de Raimundo Fernández Villaverde, 54
C.I.F. A-28154890

Teléfono
(91) 530 54 00

Telefax
(91) 530 64 99

Bancos en Madrid
Central Ag. 5 c/c 9540
B.B.V. Ag. 941 c/c 01.57499
Hispano Americano Ag. 555 c/c 4555
Santander Ofic. Pral. c/c 15540

ELDOSA

ELDOSA, S. A. - Apdo. de Correos 180 - E -28003 Madrid

BLANCO SUR, S. A.
Dpto. de Importación
c/ General Paz, 146

1834 Temperly (Buenos Aires)
ARGENTINA

a la atención de Sr. D. Enrique Martínez Gómez

Su escrito del	Su referencia	Nueva referencia	Fecha
13.11.	IMP/156	EXP/566	26 de noviembre de

Asunto: Nuestra gama de la línea blanca

Muy Sr. nuestro:

En contestación a su carta les remitimos nuestro más reciente catálogo.

Estamos muy interesados en mostrarles la calidad de nuestros productos y esperamos que tomen en consideración que podemos suministrarles en un futuro próximo.

Muy atentamente,

ELDOSA, S. a.

p.p.

Vicente Solares
Director Comercial

VS/cm

Anexos: Catálogo

Oficina central:
Calle de Raimundo Fernández Villaverde, 54
C.I.F. A-28154890

Teléfono
(91) 530 54 00

Telefax
(91) 530 64 99

Bancos en Madrid
Central Ag. 5 c/c 9540
B.B.V. Ag. 941 c/c 01.57499
Hispano Americano Ag. 555 c/c 4555
Santander Ofic. Pral. c/c 15540

ELDOSA

ELDOSA, S. A. - Apdo. de Correos 180 - E -28003 Madrid

BLANCO SUR, S. A.
Dpto. de Importación
c/ General Paz, 146

1834 Temperly (Buenos Aires)
ARGENTINA

a la atención de Sr. D. Enrique Martínez Gómez

Su escrito del 02.01.	Su referencia IMP/185	Nueva referencia EXP/602	Fecha 31 de enero

Asunto: Embarque

Muy Sr. nuestro:

Acusamos recibo de la carta de crédito por el Banco de España.

Nos complace informarles que hemos embarcado las cincuenta lavadoras modelo «lavoye» a bordo del vapor «Puerto Rico», que partió el 28 de enero y llegará a Buenos Aires el 18 de febrero.

Esperamos que la mercancía llegue a tiempo y que ustedes la reciban en estado impecable.

Muy atentamente,

ELDOSA, S. A.
p.p.
Vicente Solares
Director Comercial

VS/cm

Oficina central:
Calle de Raimundo Fernández Villaverde, 54
C.I.F. A-28154890

Teléfono
(91) 530 54 00

Telefax
(91) 530 64 99

Bancos en Madrid
Central Ag. 5 c/c 9540
B.B.V. Ag. 941 c/c 01.57499
Hispano Americano Ag. 555 c/c 4555
Santander Ofic. Pral. c/c 15540

BLANCO SUR, S. A.
c/ General Paz, 146
Teléfono: (541) 244 53 99
1834 Temperly (Buenos Aires)
Argentina

Telefax: (541) 244 53 00

Temperly al 2 de enero de

ELDOSA, S. A.
Dpto. Comercial
Apdo. 180

E-28003 Madrid
ESPAÑA

a la atención de Sr. D. Vicente Solares

s/ref. EXP/570   s/escrito 12.12.   n/ref. IMP/185   n/escrito 05.12

Asunto: Pedido de «Lavoye»

Muy señor nuestro:

Agradecemos su oferta del 12 del mes pasado. Después de examinarla detenidamente, nos es grato pasarles el siguiente pedido:

N.º 530977	50 unidades lavoye	7.800.000 Ptas.
N.º 577339	50 unidades embalaje marítimo	650.000 Ptas.
	valor mercancía	8.450.000 Ptas.
	coste de transporte	180.000 Ptas.
	valor C & F Buenos Aires	8.630.000 Ptas.
	seguro de transporte	50.000 Ptas.
	valor total CIF Buenos Aires	8.680.000 Ptas.

Sírvanse efectuar el envío por barco hasta el día 30 de enero del corriente año.

Referente a las condiciones de pago, por carta de crédito documentaria irrevocable y confirmada, son de nuestra entera satisfacción. Ya hemos avisado a nuestro banco, «Banco de Argentina» en Buenos Aires, a abrirla a su favor por el dicho importe. La carta de crédito está a disposición de Banco de España en Madrid para su confirmación.

Les hacemos observar que no están permitidos los embarques parciales. Los documentos requeridos son:

conocimiento de embarque
factura comercial
lista de embarque
certificado de seguro
certificado de origen

Muy atentamente,

BLANCO SUR, S. A.

p.p.

Enrique Martínez Gómez
Director de Importación

EMG/jc

BLANCO SUR, S. A.
c/ General Paz, 146
Teléfono: (541) 244 53 99
1834 Temperly (Buenos Aires)
Argentina

Telefax: (541) 244 53 00

Temperly al 25 de febrero de

POR TELEFAX

ELDOSA, S. A.
Dpto. Comercial
Apdo. 180

E-28003 Madrid
ESPAÑA

a la atención de Sr. D. Vicente Solares

s/ref. EXP/602   s/escrito 31.01.   n/ref. IMP/208   n/escrito 02.01

Asunto: Reclamación

Muy Sr. nuestro:

Acusamos recibo de las cincuenta máquinas «lavoye» que llegaron a nuestro almacén hace dos días.

Lamentamos comunicarles que detectamos en dos lavadoras daños en los paneles de mando. Haría falta renovar los dos paneles antes de que salgan a la venta, por lo cual rogamos nos envíen las piezas de reemplazo en los próximos días por flete aéreo.

Rogamos traten la cuestión con carácter urgente, ya que debemos cumplir un plazo de entrega con nuestros clientes.

Estamos convencidos de que los daños se deben al embalaje deficiente de las máquinas en cuyo caso no los cubre el seguro de transporte. Esperamos que se trate de un hecho aislado.

En espera de sus prontas noticias les saludamos.

Muy atentamente,

BLANCO SUR, S. A.

p.p.

Enrique Martínez Gómez
Director de Importación

EMG/jc

anexos
2 fotos de las máquinas dañadas

1. Para leer y comprender

a) **Clasifique las cartas según el asunto de que tratan, razonando la respuesta en cada caso: solicitud de información; acuse de recibo; pedido; presentación; reclamación; quejas; relaciones con la banca y compañías de seguros; carta-circular; cartas sociales (felicitación, pésame, agradecimiento), etc.**

b) **Subraye las expresiones utilizadas para indicar:**

- introducción
- objeto de la comunicación
- solicitud de información
- condiciones de oferta

- despedida
- disculpas
- notificación/aviso
- formalización de pedido

c) **La venta por correspondencia se realizó a través de ocho cartas pero se han perdido dos. ¿Podría numerar las seis cartas de acuerdo con el orden lógico de la transacción comercial y averiguar la fecha y contenido de las otras dos?**

d) **Traduzca a su idioma y explique la función que cumplen los siguientes elementos de una carta:**

- logotipo o logo
- membrete
- fecha
- encabezamiento

- despedida
- a la atención de
- firma
- anexos

- P.D./P.S.
- p/o, p/a
- c.c.
- iniciales

2. Para hablar

a) **Por parejas: compare con su compañero el orden de las cartas del ejercicio A.1.c.).**

b) **Prácticas de uso del dictáfono: cada alumno elige una de las cartas para hacer prácticas de dictado. Recuerden que deben deletrear los nombres poco comunes, pronunciar claramente, en tono natural y a velocidad normal, respetando las pausas indicadas por los signos de puntuación.**

c) **En grupos: los alumnos se van dictando alternativamente las distintas fórmulas que recuerden para expresar en una carta:**

- solicitud/aceptación/denegación de oferta
- agradecimientos

- disculpas
- inicio de relaciones comerciales
- notificación
- reclamación
- referencia a un asunto

3. Para practicar

a) Desarrolle estas abreviaturas:

— S.A.	— Sra.	— Tel.	— izq./izqa.
— S.L.	— n.º	— Fdo.	— s/ref.
— Cía	— Dr.	— Sres.	— n/ref.
— Sr. D.	— C./	— núm.	— n/escrito
— Sra. D.ª	— Avda.	— dcha.	— s/escrito

b) Le ha llegado esta nota por correo electrónico pero, para poder leerla, primero tendrá que separar las palabras, luego las frases y los párrafos, añadiendo los signos correspondientes de puntuación, acentos y mayúsculas:

lleganuevasformasdedifusiondedatosyeuropagesesunejemploesteservicioaportainformacionsobre150000proveedoresde25paiseseuropeosylohacemediantetressistemasunserviciodefaxdenominadobyfaxuncdromyunapublicacionimpresadeestaformasepretendefomentarloscontactosentreempresasdeeuropaaprovechandoademasquelamayoriadelasexportacioneseuropeasserealizandentrodelosquincepaisesmiembrosdelaunionladocumentacioncontenidaeneuropagesimpresoestaclasificadaen600epigrafesrelativosadieciochosectoresytresmilproductosdistintosyordenadosporpaisesestapublicacionseeditaenseisidiomaselcdromreunetodaestainformacionyañadeunmodelodecartastipotraducidasanueveidiomasparapedirinformacioncatalogostaryifasoempresasconlasquesedeseainiciarcontactoselsistemabyfaxproporcionaelfolletodelaempresaporlaqueseinteresaelusuario

c) Elija uno de los casos siguientes para redactar un fax. Puede consultar un Manual de Correspondencia Comercial.

- Solicitud de cotización de precios (2.000 botes de pintura plástica blanca, de medio kilo).
- Pedido con instrucciones de embarque marítimo de 500 ordenadores y 500 impresoras a Sydney.
- Reclamación por defectos en la entrega de mercancías (embalaje inadecuado de fruta).

d) ¿Cuántas copias enviaría si le pidiesen los documentos por...?

— duplicado	— centuplicado
— quintuplicado	— cuatriplicado
— triplicado	— sextuplicado

e) **Consulte un manual de correspondencia comercial para definir brevemente los siguientes tipos de escritos que se utilizan en la actividad comercial: circular, saluda, memorándum, télex, informe, presupuesto, cuestionario y convocatoria.**

4. *Para terminar*

a) **DEBATE: después de leer el texto sobre el correo electrónico, formulen preguntas y comenten acerca de su funcionamiento, utilidad y aplicaciones.** Recuerden: ventajas económicas (en el caso de gran volumen de correspondencia, vía fax o correo tradicional); confidencialidad en sus mensajes; posibilidades de archivar los mensajes en un buzón del ordenador; contacto internacional rápido y constante; sistema de comunicación interna de la empresa, etc.

¿Está seguro de que no necesita tener correo electrónico?

¿Qué es el e-mail?

E-mail es simplemente el acrónimo inglés de *electronic mail,* o sea, correo electrónico. Pero, ¿qué es esto? Simplemente, una forma de comunicarse a través del ordenador gracias a la cual se pueden mandar mensajes a uno o más usuarios que estén conectados a Internet o a un servicicio de correo.

Para hacerse una idea de su utilidad no hay más que pensar en los servicios que proporciona el correo tradicional, el fax y el teléfono juntos. Y es que el correo electrónico puede llegar a sustituirlos en muchos casos. A través de su ordenador, desde casa o la oficina puede mandar mensajes, ya sea en forma de texto, imágenes e incluso sonidos a cualquier punto del mundo, por el precio de una llamada de teléfono local.

(Extracto: EXPANSION)

pasado— por una cuota mensual de entre 3.000 y 5.000 pesetas.

Una vez que realice la conexión, la empresa le dará su dirección de correo electrónico, que será única en el mundo. Mucha gente ya la pone en sus tarjetas de visita.

¿Qué otras utilidades tiene el correo electrónico? Cuando ya tiene una dirección de *e-mail* puede suscribirse a una lista de distribución o Listserv. Es un servicio por el que un grupo de personas que se suscriben previamente (es gratuito) se intercambian mensajes sobre el tema que les interesa. Los mensajes se distribuyen a cada uno de los abonados, así todo el mundo puede enterarse de lo que piensan los demás. Por ejemplo, si a usted le interesan los viajes, se puede suscribir a Listserv@ trearn.bitnet.

b) Después de identificar cada parte de la carta, señale el lugar que ocuparía cada una.

1 En espera de que éstos sean de su agrado y quedando a su entera disposición.

Como seguimiento a la entrevista mantenida con ustedes y después de solicitarnos nuestras ofertas para las diferentes zonas con las que tienen TRANSPORTE INTERNACIONAL de mercancías.

A continuación adjuntamos nuestros mejores precios, con los cuales esperamos poder llegar a un acuerdo de colaboración entre nuestras compañías.

También nos gustaría recordarles que disponemos de servicios directos con los siguientes países y las diferentes salidas.

País	Salidas/Impor	Salidas/Export
Portugal	Martes/Viernes	Martes/Viernes
Inglaterra	Martes/Viernes	Martes/Viernes
Francia	Martes/Viernes	Martes/Jueves/Viernes
Benelux	Martes/Viernes	Martes/Viernes
Austria	Martes/Viernes	Viernes
Suiza	Martes/Viernes	Viernes
Italia	Martes/Viernes	Viernes

2

El tiempo de tránsito que les podemos ofrecer en la actualidad va desde 48 a 72 horas dependiendo del país destino u origen de la mercancía.

También indicarles que el seguro a todo riesgo que les cobraremos en factura será del 5% sobre el valor del flete; en caso de que no quisieran asegurar la mercancía, nos tendrán que remitir una carta o fax indicándonos que no aseguremos la misma.

3

4 Carlos Fernández

6 Coslada, 29 de noviembre de 1995.

5 SGEL ALGETE
TORRECILLAS, 19-21
ES28110 ALGETE (MADRID)
ESPAÑA

7 Atentamente,

8 Muy Sres. nuestros:

65

B   POR TELÉFONO

1

A: EUROIBERICA, buenos días.

B: ¿Me pone con expediciones, por favor?

A: Un segundito. Está comunicando... ¿Espera o vuelve a llamar?

B: ¿Podría dejar un mensaje para Doña María Portal?

A: Por supuesto. ¿De parte de quién?

B: De Raúl Villa, de DOMESTOS... en Veracruz.

2

A: AZIMUT, buenas tardes.

B: Soy Berta Albioni. ¿Sería tan amable de ponerme con el señor Dorado?

A: Un momento, por favor. Oiga..., le paso.

B: Gracias.

C: Luis Dorado al aparato.

B: Hola, buenas tardes. Soy Berta Albioni, de PRESTO.

C: ¡Ah, sí! Nos conocimos en IBERJOYA. ¿Qué tal está?

B: Muy bien, gracias. Mire, es que voy a ir el próximo mes a Toledo y me gustaría visitar su fábrica.

C: Estupendo. ¿Cuándo le vendría bien a usted?

B: ¿Podría ser el martes, día 2?

C: ¿Por la mañana o por la tarde?

B: Mejor por la mañana porque quiero aprovechar para visitar la ciudad.

C: ¿Le parece bien a las 10? Y luego, si me lo permite, con sumo gusto le enseñaré Toledo.

B: Encantada. Hasta el día 2, a las 10 de la mañana.

C: Perfecto, señorita Albioni. Adiós.

3

A: BAB, de España. ¿Dígame?

B: ¿Me pone con la extensión 49, por favor?

A: Le pongo.

C: Departamento de Exportación. Enrique Pino al habla.

B: Hola, buenos días. Soy Spiros, de CARISMA. Le llamo porque estamos interesados en varios artículos de piel de su catálogo y quisiéramos saber si tienen ustedes representación en Grecia.

C: No, no tenemos. Pero, si lo desea, puede visitarle un agente nuestro.

B: Tal vez no sea necesario. ¿Podría mandarme por fax su oferta para 100 cinturones de caballero, referencia MAS/10 y otros 200 de señora, refrencia FEM/10, CIF Pireo?

C: Por supuesto. Un momento que tomo nota. ¿Me dice su nombre y número de fax?

B: Sí, a la atención de Temis Spiros...

C: Perdone. ¿E-S-P-I-R-O-S?

B: Sin E. Le deletreo: S-P-I-R-O-S. Y el número de fax es 1 —el prefijo de Atenas—, 397 04 56.

C: ¿Empresa?

B: CARISMA, plaza Sintagma, número 30.

C: Muy bien. Le prepararemos la oferta y se la enviaremos enseguida. Muchas gracias.

B: A ustedes. Hasta pronto.

1. *Para leer y comprender*

A) *Tome nota de las fórmulas utilizadas para indicar:*

1. Saludo y cortesía
2. Despedida
3. Identificación personal
4. Identificación comercial
5. Confirmar datos
6. Concertas citas
7. Pedir y dar información comercial

b) *Complete la información sobre las tres comunicaciones:*

	1	2	3
1. Empresa que realiza la llamada			
2. Empresa que recibe la llamada			
3. Propósito de la llamada.............................			
4. Resultado de la llamada.............................			
5. ¿Qué deberían hacer a continuación los receptores de cada una de las llamadas?.............................			

c) *Relacione las expresiones de la columna A con las de la columna B:*

A

1. El señor Rivas está comunicando.
2. Ha dejado de hablar. Le paso.
3. Al aparato.
4. ¿Podría hablar con...?
5. ¿De parte de quién?
6. ¿Me pones con Contabilidad?

B

a) ¿Me pone con su jefe?
b) ¿De qué empresa?
c) Lo siento. Es una casa particular.
d) La línea está ocupada.
e) ¿Sí? ¿Dígame?
f) Le pongo.

2. Para hablar

a) **Estilo indirecto: los alumnos hacen un resumen oral de las conversaciones. Recuerden:**

Dijo que...
Preguntó si...
Solicitó que...
Comentó que...
Quería saber si...
Se preguntaba si era posible...

b) **En grupos de tres: elijan entre las conversaciones 2 y 3 para reproducirla oralmente. También pueden grabarla.**

c) **Por parejas: preparen la conversación telefónica, de acuerdo con las instrucciones.**

Importador	Exportador
— HIPERCO, S. A.	— EUROIBERICA, S. A.
— Lima	— Torrejón de Ardoz
— 230 aspiradores	— $400, en fábrica
— 20% de descuento/competencia	— acepta: $320
— CIP, Lima	— + flete aéreo y seguro: $38
— Entrega: ¿15 días?	
— Factura comercial (dos) y guía aérea (4)	— ¿Certificado de origen y licencia de importación?
— Entrega contra aceptación de una letra de cambio a 90 días	— Pago por adelantado

3. Para practicar

a) **Complete estas frases:**

1. ¿Le vendría bien............................?
2. ¿Sería tan amable de....................?
3. ¿Cuándo podríamos......................?
4. ¿Tendría la bondad de ....?
5. ¿Nos podría...................................?

b) **Vuelva a redactar, en tono informal, una de las conversaciones telefónicas de la presentación.**

c) *Cambie a estilo indirecto las frases siguientes:*

1. ¿Cuál sería el precio por unidad?
2. Estoy muy interesada en visitar su fábrica.
3. ¿Es posible despachar la mercancía por avión?
4. Necesito una factura por duplicado.
5. Mándeme su oferta por fax con las condiciones mencionadas y le haré el pedido por el mismo medio.

d) *Anote todas las fórmulas que recuerde para hacer o recibir una llamada:*

Funciones	Hacer	Recibir
— Saludar...		
— Identificarse		
— Solicitar interlocutor.........................		
— Explicar objeto de la llamada...................		
— Atender al que llama		
— Solicitar/dar detalles		
— Disculparse		
— Indicar que se sigue a la escucha..............		
— Confirmar entrevista.............................		
— Confirmar condiciones/alternativas..........		
— Dejar un mensaje		
— Dar las gracias		
— Finalizar la llamada............................		
— Despedirse		

4. *Para terminar*

a) *Prácticas al teléfono.*

A

B

1. *Intercambie su número de teléfono con su compañero y a continuación, elija un listín telefónico para dictárselo.*

A

```
 6   78   90   56
900   56   78   09
 4   52   30   00
 3   40   00   21
```

B

```
      86   ζ⊅   6ς   ζ
      0⊅   00   68   ∠
 0I   9∠   ξI   ζ⊅   ξ06
      ⊅ξ   68   ∠9   ς
```

2. *Deletree su nombre y apellidos a su compañero y, después, practiquen con las siguientes siglas, empresas y apellidos:*

A

I.V.A.
P.V.P.
I.C.E.X.
GELSA
Yáñez
Gaztelube

B

O.M.C.
B.O.E.
P.Y.M.E.
EUROINVEST
Barrenechea
Mañueco

b) Por parejas: redacten y graben un mensaje, leyéndolo y hablando espontáneamente, en su idioma y en español.
A continuación, analicen las diferencias reflexionando sobre los consejos para mejorar su técnica para hablar por teléfono:

- Dominar las emociones
- Controlar el lenguaje (claridad, frases poco complejas)
- Superar el miedo al teléfono
- Escuchar al interlocutor
- Controlar la comunicación
- Cooperar con el interlocutor

c) En grupo: después de leer las instrucciones para manejar el calendario perpetuo decidan si deberían telefonear o concertar una entrevista —teniendo en cuenta los días no laborables en las distintas culturas—, en las siguientes fechas. A continuación, propongan distintas fechas a sus compañeros.

— 6/enero/2000
— 29/febrero/2008
— 17/agosto/1998
— 20/junio/1999

Tabla 1

1986-B	2009-F	***2032-G***	2055-G	2078-C
1987-F	2010-G	2033-C	***2056-D***	2079-D
1988-C	2011-C	2034-D	2057-E	***2080-A***
1989-D	***2012-E***	2035-E	2058-A	2081-B
1990-E	2013-A	***2036-B***	2059-B	2082-F
1991-A	2014-B	2037-F	***2060-G***	2083-G
1992-F	2015-F	2038-G	2061-C	***2084-D***
1993-G	***2016-C***	2039-C	2062-D	2085-E
1994-C	2017-D	***2040-E***	2063-E	2086-A
1995-D	2018-E	2041-A	***2064-B***	2087-B
1996-A	2019-A	2042-B	2065-F	***2088-G***
1997-B	***2020-F***	2043-F	2066-G	2089-C
1998-F	2021-G	***2044-C***	2067-C	2090-D
1999-G	2022-C	2045-D	***2068-E***	2091-E
2000-D	2023-D	2046-E	2069-A	***2092-B***
2001-E	***2024-A***	2047-A	2070-B	2093-F
2002-A	2025-B	***2048-F***	2071-F	2094-G
2003-B	2026-F	2049-G	***2072-C***	2095-C
2004-G	2027-G	2050-C	2073-D	***2096-E***
2005-C	***2028-D***	2051-D	2074-E	2097-A
2006-D	2029-E	***2052-A***	2075-A	2098-B
2007-E	2030-A	2053-B	***2076-F***	2099-F
2008-B	2031-B	2054-F	2077-G	***2100-C***

Para encontrar el día de la semana correspondiente a una fecha:

1.º Busque en la tabla núm. 1 el año que le interesa y fíjese en la letra que tiene al lado.

2.º En la tabla núm. 2, busque el número correspondiente a esa letra, debajo del mes deseado.

3.º Ese número corresponde a uno de los 7 calendarios que aparecen en la tabla núm. 3, donde hallará el día de la semana correspondiente a la fecha deseada.

Los años bisiestos están en negrita y cursiva en la tabla de arriba. Si se trata del mes de enero o febrero de un año bisiesto, use las columnas marcadas ***Ene*** y ***Feb*** (en negrita y cursiva) en el segundo cuadro. Para los demás años use las columnas marcadas Ene y Feb en tipo corriente.

Tabla 2

	Ene. Oct.	Abr. Jul. ***Ene.***	Set. Dic.	Jun.	Feb. Mar. Nov.	Ago. ***Feb.***	May.
A	2	1	7	6	5	4	3
B	3	2	1	7	6	5	4
C	6	5	4	3	2	1	7
D	7	6	5	4	3	2	1
E	1	7	6	5	4	3	2
F	4	3	2	1	7	6	5
G	5	4	3	2	1	7	6

Tabla 3

	1	2	3	4	5	6	7
1	Lunes	Martes	Miércoles	Jueves	Viernes	Sábado	*Domingo*
2	Martes	Miércoles	Jueves	Viernes	Sábado	*Domingo*	Lunes
3	Miércoles	Jueves	Viernes	Sábado	*Domingo*	Lunes	Martes
4	Jueves	Viernes	Sábado	*Domingo*	Lunes	Martes	Miércoles
5	Viernes	Sábado	*Domingo*	Lunes	Martes	Miércoles	Jueves
6	Sábado	*Domingo*	Lunes	Martes	Miércoles	Jueves	Viernes
7	*Domingo*	Lunes	Martes	Miércoles	Jueves	Viernes	Sábado
8	Lunes	Martes	Miércoles	Jueves	Viernes	Sábado	*Domingo*
9	Martes	Miércoles	Jueves	Viernes	Sábado	*Domingo*	Lunes
10	Miércoles	Jueves	Viernes	Sábado	*Domingo*	Lunes	Martes
11	Jueves	Viernes	Sábado	*Domingo*	Lunes	Martes	Miércoles
12	Viernes	Sábado	*Domingo*	Lunes	Martes	Miércoles	Jueves
13	Sábado	*Domingo*	Lunes	Martes	Miércoles	Jueves	Viernes
14	*Domingo*	Lunes	Martes	Miércoles	Jueves	Viernes	Sábado
15	Lunes	Martes	Miércoles	Jueves	Viernes	Sábado	*Domingo*
16	Martes	Miércoles	Jueves	Viernes	Sábado	*Domingo*	Lunes
17	Miércoles	Jueves	Viernes	Sábado	*Domingo*	Lunes	Martes
18	Jueves	Viernes	Sábado	*Domingo*	Lunes	Martes	Miércoles
19	Viernes	Sábado	*Domingo*	Lunes	Martes	Miércoles	Jueves
20	Sábado	*Domingo*	Lunes	Martes	Miércoles	Jueves	Viernes
21	*Domingo*	Lunes	Martes	Miércoles	Jueves	Viernes	Sábado
22	Lunes	Martes	Miércoles	Jueves	Viernes	Sábado	*Domingo*
23	Martes	Miércoles	Jueves	Viernes	Sábado	*Domingo*	Lunes
24	Miércoles	Jueves	Viernes	Sábado	*Domingo*	Lunes	Martes
25	Jueves	Viernes	Sábado	*Domingo*	Lunes	Martes	Miércoles
26	Viernes	Sábado	*Domingo*	Lunes	Martes	Miércoles	Jueves
27	Sábado	*Domingo*	Lunes	Martes	Miércoles	Jueves	Viernes
28	*Domingo*	Lunes	Martes	Miércoles	Jueves	Viernes	Sábado
29	Lunes	Martes	Miércoles	Jueves	Viernes	Sábado	*Domingo*
30	Martes	Miércoles	Jueves	Viernes	Sábado	*Domingo*	Lunes
31	Miércoles	Jueves	Viernes	Sábado	*Domingo*	Lunes	Martes

CALENDARIO PERPETUO (1802-2100)

A

	N.º 519468	ORIGINAL

1. Expedidor, Expéditeur, Consignor

COMUNIDAD EUROPEA
COMMUNAUTE EUROPEENNE
EUROPEAN COMMUNITY
———
CERTIFICADO DE ORIGEN
CERTIFICAT D' ORIGINE
CERTIFICATE OF ORIGIN

2. Destinatario, Destinataire, Consignee

3. País de origen, Pays d'origine, Country of origin

4. Informaciones relativas al transporte (Mención facultativa)
Informations relatives au transport (Mention facultative)
Transport details (Optional)

5. Observaciones, Remarques, Remarks

6. N.º de orden, marcas, numeración, número y naturaleza de los bultos, designación de las mercancías
N.º d'ordre, marques, numeros, nombre et nature des colis, designation des marchandises
Item number, marks, number and kind of packages, description of goods

7. Cantidad
Quantité
Quantity

8. La autoridad que suscribe certifica que las mercancías designadas son originarias del país que figura en la casilla n.º 3
L'autorité soussignée certifie que les marchandises désignées ci-dessus sont originaires du pays figurant dans la case n.º 3
The undersigned authority certifies that the goods described above originate in the country shown in box 3

Lugar y fecha de expedición, nombre, firma y sello de la autoridad competente
Lieu et date de délivrance, désignation, signature et cachet de l'autorité compétente
Place and date of issue, name, signature and stamp of competent authority

BUREAU VERITAS

58

CERTIFICAT D'INSPECTION

CERTIFICATE OF SURVEY

BV NN 530105/LA/VII/b

SPECIMEN

SIEGE SOCIAL/HEAD OFFICE 31 rue Henri Rochefort 75017 PARIS. Branche CMI BRIANCHOIS rue Paul Vaillant Couturier (N° 247 9Z000) LEVALLOIS PERRET - Tel (1) 758 11 65 - Telex 611 103F

PROJET / AFFAIRE
PROJECT/ AFFAIR CRUZALO SUBSTATION

DESTINATAIRE DE LA FOURNITURE
SUPPLY INTENDED FOR NATIONAL ELECTRICITY COMMISSION

DEMANDEUR DE L'INSPECTION
INSPECTION ORDERED BY NATIONAL ELECTRICITY COMMISSION

FOURNISSEUR
SUPPLIER BARTOUR LTD

FABRICANT
MANUFACTURER COTOUR ELECTRICAL WORKS LTD

COMMANDE
PURCHASE ORDER N° 10792 A A of May 10 th., 1984

FOURNITURE
SUPPLY

- 6 CURRENT TRANSFORMERS TYPE IH 123.14, frequency 60 Hz, rated primary voltage 123 KV, transformation ratio 600 - 500 - 400 - 300 - 200 - 100/5 A, burden B01 - B02 - B05 class 0,3 and burden B1 class 1,2.
Serial numbers of the units : K 85 361/1 to 6.
- 18 CURRENT TRANSFORMERS TYPE IH 123.14, frequency 60 Hz, rated primary voltage 123 KV, transformation ratio 600 - 500 - 400 - 300 - 200 - 100/5 - 5A.
1st secondary : Burden B01 - B02 - B05 class 0,3 - Burden B1 class 1,2
2nd secondary : class C200 - Serial numbers of the units : K 85 371/1 to 18.

MARQUAGE ET POINÇON
MARKING AND STAMPING

Stamp put on the frame and on the rating plate of each unit :

PIECES JOINTES
ENCLOSURES

TESTS REPORTS N° K 85 371 and K 85 361.

MENTIONS PARTICULIERES
PARTICULARS Without remark.

Le soussigné certifie que la fourniture mentionnée ci-dessus a été inspectée
The undersigned certifies that the hereabove mentioned supply was inspected

à PARIS du 17.10.84 au 03.11.84
at *from* *to*

conformément aux prescriptions de : the order conditions and the ANSI 37.13.
according to the prescriptions . standard.

sans donner lieu à observations.
without any remark

Fait à : le 07.11.84
Made at PARIS *on*

SIGNATURE

The Surveyor

Diffusion : Original
Copies

Extrait des conditions générales au verso
Extract of the general conditions at the back

MOD AD ME 1640

---

1. Exportador (nombre, dirección completa y país)

3. Destinatario (nombre, dirección completa y país) (mención

6. Información relativa al transporte (mención facultati

8. Número de orden; marcas, numeración, número designación de las mercancías

11. VISADO DE LA ADUANA

Declaración certificada conforme
Documento de exportación (²)
Modelo .... N.° ....
del ....
Aduana ....
País o territorio de expedición ....
En ...., a ....
....
(Firma)

Edita: Mutualidad del Per

CERTIFIC

---

1. Para leer y comprender

a) Identifique los documentos de acuerdo con la siguiente relación:

1. Documento Único Aduanero.
2. Certificado de peso.

Left partial form (cut off at page edge):

DE MERCANCIAS

UR. 1   N.º A 0119793

éanse las notas del reverso antes de rellenar el impreso

icado utilizado en los intercambios preferenciales entre

.... y ....

ense los países, grupos de países o territorios a que se refiera)

grupo de países o dio de donde se eran originarios los ctos	5. País, grupo de países o territorio de destino

vaciones

l'),	9. Masa bruta (kg) u otra medida (litros, m³, etc.)	10. Facturas (mención facultativa)

12. DECLARACION DEL EXPORTADOR

El que suscribe declara que las mercancías
arriba designadas cumplen las condiciones
exigidas para la expedición del presente certificado.

En ...., a ....

(Firma)

Filipinas, 50 - 28003 MADRID

Main certificate:

AGF

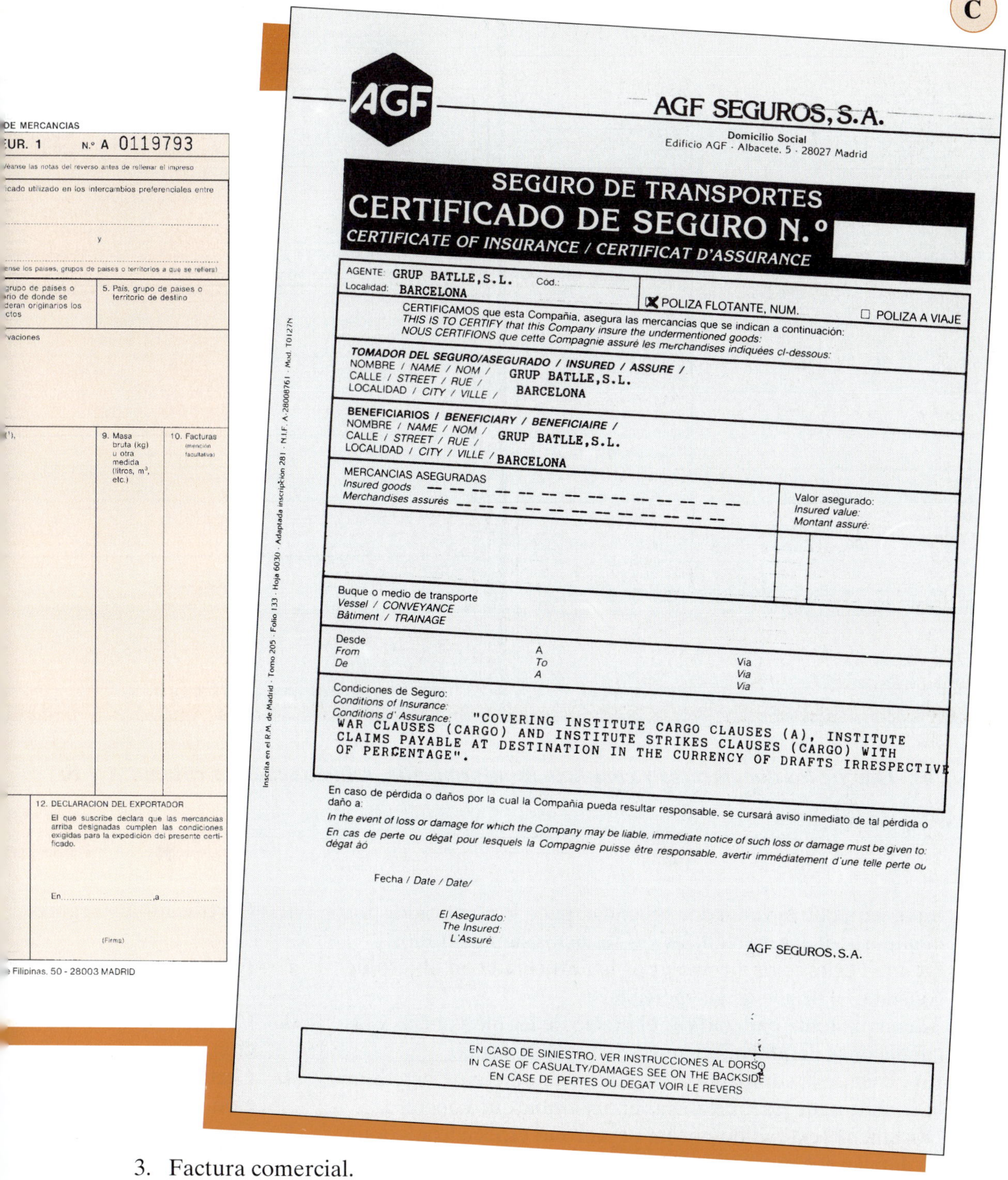

AGF SEGUROS, S.A.

Domicilio Social
Edificio AGF · Albacete, 5 · 28027 Madrid

SEGURO DE TRANSPORTES
CERTIFICADO DE SEGURO N.º
CERTIFICATE OF INSURANCE / CERTIFICAT D'ASSURANCE

AGENTE: GRUP BATLLE, S.L.   Cod.:
Localidad: BARCELONA

☒ POLIZA FLOTANTE, NUM.   ☐ POLIZA A VIAJE

CERTIFICAMOS que esta Compañía, asegura las mercancías que se indican a continuación:
THIS IS TO CERTIFY that this Company insure the undermentioned goods:
NOUS CERTIFIONS que cette Compagnie assuré les merchandises indiquées ci-dessous:

TOMADOR DEL SEGURO/ASEGURADO / INSURED / ASSURE /
NOMBRE / NAME / NOM /   GRUP BATLLE, S.L.
CALLE / STREET / RUE /
LOCALIDAD / CITY / VILLE /   BARCELONA

BENEFICIARIOS / BENEFICIARY / BENEFICIAIRE /
NOMBRE / NAME / NOM /   GRUP BATLLE, S.L.
CALLE / STREET / RUE /
LOCALIDAD / CITY / VILLE /   BARCELONA

MERCANCIAS ASEGURADAS
Insured goods
Merchandises assurés

Valor asegurado:
Insured value:
Montant assuré:

Buque o medio de transporte
Vessel / CONVEYANCE
Bâtiment / TRAINAGE

Desde
From   A
De   To   Via
              A   Via
                          Via

Condiciones de Seguro:
Conditions of Insurance:
Conditions d' Assurance: "COVERING INSTITUTE CARGO CLAUSES (A), INSTITUTE
WAR CLAUSES (CARGO) AND INSTITUTE STRIKES CLAUSES (CARGO) WITH
CLAIMS PAYABLE AT DESTINATION IN THE CURRENCY OF DRAFTS IRRESPECTIVE
OF PERCENTAGE".

En caso de pérdida o daños por la cual la Compañía pueda resultar responsable, se cursará aviso inmediato de tal pérdida o daño a:

In the event of loss or damage for which the Company may be liable, immediate notice of such loss or damage must be given to:

En cas de perte ou dégat pour lesquels la Compagnie puisse être responsable, avertir immédiatement d'une telle perte ou dégat áo

Fecha / Date / Date/

El Asegurado:
The Insured:
L'Assure   AGF SEGUROS, S.A.

EN CASO DE SINIESTRO. VER INSTRUCCIONES AL DORSO
IN CASE OF CASUALTY/DAMAGES SEE ON THE BACKSIDE
EN CASE DE PERTES OU DEGAT VOIR LE REVERS

(vertical text, form margin): Inscrita en el R.M. de Madrid · Tomo 205 · Folio 133 · Hoja 6030 · Adaptada inscripción 281 · N.I.F. A-28000876 - Mod. T0127N

---

3. Factura comercial.
4. Certificado de análisis sanitario, fitosanitario y de control de calidad.
5. Factura proforma.
6. Lista de contenido.
7. Certificado de origen.
8. Factura consular.
9. Certificado de circulación.
10. Certificado de seguro.

M 1621489

MINISTERIO DE ECONOMIA Y HACIENDA

AGENCIA ESTATAL DE ADMINISTRACION TRIBUTARIA
Departamento de Aduanas e I. EE.

I - 26 | **CARPETA DUA EXPORTACION**

ADUANA - AÑO - DUA N.º

ESPACIO RESERVADO PARA INFORMES:

DILIGENCIA DE REMISION.

Vistos los antecedentes resulta:

Que procede confirmar la actuación de la inspección: ....

Que procede rectificar en el sentido de:

LIQUIDACION:
Formulada A-21 N.º

CONTRACCION N.º

FECHA DE INGRESO

PENDENCIAS

CAUSA	PLAZO	FECHA CANCELACION

Procede la imposición de sanción por la infracción tributaria:

Simple: ☐
Grave: ☐
Especial: ☐

El Actuario,

FORMULADA RECLAMACION ECONOMICO ADMINISTRATIVA N.º

Impóngase la sanción de:

Fecha de impugnación

Anotaciones

El Administrador,

ESPACIO RESERVADO PARA OTRAS DILIGENCIAS:

MEDIO DE TRANSPORTE:

	DECLARACION SUMARIA / DPE			PARTIDA DE ORDEN	NUM. DE BULTOS	PESO BRUTO	SITUACION DE LA MERCANCIA
CLASE	NUMERO	TITULO DE TRANSPORTE					

SELECCION	DOCUMENTOS UNIDOS POR ACTUARIO	RESULTADO
COMPROBACION DOCUMENTAL ...... ☐		RESULTADO CONFORME . ... ☐
RECONOCIMIENTO FISICO .... ☐		FORMALIZADA ACTA N.º ....
SIN RECONOCIMIENTO .... ☐		- DILIGENCIA ....
INICIACION		- FECHA INFOR. N.º ....
Despáchese por el Inspector		NUM. DE BULTOS ABIERTOS:
Sr.		

ANALISIS

Extraidas muestras para análisis
Partidas de orden ....

Tipo de análisis
Previo ☐
Preceptivo ☐
Diferido ☐

Boletines Análisis N.º

Ultimación análisis
- Queda unido dictamen del Laboratorio ...... ☐
- Facial copia del resultado de análisis ...... ☐
El Declarante,

SUSPENSION

Propuesto: Procede por

SUSPENDASE EL DESPACHO .... ☐
CONTINUE EL DESPACHO .... ☐

Notificación al interesado:

EL ACTUARIO, | EL ADMINISTRADOR, | EL DECLARANTE,

Edita: Mutualidad del Personal de Aduanas. Avda. Filipinas, 50 - 28003 MADRID.

E

b) Estudie los documentos y complete la información, relacionando la coluna A y B:

A

a) Sirve para que el vendedor solicite el pago al comprador por el importe de las mercancías y/o servicios suministrados.

b) Es una declaración firmada por la autoridad con objeto de constatar el origen de las mercancías.

c) Se cumplimenta para indicar el precio de las mercancías y las condiciones definitivas en que se efectúa la venta.

d) Lo extiende la compañía de seguros con objeto de acreditar la cobertura de las mercancías en un embarque concreto.

e) Documento extendido por un organismo especializado a fin de detallar los resultados de las pruebas realizadas y constatar que cumplen las exigencias del comprador.

f) Se utiliza en los países de la Unión Europea; en sustitución del certificado de origen para indicar que la mercancía es originaria de un país de la U.E.

g) Formulario utilizado para los intercambios de mercancías (importación y exportación) entre los miembros de la U.E. y entre éstos y terceros países.

B

1. Certificado de seguro.

2. DUA.

3. Certificado de inspección.

4. Certificado de circulación.

5. Certificado de origen.

6. Factura comercial.

2. Para hablar

a) **En grupo: formulen preguntas a sus compañeros sobre los conceptos, funciones y tecnicismos de los documentos del comercio exterior.**

b) **Por parejas: reproduzcan oralmente el diálogo, después de completarlo con los términos siguientes: fitosanitario, proforma, factura, calidad, documentar, zoosanitario, británicas, licencia, factura comercial, origen, documentación.**

1. ¿Me podría enumerar la .... necesaria para la importación?
2. En primer lugar, existen varios tipos de facturas. La más usual es la ....
   .... La .... se utiliza en las ofertas. Además, existe la ....
   consular, exigida en algunos países de América Latina. Alternativamente, se utiliza
   la factura de aduana, en algunas antiguas colonias ....
1. ¿Y el certificado de ....?
2. Sirve para .... que la mercancía proviene del país exportador. Luego, está
   el permiso de importación o la .... ¡Ah! y se me olvidaba, el certificado de
   .... el fitosanitario y el zoosanitario.
1. Supongo que tienen que ver con el buen estado de la mercancía.
2. Efectivamente. El .... se requiere cuando se trata de animales vivos o productos de origen animal y el .... cuando se importan alimentos, medicamentos o cosméticos.
1. Ya veo. Muchas gracias.

3. Para practicar

a) **Explique las expresiones siguientes, mediante un sinónimo o un ejemplo:**

1. Importe ....
2. Declaración firmada ....
3. Cobertura de riesgo ....
4. Terceros países ....
5. Detallar resultados ....
6. La Unión Europea ....

b) **Desarrolle las abreviaturas siguientes:**

n.º...   NIF ....
m² ....   Tm ....
kg. ....   S.L..
Cód. ....   Máx. ....
ref. ....   Núm. ....
Mod. ....   Min. ....

Ejemplar de certificado de inspección

Bureau Veritas

CERTIFICAT D'INSPECTION
INSPECTION CERTIFICATE

Page 1 / 1

Code N. C1C4618

Date   17 Julio, 1994

BV nº   12/255/1000/94

"MODELO"

BUREAU VERITAS - Siège Social/ Head Office - 17 bis, Place des Reflets - La Défense 2 - 92400 COURBEVOIE · Tél. 33 (1) 42 91 52 91 · Télex 613366 F BVPC/ 613825 F BVAGC
Branche Produits et Commerce international/Commodities and International Trade Branch · Tel. 33 (1) 42 91 52 91 · Télex 613366 F BVPC/ 613825 F BVAGC

"Droits de reproduction strictement réservés (loi du 11 mars 1957). Toute imitation, reproduction non autorisée ou falsification du présent certificat constitue un faux en écritures privées, délit prévu et réprimé par les articles 150 et suivants du Code Pénal".

```
BUQUE                        : "REGINAL L"
PUERTO DE EMBARQUE           : BARCELONA-SPAIN
CANTIDAD CARGADA             : 52.996.999 Kgs. Netos.
FECHAS DE CARGA              : 15 y 16 Julio, 1994
CONOCIMIENTO DE EMBARQUE     : 16 Julio, 1994
DESCRIPCIÓN DE LA MERCANCÍA  : Maíz a granel (U.S. Nº 3)
VENDEDOR                     : TRADEXPORT
COMPRADOR                    : MINISTERIO DE AGRICULTURA DE BANGLADESH
DESTINO                      : PUERTO DE BANGLADESH
CARTA DE CRÉDITO Nº          : 677.970 FECHA 5 DE JUNIO, 1994 DEL BANCO
                               CENTRAL DE BANGLADESH, DACCA, BANGLADESH
```

En base a nuestras inspecciones en el lugar de la carga, CERTIFICAMOS, que hemos supervisado la carga consignada en referencia con los siguientes resultados:

Determinación de Peso: Comprobación sistemática del peso de la mercancía entrada en los silos.

Muestreo   :   El muestreo se llevó a cabo durante las operaciones de carga cada 500 TM. y consistió en muestras de sublotes cada 2.500 TM. cargadas las cuales fueron mezcladas a su vez y divididas para obtener muestras representativas destinadas a Análisis de Laboratorios.

Calidad y Análisis: Los análisis se realizaron sobre muestras representativas por un Laboratorio independiente, obteniéndose los resultados siguientes que cumplen con las especificaciones y descripción de las mercancías tal como se indicaba en la Carta de Crédito.

Calidad y Grado: US Nº 3 Maíz amarillo
Humedad: 13.8 PCT (Max 14.5 PCT)
Prueba de Peso: 57.0 LBS/BUSHEL (Min. 52 LBS/BUSHEL
Material roto y materias extrañas: 3,6 PCT (4 PCT Max.).
Dañado por el calor: 0.0 PCT (0.5 PCT Max.)
Total material dañado: 4.5 PCT (Max. 7PCT)
Aflatoxin: 8,5 PPB (Menos de 10 PPB).

BARCELONA, 17 de Julio de 1.994

The Surveyor: E. USOBIAGA SAYES

Cette inspection a été effectuée dans le cadre des conditions générales du Bureau Veritas, elle ne dégage pas le vendeur de ses obligations contractuelles envers l'acheteur.
This inspection has been carried out within the scope of Bureau Veritas General Conditions, it does not release the seller from his contractual obligations towards the buyer.

Ad. ME 9613

Rappel des articles 10 et 11 des conditions générales du BUREAU VERITAS au verso.
Reminder : articles 10 and 11 of the BUREAU VERITAS general conditions at the back.

---

c) **Lea el Certificado de Inspección y conteste a las siguientes preguntas:**

1. ¿Cuál es el producto inspeccionado?
2. ¿Cómo se llama el importador?
3. ¿Qué empresa ha vendido la mercancía?
4. ¿Cuáles son las pruebas realizadas?
5. ¿Cómo se han llevado a cabo esas pruebas?
6. ¿Cuál es el resultado del análisis?

d) **Revise los documentos utilizados en el comercio internacional y anote los términos que no conoce para buscar su significado en un diccionario.**

DOCUMENTOS EN EL COMERCIO INTERNACIONAL

- DOCUMENTOS de CONTROL de la MERCANCÍA
- DOCUMENTOS de TRANSPORTE
  - DOCUMENTOS que COMPRUEBAN el TRANSPORTE
  - DOCUMENTOS que REPRESENTAN la MERCANCÍA
- DOCUMENTOS de ADUANA
  - Permiso/Licencia de importación
  - Certificado de registro de importación
  - Declaración de importación
  - Certificado de importación
  - Cuaderno ATA
  - Cuaderno TIR
  - Documento Administrativo Único
  - Certificado de circulación
  - Permiso/Licencia de exportación

INVOICE FACTURE FACTURA RECHNUNG FACTUUR

SELLER Name, Address, VAT No			Sheet No.
The American Exporter Co. Inc. 17 Main Street Tampa, Florida	**Invoice No. & Date (Tax Point)** 19 May 27, 1994		**Seller's Reference** 657
	Buyer's References		**Other References**
Applicant: The French Importer Co. 89 rue du Commerce Paris, France	**Buyer (If not Consignee)**		

	Country of Origin of Goods U.S.A.	**Country of Destination** France
	Terms of Delivery and Payment	

Vessel/Aircraft etc. Fawn	**Port of Loading** Tampa	CIP INCOTERMS 1990
Port of Discharge Le Havre		

Marks and Numbers and Container No.	Number and Kind of Packages Description of Goods	TT Code No.	TT Gross Wt (Kg)	Total Cube (m³)
1 24 U.S.A.	Machinery and spare parts as per pro-forma invoice number 657 dated December 17, 1993 CIP Incoterms 1990		3900	

Item/ pkges	Gross/Net/Cube	Description	Quantity	Unit Price	Selling Price
24		Machinery and spare parts as per pro-forma invoice number 657 dated December 17, 1993 CIP Incoterms 1990			US$100,000.00

	Invoice Total US$100,000
The American Exporter Co. Inc. 17 Main Street Tampa, Florida	**Name of signatory** **Place and Date of Issue** **Signature**

4. Para terminar

a) **Estudie la Factura Comercial e indique la casilla correspondiente a la siguiente información:**

- N.º de factura
- Fecha de emisión
- Nombre y dirección del vendedor
- Nombre y dirección del comprador
- N.º de contrato u orden, cantidad y descripción de las mercancías, precio unitario y precio total facturado
- Condiciones de entrega y pago
- Números y marcas de embarque
- Información sobre el crédito documentario

b) *Por parejas: consulte a su compañero sobre la forma de cumplimentar debidamente las casillas de la factura comercial.*

5

Producto e imagen

A ¿MARKETING GLOBAL?

¿Son exportables a todos los mercados o necesitan adaptaciones?

En toda política de exportación hay que evaluar
la cartera de productos en relación con las necesidades del cliente, las exigencias de los distribuidores, el cumplimiento de las normativas
técnicas, infraestructurales, climatológicas, culturales, la rentabiidad y CAPACIDAD DE
ADAPTACIÓN.

¿Son exportables todos los productos?

Y... considerar la gestión medioambiental y de
calidad.

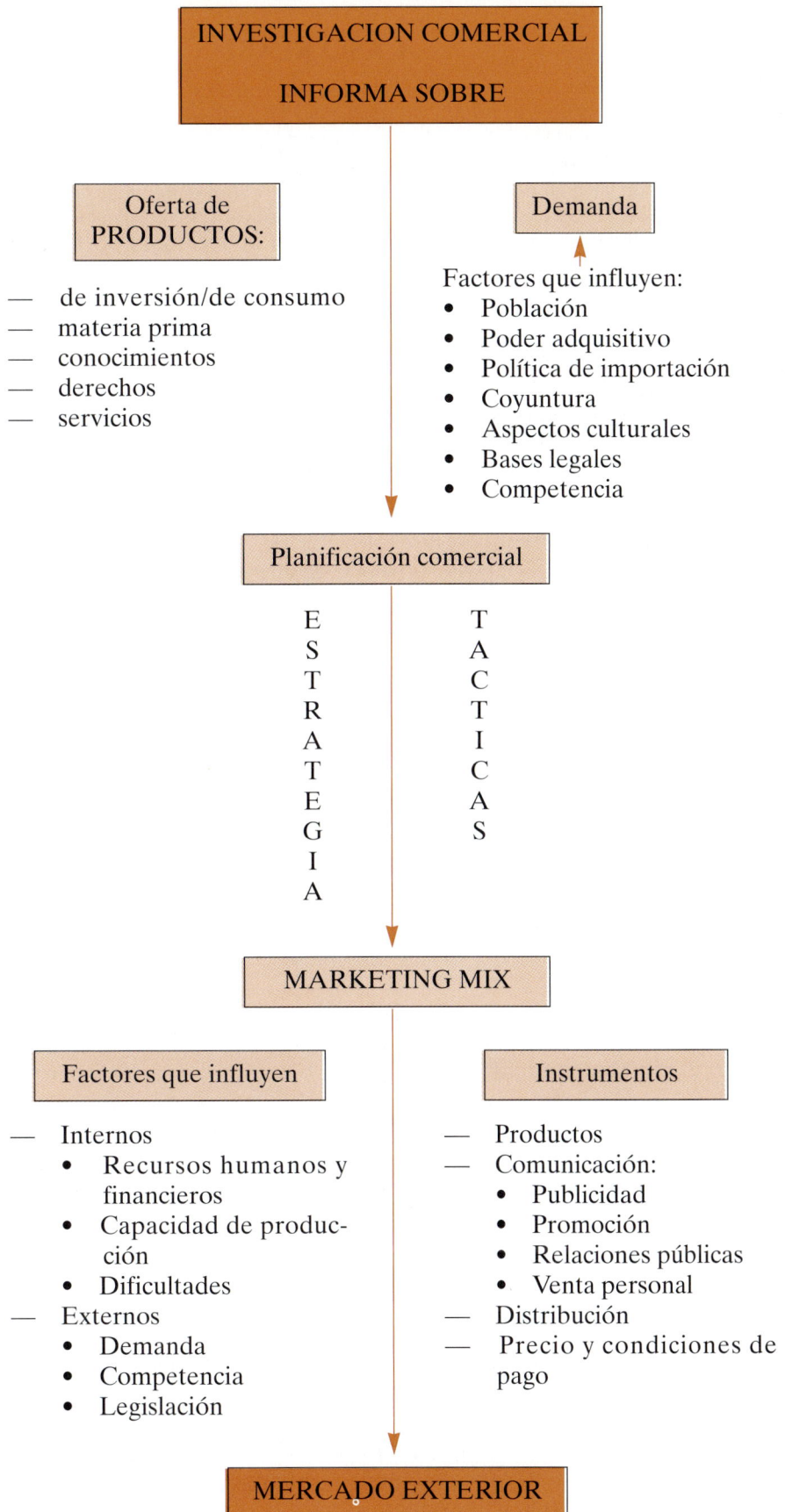

INVESTIGACION COMERCIAL

INFORMA SOBRE

Oferta de PRODUCTOS:

— de inversión/de consumo
— materia prima
— conocimientos
— derechos
— servicios

Demanda

Factores que influyen:
- Población
- Poder adquisitivo
- Política de importación
- Coyuntura
- Aspectos culturales
- Bases legales
- Competencia

Planificación comercial

E S T R A T E G I A

T A C T I C A S

MARKETING MIX

Factores que influyen

— Internos
  - Recursos humanos y financieros
  - Capacidad de producción
  - Dificultades
— Externos
  - Demanda
  - Competencia
  - Legislación

Instrumentos

— Productos
— Comunicación:
  - Publicidad
  - Promoción
  - Relaciones públicas
  - Venta personal
— Distribución
— Precio y condiciones de pago

MERCADO EXTERIOR

CASO KLABE

Antecedentes:

KLABE es una empresa española que comenzó su actividad comercial fabricando artículos de viaje en piel, de calidad media-alta. Posteriormente, adoptó una política de producto en relación con la gama y, con esta filosofía, ha desarrollado varias líneas de producto dirigidas a satisfacer las necesidades de los consumidores, en función de sus gustos y poder adquisitivo.

Su oferta de productos ha seguido dos dimensiones: AMPLITUD y PROFUNDIDAD. La primera se refiere a diferentes líneas de productos: calzado, artículos de viaje, prendas deportivas y complementos, para señoras y caballeros, y artículos de perfumería. La segunda indica el número de artículos por línea de productos. Así la línea de calzados abarca zapatos, botas, sandalias, zapatillas, etc. La línea de artículos de viaje comprende maletas, maletines, baúles, bolsas, carteras, etc. La línea de prendas deportivas y complementos se compone de chaquetas, faldas, cazadoras, pantalones, pañuelos, bufandas, sombreros, etc. En la línea de perfumería figura toda una serie de productos de tocador.

La amplia gama de productos se ha orientado siempre al mismo segmento, incrementando las posibilidades de elección y la fidelidad de los consumidores a la marca —en este caso con buena imagen—, aunque presenta el inconveniente de dispersar los esfuerzos comerciales e incrementar los gastos de organización y control.

Planteamiento actual:

Hasta la fecha, KLABE, ha venido realizando esfuerzos de venta aisladamente en distintos países, sin tener en cuenta el segmento de su clientela. Sin embargo, desea intensificar su presencia en Latinoamérica y, por consiguiente, necesita desarrollar una campaña ad-hoc.

Su agencia de publicidad le ha sugerido un plan in extenso de marketing global: una campaña dirigida a todos los mercados en los que piensa intensificar su presencia. Esto significa productos, comunicación, distribución y precios estandarizados para conquistar, satisfacer y retener a los clientes de un determinado segmento internacional.

1. *Para leer y comprender*

a) *¿Qué aspectos de la política de exportación se están discutiendo?*

1. Ya hemos decidido el mercado y el segmento. Por lo tanto, nos queda la gama de productos, ¿no?

2. Luego, si hablamos de competitividad... hay que empezar por analizar nuestra adecuación a la legislación medioambiental.

3. Sugieres una ecoauditoría, ¿verdad? Yo estoy plenamente de acuerdo, y añado la calidad... como factor estratégico de competitividad y diferenciación.

4. Nuestros productos tienen un margen de beneficio suficiente e, incluso, pueden mejorar.

5. Efectivamente, el producto se adapta a las normas y especificaciones técnicas del mercado europeo.

6. No estoy seguro... No hay una demanda creciente... No sé. Depende de las posibilidades en un segmento de mercado más amplio.

7. Es un producto estrella y... aún más importante, susceptible de adaptarse a la evolución de la demanda.

8. ¡Tranquilo! Nuestra capacidad de producción nos permite cumplir con los compromisos.

b) Señale la corrección (C) o incorrección (I) de las siguientes reflexiones, justificando sus conclusiones:

SI LA EMPRESA ACEPTASE EL PLAN

	C	I
1. Tendría que limitar la cantidad de modelos.		
2. Podría ampliar la variedad de productos.		
3. Eliminaría complicaciones en la producción, al limitar la variedad y modelos.		
4. Una mayor producción en masa incrementaría los costes unitarios.		
5. Mejoraría sus ganancias, al evitar problemas en la producción.		
6. Habría que traducir el mensaje publicitario a otras lenguas.		
7. Habría que adaptar la publicidad a la cultura del mercado-meta.		
8. Sería posible estandarizar la distribución y el precio.		

2. Para hablar

a) Por parejas: preparen una exposición oral sobre la investigación de mercados exteriores de una empresa orientada al consumidor, analizando los criterios de evaluación de la cartera de productos y el mix de marketing, de acuerdo con la presentación de esta unidad y aportando sus propias sugerencias.

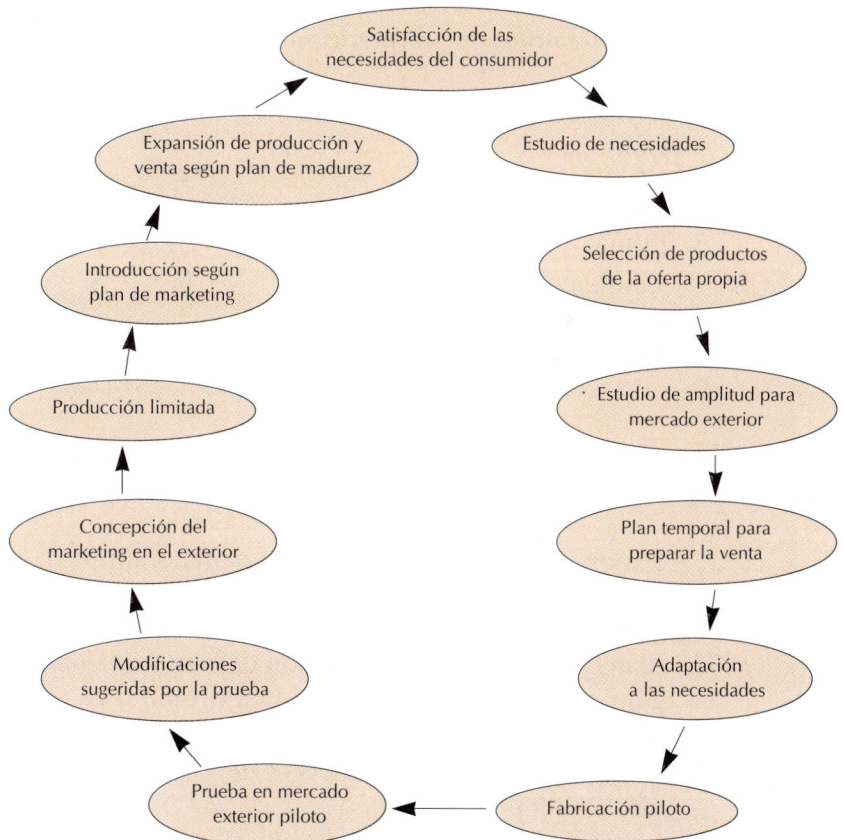

Satisfacción de las necesidades del consumidor

Expansión de producción y venta según plan de madurez

Estudio de necesidades

Introducción según plan de marketing

Selección de productos de la oferta propia

Producción limitada

Estudio de amplitud para mercado exterior

Concepción del marketing en el exterior

Plan temporal para preparar la venta

Modificaciones sugeridas por la prueba

Adaptación a las necesidades

Prueba en mercado exterior piloto

Fabricación piloto

b) **En grupos: comparen sus conclusiones sobre el caso del Grupo KLABE (ejercicio A.1.b.), justificando sus puntos de vista, pros y contras, sugerencias y recomendaciones. A continuación, todo el grupo hace una puesta en común.**

Pueden utilizar:

Sugerir y recomendar	Argumentar	Mostrar acuerdo/ desacuerdo
¿Por qué no...?	En cuanto a...	
Yo recomendaría/sugeriría	No hay por qué...	Sí, efectivamente
¿Les parece bien...?	Hay que atenerse a...	Sí, ya veo...
Yo incluiría/comenzaría...	Les recuerdo que...	De acuerdo.
Sería aconsejable...	Además, necesitamos...	Muy bien.
Como medida de...	No olvides que...	Por supuesto.
Para evitar...	Nos puede interesar...	**************
		De ninguna manera.
Lo que yo haría.	A mi juicio...	En absoluto
Eso es lo que yo no haría.	Me baso en que...	Es inaceptable.

3. *Para practicar*

a) **Anote los términos que recuerde para describir atributos de los productos:**

1.
Forma:.....................................
Color:.....................................
Línea:.....................................

2.
Tamaño: ....
Calibre:.....................................

3.
Cantidad:.....................................
Composición:.....................................
Dosificación:.....................................

4.
Envase:.....................................
Embalaje:.....................................

5.
Utilización: ....
Facilidad: ....
Flexibilidad:.....................................

6.
Seguridad:.....................................
Uso: ....
Transporte: ....

b) **Exprese las consecuencias de las decisiones siguientes, utilizando: *luego, por consiguiente, por tanto, por lo tanto, por esto, así que, así pues, con que.***

1. Exportar juguetes (materiales/etiquetado/normas).
2. Exportar alimentos a países islámicos (composición, normas de sacrificio de animales, instrucciones, etiquetado, idioma).
3. Plan estratégico de introducción del servicio al cliente en el mercado exterior (organización, realización individual propia o en cooperación con otras empresas, centralizada en una ciudad o descentralizada, a base de costes o con ganancia).
4. Gestión de calidad (Norma ISO 9000, organización, sistemas, procesos, proveedores, comunicación).
5. Lanzamiento de un producto (diferenciación, diseño, envase, precio, distribución).

6. Exportación de alta tecnología a países en desarrollo (volumen de venta, precio, capacidad financiera, capacitación del personal, racionalización, mano de obra, punto de equilibrio, capacidad de producción y venta).

c) **Exprese de otra manera:**

1. Campaña ad-hoc:
2. Plan in extenso:
3. Es mi alter ego:
4. Puede ser casus belli:
5. Hablaba ex cathedra:

6. Perdón, estaba in albis:
7. Inter nos, no tiene sentido:
8. Ipso facto.
9. Quid pro quo:
10. Ya tengo el placet:

d) **Redacte un breve artículo sobre el Marketing de Servicios exponiendo, en líneas generales, su plan e instrumentos de marketing. Recuerde: los consumidores no compran algo tangible, ni la propiedad de un producto físico; compran el disfrute de un servicio y, de ahí la dificultad de evaluar la satisfacción del cliente.**

4. Para terminar

> ### INVESTIGACIÓN DE MERCADOS

a) **En grupos: analicen las tendencias y seleccionen el mercado que ofrece la mejor oportunidad para introducir nuevos productos, bien como importadores o como exportadores.**

DECISIONES:

— Mercado: segmentación (geográfica, demográfica, psicográfica, por conducta) y descripción del segmento.
— Gama de productos.
— Formas de presencia en el mercado.
— Nivel de precios.

SUDÁFRICA
Electrodomésticos: los precios animan el mercado

Durante el mes de agosto de 1995, las ventas globales de pequeños electrodomésticos, tanto en la línea blanca como en la marrón, aumentaron respecto al mismo mes del año anterior. Este incremento ha sido consecuencia de la disminución en los precios, que continuará una vez desaparecidas las sobretasas a la importación.

ALEMANIA
Las embarcaciones deportivas salen a flote

El sector alemán de embarcaciones deportivas y de recreo vuelve a remontar, a tenor de los datos confirmados en la *Feria Internacional de Embarcaciones Deportivas y de Recreo* de Berlín. Tanto el número de visitantes (600.000 frente a los 80.000 de la edición anterior) como la presencia de 401 expositores, permiten hacer previsiones positivas r

FRANCIA
Ovoproductos: huevo sin cáscara

Mientras que el consumo de huevos continuó estancado en 1994, el de los llamados ovoproductos, o derivados del huevo, continúa creciendo según un estudio realizado por el *Instituto Técnico de la Avicultura*. Y así, en 1994, cada frances consumió una media de 53 huevos en presentaciones diferentes a la del huevo con cáscara.

A partir de las experiencias de otros países, cabe esperar que esta tendencia se afiance entre los consumidores franceses. En Japón, el 40 por 100 de los huevos se toma en forma de ovoproductos; en Italia, el 35 por 100. En Francia, la cifra se sitúa aún en un 20 por 100, pero el consumo de ovoproductos ha crecido un 50 por 100 en los últimos 10 años, mientras que el de huevos con cáscara ha disminuido un 7 por 100 en el mismo período.

(*Expansión*, n.º 132 Extracto)

<table>
<tr><td>ESTADOS UNIDOS
Muebles: más grandes y más caros</td><td>SUECIA
El vino español, líder del mercado</td></tr>
<tr><td>

La edición de otoño de la feria *High Point* ha mostrado las nuevas tendencias que definirán el mercado del mueble en los próximos meses. De forma sintética, puede decirse que los muebles expuestos han sido más grandes y caros que en ediciones anteriores.

Las razones de estas nuevas tendencias hay que buscarlas en las actuales costumbres del consumidor americano, que cada vez pasa más tiempo en casa y vive en hogares de grandes espacios abiertos que piden muebles de mayor tamaño.

</td><td>

Los consumidores suecos beben menos pero están dispuestos a pagar más. Así parece demostrarlo el hecho de que las ventas hayan disminuido en volumen pero hayan aumentado en términos monetarios.

Por otra parte, en los diez primeros meses del año la cuota de mercado del vino español ha sido del 31 por 100 y para el vino tinto del 50 por 100. El vino de Rioja supone casi una cuarta parte de todo el vino tinto vendido por el monopolio de venta al detalle *Systembolaget*.

</td></tr>
</table>

b) **Por parejas: una empresa de su país les ha pedido que traduzcan los términos para un informe sobre un estudio de mercado.**

— Productos:
  - envase, embalaje, presentación, etiquetas y folleto de instrucciones o informativo;
  - diseño, estilo, especificaciones, tamaños, colores, marcas, etc.;
  - capacidad de adaptación;
  - calidad; homologación.

— Precio: precio de venta al público, márgenes comerciales, banda de fluctuación.

— Competencia:
  - fabricantes nacionales, situación geográfica;
  - fabricantes extranjeros (marcas, formas de implantación, productos, volumen de las importaciones);
  - segmentos de mercado cubiertos por competencia nacional y extranjera;
  - técnicas de marketing más usuales.

— Consumidores:
  - tipología de consumidores (motivaciones de compra, hábitos y ritmos de compra);
  - importancia del «made in»;
  - prescriptores influyentes.

— Otros datos:
  - pagos (plazo, descuentos, etc.);
  - épocas de ofertas, acontecimientos;
  - lengua(s) de trabajo.

1 TODO EL ENCANTO DEL PASADO "A LA FRANÇAISE"

2 - Señor, el J&B de las cinco está servido.

3 *Cuore Sportivo*

4. ESTE AÑO VOLVEMOS A REBAJAR LAS TARIFAS

5 *Quien quiera entender, que escuche.*

6 Spain. Everything under the sun.

7 *Vives*.mejor con cerámica

ROCHE BOBOIS® PARIS — **D**

B — VIVES azulejos y gres

C — 1995 *Alfa Romeo* CAMPEON DE ESPAÑA DE SUPERTURISMOS

ONDA CERO RADIO — **F**

A — ESPAÑA

E — J&B

G — Puertos del Estado
Ministerio de Obras Públicas, Transportes y Medio Ambiente

La apertura comercial exige al empresario mexicano hacer mayores esfuerzos si desea seguir presente en el mercado. Uno de los apoyos que permiten incrementar las ventas es la publicidad. Al respecto, opina el publicista Christian Petit de Murat, con 20 años de experiencia en la materia: «Cantidad de marcas mexicanas han desaparecido en los últimos años.

Si estas compañías hubieran invertido en su marca tendrían tal vez un nicho de mercado».

Luchar contra marcas que gozan de gran prestigio internacional sin el apoyo de la mercadotecnia y la publicidad es casi misión imposible. Por ello, el empresario tiene que trabajar en función de una prioridad: la constante satisfacción al cliente y, paralelamente, debe dar a conocer los beneficios que el consumidor obtiene al comprar sus productos o servicios.

Cada oveja con su pareja

Una empresa micro, pequeña o mediana, cuando decide invertir en publicidad, debe hacerlo con una agencia micro, pequeña o mediana: «De esta forma, tienen un trato directo con el dueño o con el director general, el cual, por pertenecer al mismo segmento, tiene la capacidad de entenderlo mucho mejor y, por ende, puede darle un mejor servicio». Para que un anuncio funcione, el publicista debe involucrarse por completo en todos los aspectos de la fábrica y el producto. Con este conocimiento, el objetivo que va a cumplir la publicidad se logra más fácilmente, ya que se identifican las ventajas y posibilidades con las que el producto puede competir, las mismas que sirven para elaborar un buen mensaje. «El cliente tiene la obligación de aportar toda la información sobre su negocio, sólo así pueden elaborarse estrategias que partan de bases sólidas».

Qué debe contener el mensaje publicitario

Una noticia o una oferta. «Hay que difundir información que sea importante para el consumidor. Si yo, por ejemplo, anuncio: "Estas mesas las diseñó la fábrica más grande de Latinoamérica", no estoy manejando información que sea relevante para el comprador; a él le interesa saber por qué es buena, dónde la venden y cuál es su precio».

Por otro lado, la publicidad debe ofrecer algo, trátese de una tarifa atractiva, un servicio o alguna ventaja que atraiga al cliente: «La publicidad tiene que vender y, para ello, hay que destacar las bondades del producto y no perdernos en otros detalles».

Un lenguaje claro. «Se debe utilizar el lenguaje del consumidor y ser muy preciso en lo que se va a decir».

El medio de difusión apropiado. Generalmente el nicho de mercado de las empresas de este segmento no es muy numeroso. Por eso hay que utilizar los medios de comunicación que abarquen dicho segmento: «A veces una revista que se distribuye en la zona es una alternativa idónea, o bien un anucio panorámico cuyas tarifas sean muy accesibles».

La constancia. «El anunciante debe tener una permanencia constante para que el consumidor siempre lo tenga en mente. También la imagen debe ser constante, ya que es la que va a generar recuerdos».

El Empresario

(Adaptado)

1. Para leer y comprender

a) Relacione los mensajes publicitarios con la entidad o producto correspondiente y tome notas para contestar:

1. ¿Es publicidad de un producto o institucional?
2. Consumidor al que va dirigido:
3. Aspecto gráfico:
4. ¿Qué recursos lingüísticos presenta su redacción?
5. ¿Cumplen la fórmula AIDA?
6. ¿Podrían utilizarse los mismos mensajes en su país o necesitarían adaptación?

b) Tome nota de los recursos lingüísticos utilizados en los mensajes publicitarios.

c) Elija la opción correcta, según el artículo:

1. De los cuatro instrumentos con los que cuenta la empresa para la comunicación, el artículo trata de:
   a) Promoción y venta personal.
   b) Publicidad, promoción y RRPP.
   c) La publicidad.

2. El objetivo de la publicidad es:
   a) Vender.
   b) Dar a conocer un producto.
   c) Mantener la atención.
3. Para conseguir un mensaje eficaz, el publicista debe conocer:
   a) La publicidad de la competencia.
   b) Las motivaciones básicas del consumidor.
   c) El producto a fondo.
4. La estrategia publicitaria debe:
   a) Transmitir un mensaje y lenguaje claros.
   b) Informar, persuadir y recordar.
   c) Informar, persuadir y recordar, con un lenguaje preciso y claro a través de un medio apropiado.
5. No se debe utilizar un medio de comunicación:
   a) Relativamente barato.
   b) Con elevada audiencia.
   c) Que no sea apropiado al mercado del producto.

2. *Para hablar*

a) *Por parejas: comenten con su compañero los aspectos relacionados con competidores, segmento, imagen del producto y de la empresa, relación precio/calidad, puntos de venta y actividades de promoción, de los siguientes productos o servicios de su país.*

- Una agencia (de publicidad, de empleo temporal, de transportes, etc.).
- Una bebida refrescante nacional.
- Un fabricante de electrodomésticos.
- Una cadena de supermercados.
- Un servicio público (transportes, correos, teléfonos).
- Una empresa de servicios (banco, seguros, agencia de viajes, transitarios).

b) *En grupos: observen las marcas y sus logotipos y anoten las asociaciones o evocaciones que les producen, reflexionando sobre la credibilidad del emisor: factores cognoscitivos (prestigio, grado de competencia, posicionamiento en el mercado) y afectivos (emociones, confianza, recuerdos).*

Christian Dior
PARIS

IBM

DANONE

KLM
Royal Dutch Airlines

swatch

Kodak

Lufthansa

TIO PEPE

Producto de
ESPAÑA
Jerez - Xérès - Sherry

c) **Por parejas: elijan uno de los productos o servicios del ejercicio anterior para redactar un mensaje publicitario, seleccionando los medios y soportes apropiados.**

Recuerden: INFORMAR, RECORDAR, PERSUADIR.
AIDA: recursos para llamar la atención (sorpresa, contraste, algo insólito o inesperado, buscar el impacto); despertar o mantener el interés, mediante asociaciones positivas o agradables e imaginación; provocar el deseo; estimular a la Acción de compra.

3. Para practicar

a) **Indique la finalidad de los mensajes:**

> Informar (I)
> Persuadir (P)
> Recordar (R)

1. Este año volvemos a rebajar las rebajas

2. Fuerza en servicio al cliente, con más fuerza que nunca

4. El genuino sabor americano

3. Aquí está el coche más esperado

5. Es el mejor detergente de Europa
Miles de consumidores ya lo han comprobado, ¿y usted?

6. La cobertura más completa, plural e independiente, con los profesionales de mayor prestigio.

b) **Lea en voz alta los mensajes del ejercicio anterior y anote los sonidos que le parecen más eufónicos, agradables y desagradables, analizando la causa (demasiado graves, agudos, semejantes o muy diferentes a los de su lengua, etc.).**
A continuación, vuelva a leer los mensajes en voz alta, imitando distintos tonos (seco, persuasivo, didáctico, interrogativo, convincente, meloso).

c) **Piense en un producto que le guste y redacte un mensaje publicitario distinto, según la fase del ciclo de vida de ese producto, utilizando los recursos propios del lenguaje publicitario (comparativo, superlativo, imperativo, registro familiar, preguntas retóricas, etc.).**

- Fase de introducción: dar a conocer el producto y la empresa; informar sobre sus características y utilidades; facilitar la prueba y atraer distribuidores.
- Fase de crecimiento: estimular la demanda selectiva y crear preferencia de marca.

- **Fase de madurez:** estimular demanda específica o selectiva; mantener la fidelidad de marca; atraer nuevos segmentos de mercado; recordar sus beneficios y proponer nuevos usos.
- **Fase de declive:** resaltar nuevos usos; resaltar precio y mantener fidelidad de marca.

4. *Para terminar*

LANZAMIENTO PUBLICITARIO DE UN NUEVO PRODUCTO O SERVICIO

a) ***En grupos: preparen la campaña de lanzamiento del producto o servicio en un mercado escogido.***

1. *Diseño del producto/servicio:*
   — investigación de mercado (necesidades)
   — descripción del grupo-meta (consumidores)
   — características del producto
2. *Seleccionen los medios que van a utilizar, después de analizar las ventajas e inconvenientes de cada uno:*

Medios	Ventajas	Inconvenientes
Prensa diaria	— Selectividad geográfica	— Escasa permanencia del mensaje; alcance socieconómico limitado — Calidad de impresión
Revistas	— Selectividad demográfica y socioeconómica — Calidad de impresión	— Audiencia limitada — Coste por impacto elevado
Radio	— Selectividad demográfica y socioeconómica	— Falta de apoyo visual — Impacto limitado — Poca permanencia del mensaje
Televisión	— Visión, sonido y movimiento — Elevada audiencia — Muy atractivo — Bajo coste por impacto	— Elevado coste — Poca permanencia del mensaje (repetición)
Exterior	— Alcance y frecuencia elevados — Barato	— Brevedad del mensaje — Localización limitada
Correo directo	— Alta permanencia — Selectividad del mercado	— Coste elevado — Imagen de «correo basura»

3. *Diseño del anuncio:*
   — Selección de elementos visuales.
   — Complementar con elementos verbales y no verbales.
   — Ambiente estético o de impacto.
   — Seleccionar la pieza musical que se identifique con el producto y consiga efectos emocionales.
   — Prescriptor profesional o presentador.
   — Material promocional complementario en soporte papel.

C   IMAGEN INTERNACIONAL

AMAYA ARZUAGA
De esta creadora de 25 años sorprenden sus diseños en punto por sus colores atrevidos y sus mezclas sin prejuicios.

MADE IN SPAIN

PURIFICACION GARCIA
Es el reflejo del estilo mediterráneo, que teje el color con la sencillez.

VEVA MEDEM
Atribuye a la ropa la misión de ayudar a ser feliz, y lo intenta con espíritu joven y cortes femeninos.

EXCENTRICA ANNA MOLINARI

SYBILLA
Fue la primera diseñadora española que consiguió reconocimiento internacional.

LA OSADIA DE AMAYA ARZUAGA

ANNA MOLINARI
Los años 60 son la inspiración de su ropa, que parece venir de un mundo feliz.

VEVA MEDEM, ESPIRITU INNOVADOR

ANNA SUI
Fiel al lema «vestir para divertirse», simboliza la creatividad más fresca.

ROMANTICISMO CHINO DE ANNA SUI

MAGICA SYBILLA

PURIFICACION GARCIA, PURA PASION

ALHAMBRA es una empresa de confección de moda joven, de gran éxito en España, Alemania, Austria y Latinoamérica, que va a establecer una sucursal en Londres.

Antonio Navarro, Jefe del Departamento de Exportaciones de ALHAMBRA, llama por teléfono a Sheila Rhys, corresponsal de una revista de moda británica.

Navarro: ¿Sheila? Hola, soy Antonio Navarro.

Rhys: ¡Antonio! ¡Qué sorpresa! Te pensaba llamar esta semana. ¿Cómo van tus proyectos?

Navarro: Estupendamente. De eso quería hablarte... si tienes tiempo ahora.

Rhys: A tu disposición. Se trata del lanzamiento de ALHAMBRA, ¿no?

Navarro: Exactamente. Mira, tengo encima de la mesa el estudio de mercado que nos ha hecho una agencia británica y acabo de compararlo con nuestros informes. Según mis conclusiones, hay un punto que me preocupa: la imagen del «made in

	Spain»... O sea, la desconfianza ante la calidad. ¿Tú crees que una publicidad basada en el control de calidad neutralizaría esa imagen?
Rhys:	Supongo que conoces el sistema de la British Standards Institution y la controversia al respecto. La verdad es que la moda que presentáis tiene un diseño atractivo, de alta calidad y a bajo precio. Esto último es lo que más puede interesar al segmento hacia el que os orientáis. No obstante, la publicidad deberá realzar todos esos aspectos. Sin olvidar las asociaciones que evoca la imagen de España, sobre todo vacaciones.
Navarro:	Sí, ya lo habíamos tenido en cuenta. Ya sabes... entusiasmo, alegría de vivir, colores cálidos... Pero, tampoco queremos presentar la imagen típica.
Rhys:	Me parece bien. A propósito, supongo que habréis pensado en el clima... y en las tallas.
Navarro:	Desde luego, emplearemos materiales más resistentes al frío y de acuerdo con las normas del mercado inglés, sin alterar el diseño o los colores. Respecto a las tallas, hace tiempo que usamos la etiqueta con las equivalencias. Por cierto, vamos a mantener la marca porque no causa ningún problema de pronunciación y, además, tiene connotaciones positivas.
Rhys:	¿Habéis hecho ya la investigación de marcas?
Navarro:	Bueno, la teníamos registrada para casi todos los países... También mantenemos la imagen corporativa, el logotipo y las bolsas de papel reciclado... Y nuestros creativos están trabajando con una agencia de Manchester sobre la o las prescritoras y toda la campaña.
	Bueno, Sheila, muchas gracias. Te debo una invitación.
Rhys:	No se te olvide invitarme a la presentación.

1.   *Para leer y comprender*

a) *¿Cuáles son los elementos diferenciadores de cada una de las diseñadoras de moda?*

b) *Después de leer el diálogo, tome notas de los aspectos, generales y específicos, que hay que tener en cuenta para adaptar el producto a un determinado mercado.*

c) *¿Qué significa en este contexto?*

— corresponsal	— segmento	— marca
— «made in Spain»	— colores cálidos	— imagen corporativa
— neutralizar	— imagen típica	— logotipo
— control de calidad	— connotación positiva	— creativos

2. Para hablar

a) **DEBATE: comenten en grupo el planteamiento general y los aspectos señalados por el responsable de la empresa ALHAMBRA, aportando sus puntos de vista sobre las peculiaridades de otros mercados.**

b) **Por parejas: preparen un diálogo aconsejando actuaciones en un mercado determinado.**

Recuerden:

— Clasificación de los países, según PNB per cápita.
— Tipo de mercado: consumo masivo/alto/medio/bajo.
— Exigencia: calidad, servicio, precio, normalización, «made in».
— Dificultades de gestión.
— Tipo de productos o bienes.
— Importancia de la imagen corporativa, marcas, denominación de origen, etc.

3. Para practicar

a) *Relacione las explicaciones con los términos del recuadro:*

1. Inscrita en algún registro oficial. Su propietario puede usarla en exclusiva.
2. Registro de un invento con el fin de proteger a su creador contra la fabricación, venta o uso profesional de ese invento por parte de terceros.
3. Signo o denominación que sirve para identificar a una persona física o jurídica en el ejercicio de su actividad empresarial.
4. Signo o medio que sirve para distinguir en el mercado unos productos de otros.
5. Signo o denominación que sirve para dar a conocer al público un establecimiento y para distinguirlo de otros destinados a actividades idénticas o similares.
6. Representación gráfica original de una marca comercial, siglas de un organismo, etc.
7. Oficina Europea de Armonización del Mercado Interior, registro de las marcas de productos o servicios comercializados en los países de la Unión Europea, situado en Alicante.

Patente	OAMI	Rótulo	Logotipo	Nombre comercial
Marca comercial			Marca comercial registrada	

b) *Redacte sus recomendaciones para lanzar un producto en los siguientes mercados, de acuerdo con sus características:*

1. Mercados iberoamericanos: identidad lingüística, bajo consumo, calidad media o baja, alimentos y bienes de equipo, competencia por precio, necesidad de financiación.

2. Norte y centro de Europa: tecnificación, capacidad de trabajo, eficacia, calidad, profesionalidad, cumplimiento de plazos y compromisos, puntualidad.

3. Reino Unido: alto consumo, gran competencia, formas de ser y de negociar diferentes, uso exclusivo del idioma inglés en las negociaciones.

4. Francia destaca por conocer y aplicar muy bien el marketing internacional, proteccionistas, menos preocupados por la puntualidad, alto consumo, exigen servicio.

5. Italia se caracteriza por su flexibilidad y simpatía en el trato, máxima exigencia en diseño, distinción, estilo y elegancia, alto consumo, calidad media/alta.

6. Otros mercados sobre los que tenga experiencia.

c) *Los siguientes prefijos se utilizan mucho para describir productos o servicios. Indique su valor:*

ANTI-	MEGA-	OMNI-
BI-	RE-	PAN-
INTER-	SUPER-	MULTI-
EXTRA-	SUPRA-	POLI-
HIPER-	ULTRA-	ECO-

d) *Estudie el mapa y la información del tiempo e indique las temperaturas y el tiempo que hace en:*

Berlín, Roma, Ginebra, Lisboa, Moscú

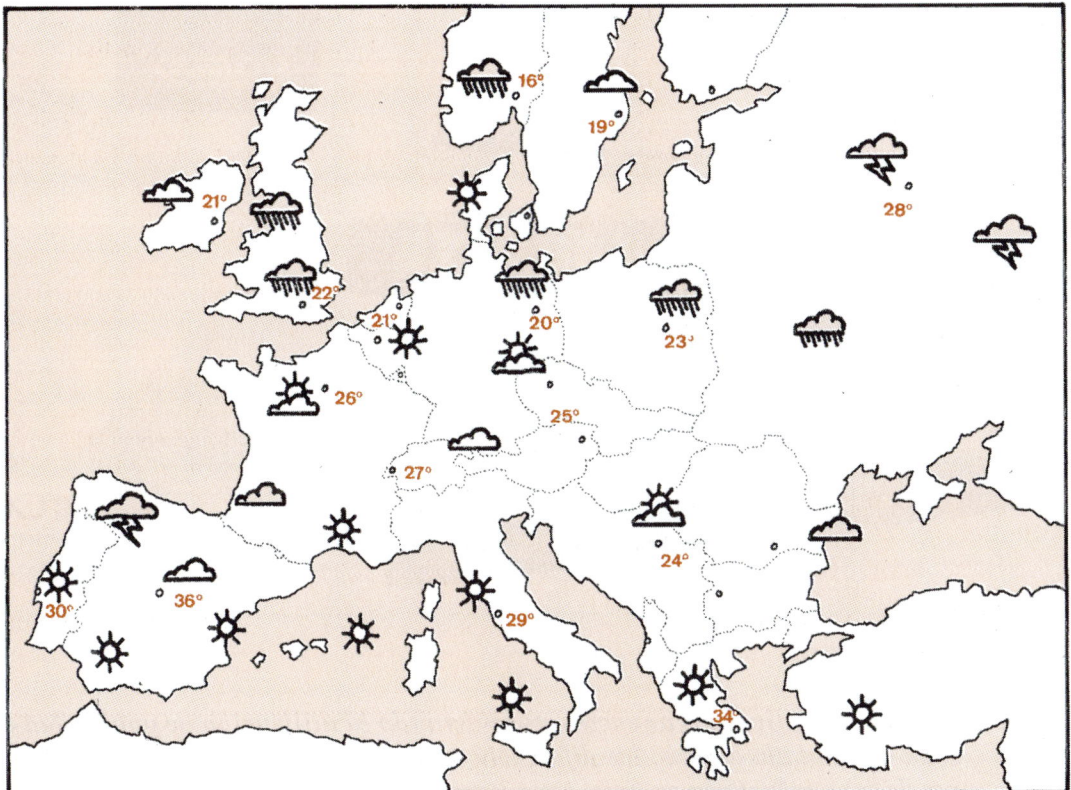

4. Para terminar

IMÁGENES INTERNACIONALES

a) **En grupo: analicen los anuncios, considerando la utilización de publicidad estandarizada o adaptada al país, las diferencias o similitudes que presentan las comunicaciones de ese producto en su país, connotaciones, recursos, etc.**

b) **Por parejas: estudien la imagen corporativa de las entidades bancarias y expongan lo que les sugiere cada uno de los logotipos y mensajes. A continuación, diseñen un logotipo para una empresa de servicios de ámbito internacional (banco, seguros, transporte, transitario, etc.).**

Recuerden las sensaciones que provocan los colores y las asociaciones evocaciones de determinados símbolos.

Negro: pesadez, tristeza, simboliza la muerte.

Blanco: expresión máxima de luz. Sensación de amplitud e inmensidad. Simboliza la pureza. En algunos países, como en China y Japón, se utiliza para indicar luto.

Naranja: refleja entusiasmo, ímpetu. No es conveniente para grandes superficies.

Amarillo: luz y vida. Simboliza la riqueza y el poder.

Verde: equilibrio. Infunde tranquilidad y reposo. Simboliza la naturaleza. Pero en Malasia evoca enfermedad. En los países islámicos es el color del profeta y, por tanto, tabú.

Azul: produce serenidad. Simboliza la inteligencia, lo infinito y la sabiduría. En Pakistán e Irán es el color del luto.

Violeta: es el color del prestigio. Simboliza martirio y dolor.

Rojo: representa la realeza y la suntuosidad. Produce emoción.

c) **Elabore un informe sobre las posibilidades de efectuar consultas sobre patentes y marcas, a partir del folleto que le ha enviado la Oficina Española de Patentes y Marcas.**

Las **Bases de Datos** de la Oficina Española de Patentes y Marcas (OEPM) son la **fuente más rápida y eficaz** para seleccionar y recuperar la información tecnológica y comercial que la OEPM ha almacenado a lo largo de su existencia como uno de los frutos de su actividad en el campo de la Propiedad Industrial.

BASES DE DATOS DE LA OEPM:

1. CIBEPAT .... Patentes y Modelos de Utilidad
2. MODINDU .... Modelos y Dibujos Industriales
3. INPAMAR .... Marcas y otros Signos Distintivos
4. SITADEX .... Situación Jurídica de Expedientes

1. CIBEPAT (también en CD-ROM)

CONTENIDO:
Información bibliográfica de:
- Patentes y Modelos de utilidad españoles desde 1968.
- Patentes europeas y PCT que designan a España.
- Patentes de 18 países iberoamericanos.

ACTUALIZACIÓN: Quincenal (versión en línea). Trimestral (CD-ROM).

CAMPOS DE BÚSQUEDA:
- Solicitante.
- Núm. solic. o public.
- Palabras clave.
- Prioridad.
- Fecha solic. o public.
- Símbolos de la CIP.
o bien combinaciones de estos campos.

UTILIDAD:
- Analizar la patentabilidad de desarrollos propios.
- Vigilar la capacidad tecnológica de la competencia.

2. MODINDU

CONTENIDO:
Información bibliográfica de Modelos y Dibujos Industriales españoles desde 1968.

ACTUALIZACIÓN Y CAMPOS DE BÚSQUEDA: Como CIBEPAT.
UTILIDAD: Planificar el diseño de productos.

3. INPAMAR

CONTENIDO:
Denominación de todas las Marcas, Nombres Comerciales y Rótulos de Establecimiento concedidos por la OEPM. Permite comparaciones a nivel fonético entre la denominación que se analiza y los registros ya existentes.

ACTUALIZACIÓN: Quincenal.

UTILIDAD:
- Analizar la posibilidad de obtener el registro de un signo distintivo.
- Conocer la estrategia comercial de la competencia.

4. SITADEX

CONTENIDO:
Situación Jurídico-Administrativa de los expedientes de propiedad industrial desde 1979.

ACTUALIZACIÓN:
Diaria, incorporándose todos los actos publicados en el Boletín Oficial de la Propiedad Industrial (BOPI).

UTILIDAD:
- Seguir el estado de tramitación de un expediente.
- Conocer los títulos de propiedad industrial de particulares, empresas e instituciones.

CÓMO SER USUARIO DE LAS BASES Y CONEXIÓN CON EL DISTRIBUIDOR

Para conectarse a nuestras bases de datos debe cumplimentar un contrato con la OEPM, sin coste alguno, donde deberá indicar las bases que le interesan. La facturación se realiza en función de su utilización. Las **redes de acceso** son la red telefónica básica y la red IBERPAC (X-28 y X-25).

6

Promoción y nuevos mercados

A | FERIAS Y EXPOSICIONES

SIMO TCI
FERIA INTERNACIONAL DE INFORMÁTICA, MULTIMEDIA Y COMUNICACIONES

**PARQUE FERIAL
JUAN CARLOS I
MADRID**

8 AL 13 NOVIEMBRE

IFEMA
Feria de Madrid

LISTADO DE EXPOSITORES

- Eurobsase S.L
- Faxmanía
- Grafidata Informática Gráfica S.L
- Grib S.A
- Harris Adacom S.A
- Hewlett Packard Española S.A
- I + D Videomática S.L
- Imasoto S.A
- Industrias Cores S.A
- Inforein S.A
- Informática El Corte Inglés
- International Dealers Ass.
- Intertex
- L.N. Deter S.A
- Laser Print System España S.A.

FERIA OFICIAL MONOGRAFICA INTERNACIONAL DEL EQUIPO DE OFICINA Y DE LA INFORMATICA

Un sector en permanente desarrollo es el de la informática, que requiere un conocimiento exacto de los últimos avances, así como de las tendencias de futuro a corto plazo, medio y largo plazo, que permitan, a fabricantes y usuarios, obtener un mayor rendimiento de su producción en un mercado más abierto y competitivo. El certamen es el enclave estratégico de oferta y demanda de productos e información, en un campo cada vez más internacional; una rampa de lanzamiento de todas aquellas novedades tecnológicas, en un mundo cada vez más interrelacionado.

Carácter:	Visitantes profesionales y público en general
Sectores:	Bibliografía y Documentación Administrativa. Mobiliario e Instalación de Oficinas. Oficina Técnica. Seguridad de Documentos y Control de personas. Papelería y Material de Oficina. Ofimática. Máquinas de escribir, calcular, reproducir y manipular. Telecomunicación y Telemática. Equipos Informáticos. Logical y Consultoría.
Actividades coincidentes:	Conferencia Internacional de Informática. Convención Ibérica de Informáticos (CIBI).
Entrada:	1.000 Pta.
Catálogo:	6.000 Pta. Catálogo en diskette. PVP incluido en catálogo

PARQUE FERIAL JUAN CARLOS I.

Como llegar a la Feria:
-Desde Madrid.

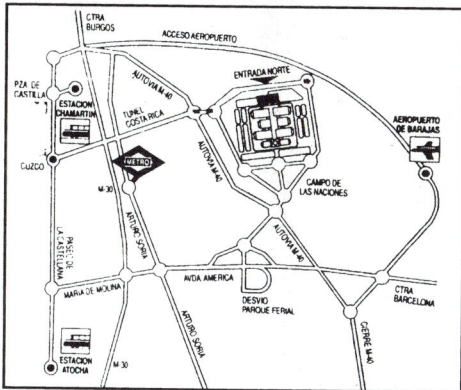

TRANSPORTE A SIMO TCI 94

Servicio Público de autobuses /
Public Buses:
- EMT (Línea 122):
Metro Arturo Soria - IFEMA - Metro Arturo Soria
- CONSORCIO DE TRANSPORTE (Línea 827):
Metro Canillejas - IFEMA - Metro Canillejas

Autobuses gratuitos SIMO TCI /
SIMO TCI free buses:
Funcionan ininterrumpidamente todo el día /
They will run during all day;
- L1- Aeropuerto-IFEMA-Aeropuerto
(paradas en llegadas nacionales,
internacionales y Puente Aéreo).
- L2- Plaza Colón (Castellana esq. Goya) -
Avenida de América n.º 6 - IFEMA -
Regreso.
- L3- Plaza Cuzco (frente Ministerio Economía)
Plaza Castilla (al pie del
Canal Isabel II) - IFEMA- Regreso.

PLANO DE SERVICIOS

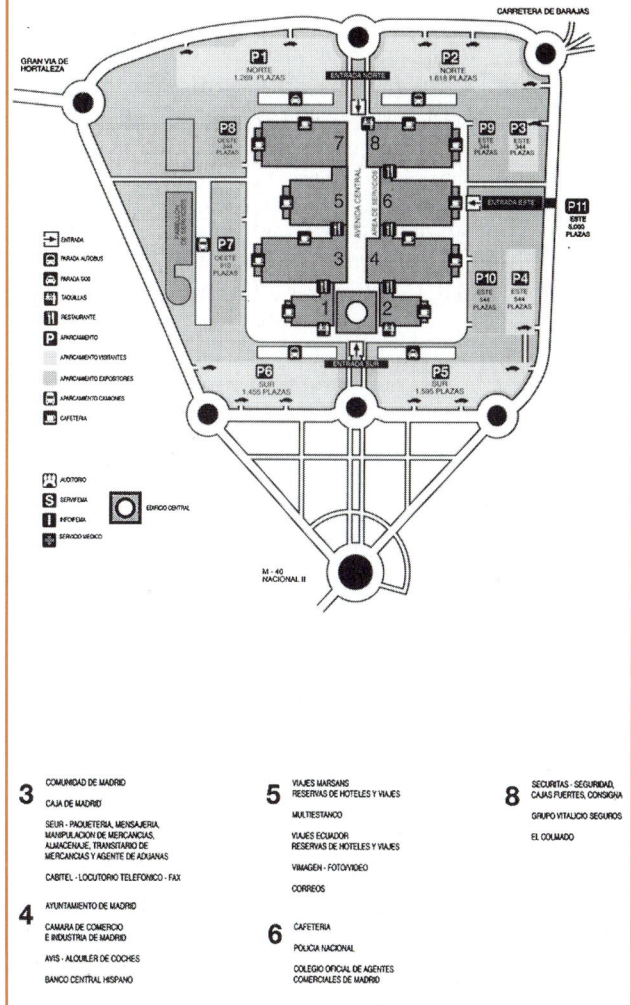

3 COMUNIDAD DE MADRID CAJA DE MADRID	**5** VIAJES MARSANS RESERVAS DE HOTELES Y VIAJES	**8** SECURITAS - SEGURIDAD, CAJAS FUERTES, CONSIGNA
SEUR - PAQUETERIA, MENSAJERIA, MANIPULACION DE MERCANCIAS, ALMACENAJE, TRANSITARIO DE MERCANCIAS Y AGENTE DE ADUANAS	MULTIESTANCO	GRUPO VITALICIO SEGUROS
	VIAJES ECUADOR RESERVAS DE HOTELES Y VIAJES	EL COLMADO
CABITEL - LOCUTORIO TELEFONICO - FAX	VIMAGEN - FOTO/VIDEO	
4 AYUNTAMIENTO DE MADRID	CORREOS	
CAMARA DE COMERCIO E INDUSTRIA DE MADRID	**6** CAFETERIA	
AVIS - ALQUILER DE COCHES	POLICIA NACIONAL	
BANCO CENTRAL HISPANO	COLEGIO OFICIAL DE AGENTES COMERCIALES DE MADRID	

1. Para leer y comprender

a) Estudie la información del tríptico y tome notas:

1. Tema, sector representado y grupo meta:
2. Organizador, número de teléfono y de fax:
3. Fecha y lugar de celebración:
4. Posibles contactos y competidores participantes:
5. Otras actividades de interés:

b) Compruebe en el plano del recinto ferial la adecuación de las instalaciones, en relación con:

- situación y entorno
- transporte público
- capacidad
- comunicaciones
- servicios de restauración
- otros servicios

c) **Analice el folleto y reflexione acerca de la conveniencia de participar en esta feria, en el caso de que usted trabajase en este sector y teniendo en cuenta los objetivos siguientes:**

— *Visitantes:* establecer contactos con clientes actuales y potenciales, o con la prensa especializada u organismos; cerrar negocios; vender.
— *Productos:* información sobre productos propios; comprobar aceptación de los productos; presentar soluciones.
— *Mercado:* facilitar la entrada; encontrar agentes; formar imagen o mostrar fuerza de suministro, etc.
— *Estudio de mercado:* estudiar competencia (precios, productos); comprobar deseos de los clientes, tendencias, variaciones; buscar ideas nuevas.

2. *Para hablar*

a) **La organización de la feria ha recibido ya su ficha de inscripción y una persona de la organización llama para completar la ficha de reserva de espacio. Por parejas: preparen la conversación.**

FICHA A CUMPLIMENTAR POR LA ADMINISTRACIÓN

Superficie	Largo	Ancho	Precio espacio

Suplemento acceso	Suplement. dos caras	Consumo energía	Seguros

Inscrip. suplementaria catálogo	Publicidad catálogo	Otras cuotas congreso	Salas de conferencias

	Suma	Iva 12 %	Cantidad total
		+	=

Fecha de apertura del expediente

Cantidad recibida   Resto

b) **Van a participar en una feria en un país hispano. Anoten todas las fórmulas de relación social que recuerden para:**

— Saludar y despedirse
— Recibir y atender clientes
— Presentar a alguien/presentarse
— Invitar/aceptar invitaciones
— Proponer/aceptar una oferta
— Solicitar/dar datos o información

A continuación, intercambien estas expresiones con sus compañeros, utilizando diferentes entonaciones y gestos.

c) *Confeccionen su propia tarjeta de visita e inicen conversaciones con los demás miembros del grupo para solicitar información sobre sus empresas y productos, anotando los datos de estos contactos profesionales.*

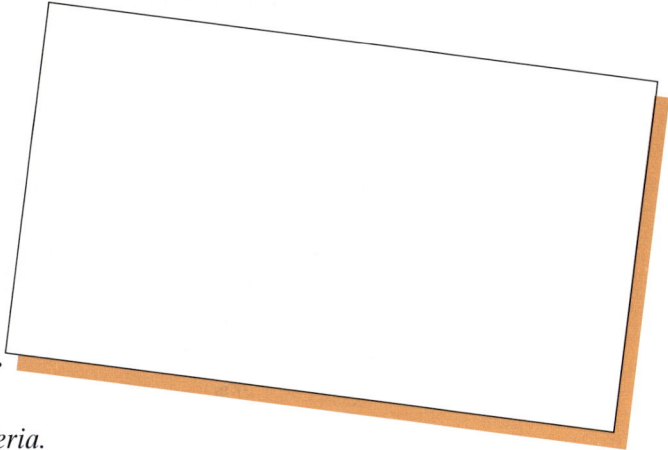

3. *Para practicar*

a) *Reformule las frases según el ejemplo:*

El secretario de Comercio inauguró la feria.
La feria fue inaugurada por el Secretario de Comercio.

1. El arquitecto ha revisado todos los pabellones.
2. Modificaron los trípticos según los deseos del presidente.
3. Tendrán que incrementar el presupuesto inicial.
4. Tienes que revisar la megafonía.
5. Cientos de personas visitaron nuestro stand.

b) *Reflexione acerca de las fórmulas siguientes e indique:*

	Función	Formal	Informal
1. ¡Hasta lueguito!	Despedida		X
2. Con mucho gusto.			
3. Tome asiento, por favor.			
4. Tengo el gusto de.			
5. ¡Cuánto tiempo sin verte!			
6. ¿Qué tal? ¿Cómo andamos?			
7. Espero volver a verle.			
8. Encantada de saludarle.			

c) *Después de leer las condiciones de participación y reserva de espacio en una feria, subraye los términos que no conoce y, con ayuda de un diccionario, tradúzcalos a su idioma. A continuación, anote:*

1. Condiciones de reserva y de pago:
2. Período de ocupación del stand:
3. Organización y características del montaje:
4. Servicios no incluidos en la cuota de reserva de espacio:
5. Limitaciones de peso:

1. Los expositores deberán:
   a) Cumplimentar el proyecto de participación.
   b) Abonar la cantidad prevista.
   c) Cumplimentar la ficha de inscripción.
2. Los pagos se harán mediante:
   — Cheque bancario.
   — En metálico.
   — Por transferencia bancaria.
3. El canon de ocupación incluye:
   — Ocupación de espacio asignado durante los días de la feria, montaje y desmontaje.
   — Derechos de conexión eléctrica.
   — Mención en el catálogo oficial.
   — Catálogo oficial de la feria.
   — Tarjetas de expositor.
   — Invitaciones.
4. El canon de ocupación no incluye:
   — Consumo de energía.
   — Decoración interior, mobiliario y jardinería.
   — Limpieza del espacio.
5. La planta de exposición tiene una limitación de 500 kilos por metro cuadrado.

d) **Escriba los datos de otra manera:**

- centímetro cuadrado:
- veinte por ciento de I.V.A.:
- dieciséis metros cúbicos:
- dos toneladas:

- 0,80 ptas. W/día:
- 30.000 ptas. m²:
- 115 mm x 210 mm:
- 400 kg:

e) **Su empresa está interesada en asistir a ANPIC. Redacte una carta, solicitando información más detallada y las condiciones de participación.**

ANPIC 95

FEBRERO - 25, 26, 27, 28 -
20ª MUESTRA INTERNACIONAL DE PROVEEDURIA, MAQUINARIA Y PRESELECMODA
PARA LA INDUSTRIA DE LA PIEL Y DEL CALZADO.
20th. INTERNATIONAL SHOW OF THE SUPPLIERS, MACHINERY AND FASHION PREVIEW
FOR THE LEATHER AND FOOTWEAR INDUSTRIES.

LEON, GUANAJUATO, MEXICO.

PARA MAS INFORMACION
FOR MORE INFORMATION

ANPIC, A.C.

AV. DEL OBRERO 403 FRACCIONAMIENTO INDUSTRIAL JULIAN DE OBREGON
C.P. 37290 TELS. (47) 11-20-12 Y 11-35-67 TELEX. 120479 ANPIME
FAX: (47) 11-21-39 APDO. POSTAL 1239 LEON, GTO., MEXICO.

4. Para terminar

a) **Después de leer el calendario ferial, relacione los símbolos con las ferias respectivas e indique el sector al que van dirigidas. Por parejas: planifiquen la participación de su empresa en una de las ferias, teniendo en cuenta las notas que han tomado en los ejercicios 1.a. y b. y los siguientes aspectos:**

— *Presupuesto para gastos:* inscripción; dietas y desplazamientos del personal cualificado; azafatas; conferencia de prensa, telecomunicaciones; catálogo, muestras, material promocional; invitaciones; regalos y gastos de representación.

— Presupuesto para alquiler del stand, decoración y limpieza.

— Selección de productos que van a exponer y acciones especiales.

CALENDARIO SECTORIAL

SEMANA INTERNACIONAL DE LA DECORACION Y EL REGALO

INTERGIFT
Salón Internacional del Regalo
Sectores: Mesa y Complementos Decorativos/Artimes. Orfebrería. Floristería y Mimbre. Decoración y Mueble Auxiliar. Regalo Joven y Regalo de Promoción. Regalos Diversos. Artesanía.

BISUTEX
Salón de la Bisutería y Complementos
Sectores: Bisutería en General. Complementos del vestir.

MATELEC
Salón Internacional de Material Eléctrico
Sectores: Energía Eléctrica. Tecnología de la Instalación Eléctrica. Iluminación y Alumbrado. Medida, Control, Ensayo y Regulación. Soportes Informatizados. Inter-Telecomunicación. Equipamientos Industriales, Calefacción y Ventilación.

EXPO/OPTICA
Salón Internacional de Optica y Optometría
Sectores: Optica (Lentes, Gafas, Instrumentos Opticos, Equipamiento de Opticas, Maquinaria). Optometría y Oftalmología (Instrumentos de Optometría y Oftalmología, Entendimiento Visual).

EXPOCEM
Exposición de Maquinaria, Piedra Natural y Arte Funerario
Sectores: Maquinaria. Piedra Natural. Arte Funerario.

SIMO TCI
Feria Internacional de Informática, Multimedia y Comunicaciones
Sectores: Informática. Soportes lógicos. CAD / CAM / CAE. Tratamiento Documental.

CYBERJUEGOS
Salón del Videojuego
Sectores: Vídeo Home, Juegos Electrónicos.

IBERPIEL/MARROQUINERIA
Salón Internacional de Marroquinería y Artículos de Piel
Sectores: Bolsos. Pequeñas Marroquinerías: Cueros Repujados y Artísticos. Guarnicionería. Artículos de Viaje. Confección de Vestimenta en Piel (Ante, Napa y Doble Faz). Industrias Conexas.

b) **Con los elementos que aparecen a continuación, formen nombres para ferias, indicando a qué sector pertenecen. Una vez «creado» el nombre, pida a sus compañeros que averigüen el tema y el grupo meta de algunos.**

- CRIPTO-..
- EURO-..
- DULCI-..
- BIO-...
- FARMA-...
- TEC-..
- DIDAC-...
- EMBAL-...

EN EL HOTEL

c) **Por parejas: preparen la conversación en la recepción del hotel, de acuerdo con el esquema:**

Usted

- Saludar.
- Presentar el bono.
- Rellenar formulario.
- Preguntar horarios/servicios (bar, desayuno, restaurant, piscina, etc.).

Recepcionista

— Saludar/dar la bienvenida.
— Comprobar la reserva.
— Solicitar datos personales.
— Entregar llave.
— Dar información sobre los servicios del hotel.
— Desear feliz estancia.

d) **Relacione las preguntas de la columna A con las respuestas de la columna B.**

A

1. ¿Tengo algún mensaje?
2. ¿Tiene mi billete para Berlín?
3. ¿Para llamar a Italia, por favor?
4. ¿Me da un plano de la ciudad?
5. ¿Me reserva para ir a un espectáculo de flamenco?
6. ¿Dónde podría dejar mi equipaje hasta la tarde?
7. He perdido la tarjeta-llave.
8. ¿Tiene prensa en alemán?
9. Habitación 1098, por favor.
10. ¿Podrían ponerme este fax?

B

a) No se preocupe. Le pediré otra.
b) Desde luego. ¿Cuántas personas?
c) Llega dentro de media hora.
d) Ahora mismo, señor.
e) Su llave, señora.
f) Sí. Lo acaban de traer.
g) En teléfonos. A la izquierda.
h) Por supuesto. Aquí tiene.
i) Permítame. Tenga su resguardo.
j) No. No tiene ninguno.

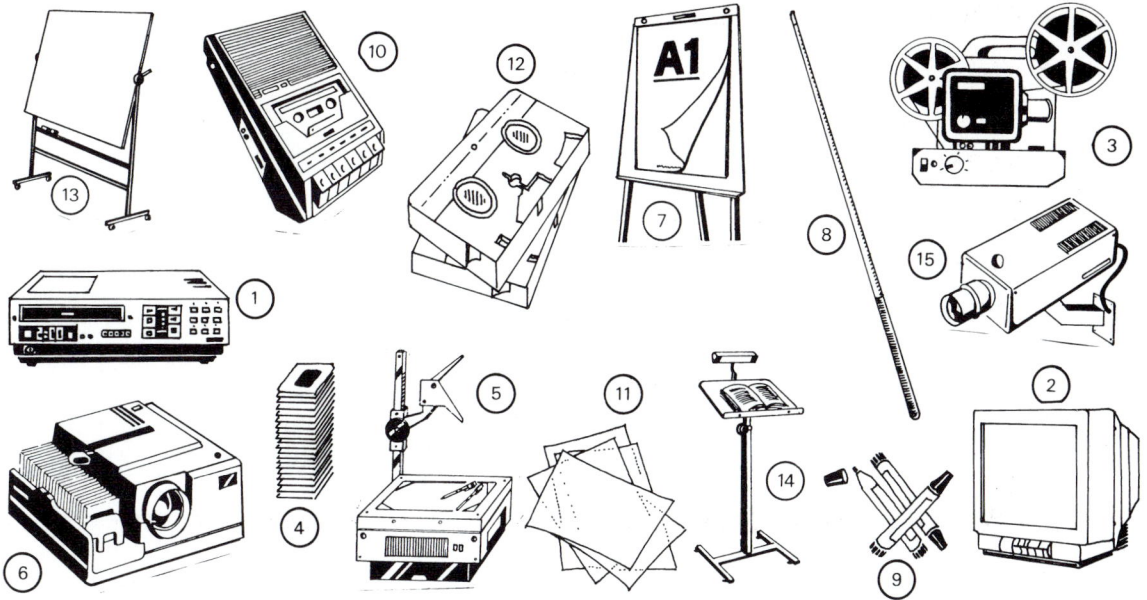

Director: vamos a comprobar, una vez más, la presentación de mañana. ¿De acuerdo?

Veamos... a las 10.00, en el salón Habana. Así que las documentaciones y las muestras que vamos a dar tienen que estar allí a las 09.30.

Juan y yo llegaremos un poco antes para asegurarnos de que funciona la megafonía y para hablar con las azafatas y los traductores.

Respecto al equipo... ¿Quieres ir punteando, por favor?

- Circuito cerrado de televisión.
- Aparato de vídeo.
- Proyectos de películas y de diapositivas.
- Retroproyector y puntero.
- Bloc de conferencias.
- Pizarra.
- Atril.
- Grabadora.

En mi portafolio llevo ya las transparencias, las diapositivas y las dos copias del vídeo... Bueno, creo que está todo.

La presentación de la empresa durará una media hora... Después, unos quince minutos para preguntas. A continuación, otra media hora para la presentación de los nuevos productos y, seguidamente, la degustación. Yo calculo que a las 12.00 o 12.15 hemos terminado.

Esto... Acuérdate de llevar rotuladores de varios colores.

Hasta mañana y muchas gracias.

1. Para leer y comprender

a) *Después de reconocer cada uno de los objetos y medios necesarios para hacer una presentación, tradúzcalos a todos los idiomas que sepa:*

1.	6.	11.
2.	7.	12.
3.	8.	13.
4.	9.	14.
5.	10.	

b) *Estructure una presentación eligiendo, en la sección de consulta de esta unidad (página 194), las fórmulas apropiadas:*

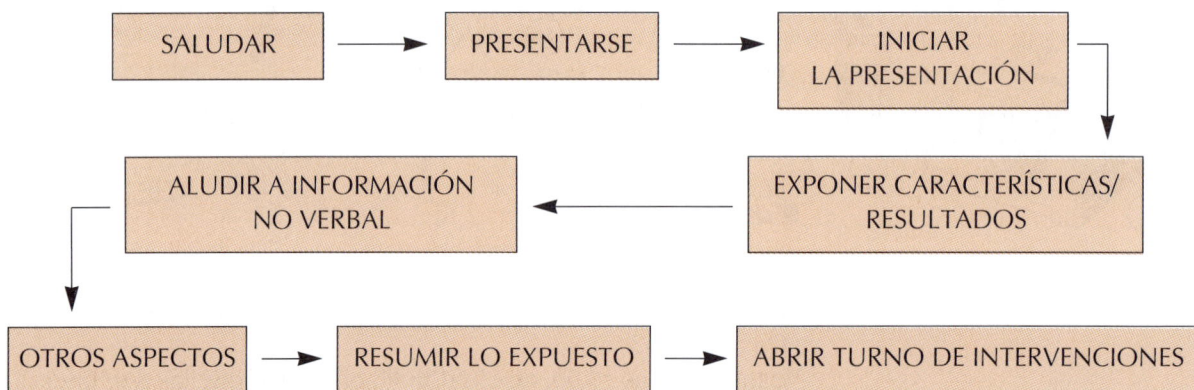

```
┌──────────┐      ┌──────────────┐      ┌──────────────────┐
│ SALUDAR  │ ───▶ │ PRESENTARSE  │ ───▶ │     INICIAR      │
└──────────┘      └──────────────┘      │  LA PRESENTACIÓN │
                                        └──────────────────┘
                                                 │
                                                 ▼
┌──────────────────────┐      ┌──────────────────────────┐
│ ALUDIR A INFORMACIÓN │ ◀─── │  EXPONER CARACTERÍSTICAS/ │
│      NO VERBAL       │      │        RESULTADOS         │
└──────────────────────┘      └──────────────────────────┘
        │
        ▼
┌────────────────┐    ┌────────────────────┐    ┌─────────────────────────────┐
│ OTROS ASPECTOS │──▶ │  RESUMIR LO EXPUESTO │──▶ │ ABRIR TURNO DE INTERVENCIONES│
└────────────────┘    └────────────────────┘    └─────────────────────────────┘
```

2. Para hablar

a) *En grupos: redacten una lista de recomendaciones para hacer una presentación eficaz, reflexionando sobre:*

1. *Organización de la información:* estructura, objetivos, audiencia, duración, lugar y tipo de material audiovisual.
2. *Presentación de la información:* imagen (personal y corporativa), elementos no verbales (indumentaria, comunicación gestual), técnicas, contenido técnico/divulgativo.
3. *Competencia lingüística:* vocabulario, gramática, pronunciación, registro formal/informal, fluidez, corrección, conexión de ideas, argumentación, recursos, etc.
4. *Experiencias personales:* presentaciones en un contexto internacional, diferencias culturales (contacto físico en los saludos, gestos, intercambio de regalos, invitaciones, indumentaria, sentido del tiempo, etc.).

b) Por parejas: preparen la presentación oral de su empresa. Recuerden:

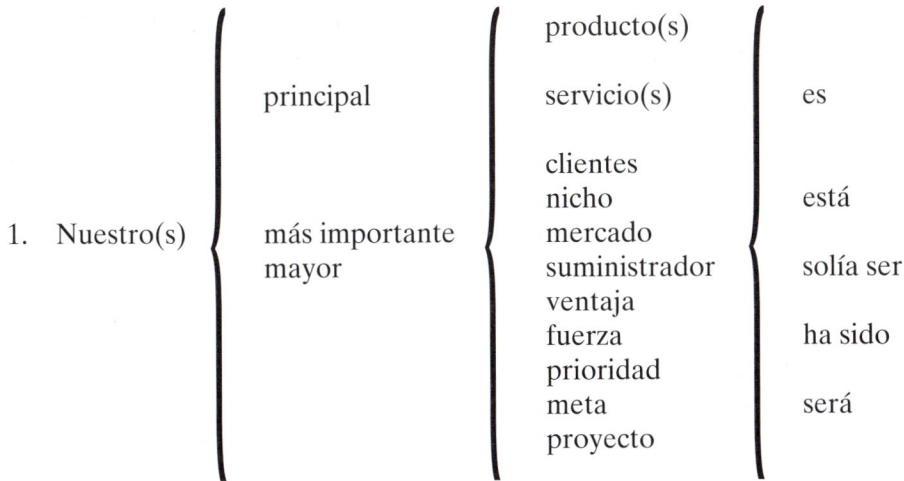

1. Nuestro(s)

principal	producto(s) / servicio(s) → es
más importante / mayor	clientes / nicho / mercado / suministrador / ventaja / fuerza / prioridad / meta / proyecto → está / solía ser / ha sido / será

2. Cargos: Presidente, Vicepresidente, Director General, Director (de) Marketing, Exportación, Personal, Comercial, Financiero, etc.
3. Relaciones: depender de; estar a las órdenes de; se responsabiliza de; tiene a su cargo, etc.

3. *Para practicar*

a) Si estuviera haciendo una presentación, ¿cómo resolvería los siguientes problemas?

1. Si no supiese utilizar el retroproyector...
2. Si se hubiera dejado en casa el guión de su intervención...
3. Si suena insistentemente su teléfono móvil...
4. Si un asistente abandona la sala precipitadamente...
5. Si hubiera reconocido en la primera fila a una persona de la competencia...

b) Escriba las fórmulas que utilizaría en las siguientes situaciones:

1. Comenzar su intervención con una broma o un chiste.
2. Hacer referencia al material gráfico o audiovisual.
3. Establecer objetivos o prioridades.
4. Pedir permiso para quitarse la chaqueta.
5. Hacer un resumen de su intervención.

c) Indique los términos que utilizaría para presentar un producto, un servicio y una empresa:

Producto/
Servicio:
Empresa:

> gama, especificaciones, establecer, filial, característi-cas, demostración, promoción, diseño, S.A., grupo, vender, privatizar, fusión, difusión, nuevo, sólida, S.L., lanzar, introducir, pequeña y mediana, gestionar.

4. Para terminar

a) **Su empresa está preparando la presentación de sus productos utilizando el sistema de teleconferencia.**

1.   DEBATE: Lean la información y comenten acerca de los aspectos técnicos y ventajas de este sistema.

SISTEMAS DE TELECONFERENCIA:

— **audioconferencias:** reuniones de hasta veinte personas en distintos lugares; conexión por vía telefónica (escucha y micrófono)

— **videoconferencia:** comunicación entre personas situadas en distintos lugares, en tiempo real; vía satélite o vía telefónica, transmisión de imagen y sonido; permite intercambiar información gráfica y documental. Instalaciones: sala con capacidad para cuatro monitores y para recepción y emisión , equipo de videograph para transmitir documentos, fax y teléfono. Ventajas: reunión colectiva entre varios países y personas ahorro de costes (desplazamientos, hoteles, dietas, etc.) ahorro de tiempo confidencialidad.

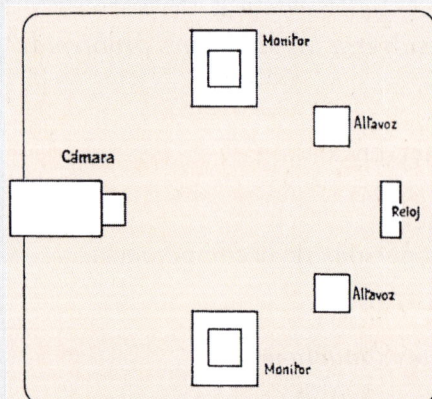

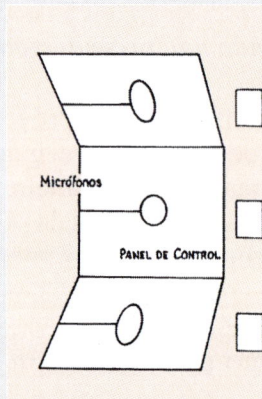

48.900

Guitarra eléctrica YAMAHA
Pacífica 112.
Diseñada en U.S.A.
Pastillas Single Coil (2)
y Hunbucker (1).
Switch de 5 posiciones.
Vibrato vintage.

---

2.   Por parejas: preparen la presentación, por teleconferencia, de uno de los siguientes productos.
Recuerden:

tamaño, dimensiones, forma, colores, características, utilización, datos técnicos, accesorios extra, precio y elementos diferenciadores.

11.900

Teléfono con contestador
digital SOLAC 3242.
Práctico y cómodo de usar.
Mantiene los mensajes
en caso de desconexión.

7.450

Esterilizador, deodorante de ozono
para automóvil AIR de EUROZONE.
Conexión a mechero. Elimina los
olores. Desinfecta el ambiente.

b) **En el transcurso de una Feria Internacional que se celebra en su ciudad, van a ser anfitriones de unos clientes importantes.**

1. *En grupos de cuatro: organicen la invitación, comentando acerca de:*
   — Elección del restaurante y espectáculo típico.
   — Hora y lugar de la cita.
   — Elección de indumentaria apropiada.
   — Aspectos de protocolo y costumbres.
   — Temas de conversación: cultura, arte, recursos naturales y economía del país, deportes, celebraciones especiales, gastronomía, la ciudad y sus monumentos.

2. *Por parejas: lea la carta del restaurante y pida a su compañero que le sugiera algún plato o que le explique la composición de alguno de los platos y el vino adecuado.*

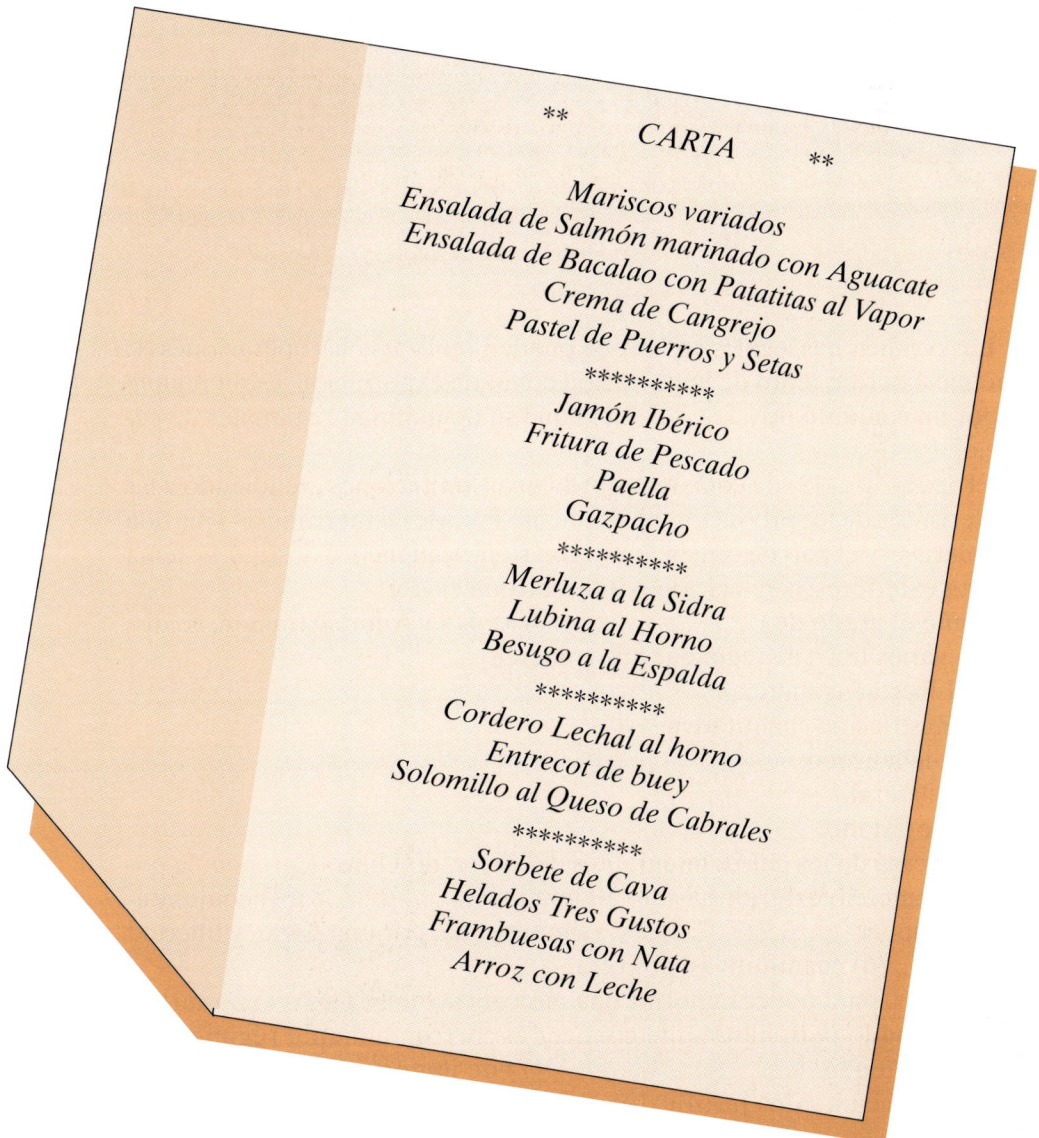

** *CARTA* **

Mariscos variados
Ensalada de Salmón marinado con Aguacate
Ensalada de Bacalao con Patatitas al Vapor
Crema de Cangrejo
Pastel de Puerros y Setas
****
Jamón Ibérico
Fritura de Pescado
Paella
Gazpacho
****
Merluza a la Sidra
Lubina al Horno
Besugo a la Espalda
****
Cordero Lechal al horno
Entrecot de buey
Solomillo al Queso de Cabrales
****
Sorbete de Cava
Helados Tres Gustos
Frambuesas con Nata
Arroz con Leche

Arancel de Aduanas

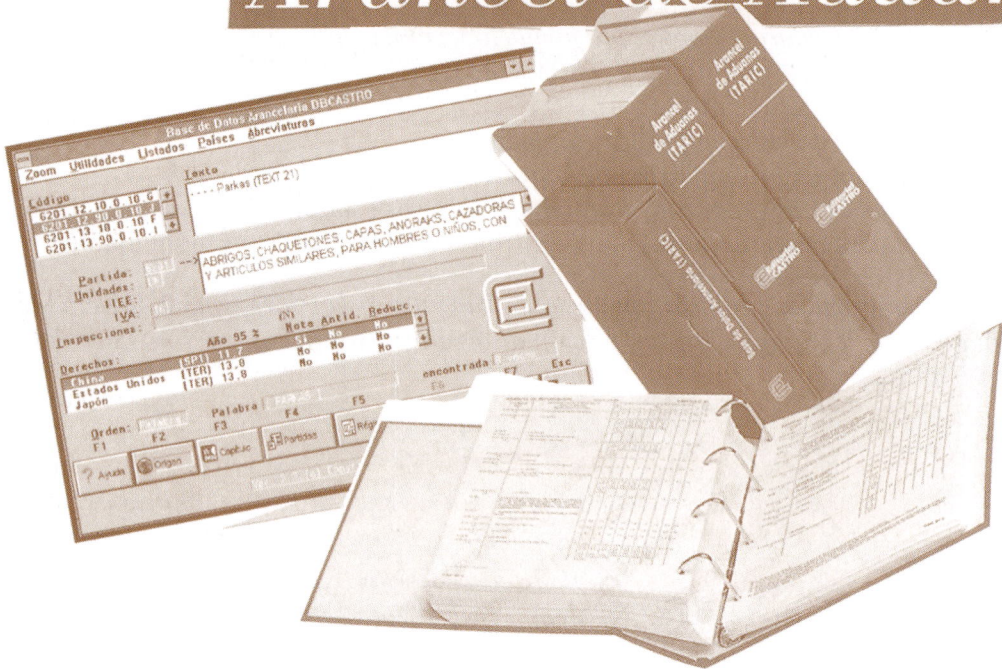

Las condiciones legales en las que pueden realizarse las operaciones de comercio exterior, tanto de importación como de exportación, están reguladas por un conjunto de .... (1) que se denominan regímenes de comercio.

El .... (2) de comercio señala unas limitaciones atendiendo a las características de los productos, básicamente la clase de mercancía —partida arancelaria— y el país de origen, junto con su procedencia o destino, sistema de pagos exteriores, negociaciones internacionales, etc.

Según el grado de .... (3) de la Administración, se distinguen varios tipos de regímenes de comercio:

— Libertad comercial.
— Restricción cuantitativa.
— Globalizado.
— Bilateral.
— De Estado.

En el caso de los países integrantes del Mercado Único Europeo, la política de comercio exterior ha sido adaptada a la .... (4) comunitaria. Esto supone .... (5) simplificada, por una parte, y libertad y .... (6) cuantitativas, por otra.

Así pues, para poder importar una mercancía de un país o exportarla a un determinado país, habrá que conocer el correspondiente régimen comercial y obtener la .... (7) de importación o de exportación, o los documentos justificativos, y efectuar los trámites pertinentes hasta el .... (8) de las mercancías en la Aduana.

El .... (9) general de importación suele ser el siguiente:

El transportista presenta la mercancía en la Aduana de la frontera exterior, puerto o aeropuerto de la U.E. Muchas veces no es ésta la que realiza la tramitación, sino la del lugar de destino.

El solicitante .... (10) de la tramitación aduanera es, por lo general, el importador o su representante, que debe aportar los siguientes documentos.

• Documento Único Administrativo (DUA) de la U.E.

• Licencia o Declaración de Importación (caso de que se requiera).

• Factura comercial, factura de transporte y del seguro para fijar el valor CIF frontera U.E., como base del cálculo de derechos de aduana.

• Certificado o Declaración de Origen y la carta de porte, para comprobar la procedencia y disfrutar, en su caso, de aranceles preferenciales.

• Declaración de Valor (si es necesario).

La Aduana determina los .... (11) de aduana, el impuesto sobre el consumo (caso de que lo haya), el .... (12) sobre el valor importado (valor de la mercancía libre domicilio, equivalente al I.V.A.).

Una vez efectuado el pago de los derechos (inmediato o en el plazo determinado), la Aduana autoriza el levante o salida de la mercancía.

Para exportar, el empresario debe solicitar en la Aduana y/o en la frontra la autorización de salida, entregar la mercancía para su reconocimiento y los documentos exigidos, así como aquellos que requiera el importador.

1. Para leer y comprender

a) *Lea el texto sobre el despacho en la Aduana y complételo con los términos siguientes: despacho, competente, tramitación, derechos, licencia, procedimiento, disposiciones, régimen, impuestos, restricciones, normativa, intervencionismo.*

b) *Busque en el texto los términos correspondientes a las siguientes explicaciones:*

1. Marco jurídico que regula el comercio exterior.
2. Autorización para importar o exportar.
3. Contingentación o limitación del volumen de mercancías.
4. Conjunto de operaciones y trámites que se realizan en el recinto aduanero con objeto de controlar, vigilar y autorizar la salida o entrada de mercancías.
5. Cuerpo legal que comprende las tarifas que gravan las mercancías en la importación, exportación o tránsito, impuestos fiscales e índices complementarios.
6. Certificado que se exige para comprobar el derecho a aranceles rebajados.

2. Para hablar

a) *En grupos: formulen preguntas a sus compañeros sobre los regímenes de comercio y sobre los trámites, procedimientos y documentos que se requieren en el despacho de aduanas.*

b) **Por parejas: con ayuda de un diccionario técnico, redacten una breve explicación de los documentos que hay que presentar en la Aduana y formulen preguntas a su compañero para comprobar sus conocimientos.**

— Cuadernos TIR y ATA
— Factura comercial
— Certificado de origen

— DUA o DAU
— Licencia de Importación
— Carta de porte

3. *Para practicar*

a) **Consulte un Manual de Comercio Exterior y redacte una explicación sobre:**

1. TARIC (Arancel Integrado de las Comunidades).
2. IVA e IIEE (Impuesto sobre el valor añadido y los Impuestos Especiales).
3. Formulario DV-1 (valor en aduana).
4. Preferencias.
5. AAC (Arancel Aduanero Común).
6. TEC (Tarifa Exterior Común).
7. Importación a consumo y a libre práctica.
8. Importación temporal, tránsito y perfeccionamiento activo.

b) **Forme frases en voz pasiva, utilizando los siguientes elementos:**

1. mercancías/gravar/tributos
2. percibir/derechos/Departamento de Aduanas
3. trámites/simplificados/realizados/rapidez/despacho
4. patrimonio artístico/proteger/organismos/aduanas
5. dentro/habilitar/empresas/oficinas de aduanas

c) **Exprese su opinión utilizando las posibles combinaciones de comparación:**

Cuanto más... mejor/peor/más
Cuanto menos .... mejor/más/menos
Cada vez .... más
Cada vez .... menos

Ejemplo: TARIC: Cuanto más lo estudio   menos lo entiendo.
                                                            más confuso lo encuentro.

                       Cada vez lo veo   más claro.
                                                  menos confuso.

1. El Documento Único Aduanero.
2. La lengua española.
3. La legislación en materia de comercio exterior.
4. El Arancel de Aduanas.
5. La tramitación del crédito documentario.

4. Para terminar

a) *Por parejas: estudien el formulario de despacho de aduanas y pregunten a su compañero sobre la forma correcta de cumplimentar cada apartado o casilla. Pueden consultar un diccionario técnico y comparar el formulario en español con el equivalente en su idioma.*

7

La contratación internacional

| A | EL CONTRATO DE COMPRAVENTA |

ENERO   January Janvier Januar

8 LUNES
Monday Lundi Montag

9 MARTES
Tuesday Mardi Dienstag

10 MIÉRCOLES
Wednesday Mercredi Mittwoch

08

09 — Consultar asesoría : contrato compraventa.

10 • Documentos preliminares (proforma, precontrato, promesa

11 unilateral de venta, carta de intenciones)

12

13 • ¿ Modelo de contrato ?

14 • ¿ INCOTERMS ?

15 • Entrega (lugar y forma)

16

17 • Pago (plazo, forma, medio)

18 • Incumplimiento (total / parcial)

19 • Cláusula adicional / penalización

20

El contrato de compraventa es una convención jurídica mutua, en virtud del cual una de las partes (vendedor) se obliga a entregar bienes o servicios, de la calidad y en la cantidad, lugar y plazo pactados, a otra parte (comprador) que debe recibir el suministro y pagar el precio convenido. Por tanto, tiene por objeto la transmisión de dominio de cosas.

Esta transacción se efectúa, normalmente, tras una negociación inteligente y de acuerdo con las condiciones pactadas —derechos y obligaciones— que pueden quedar resumidas en el correspondiente documento legal.

Por su naturaleza jurídica, este contrato se caracteriza por ser: consensual, bilateral, oneroso y traslativo de dominio. Por otra parte, debe cumplir los siguientes requisitos: consentimiento mutuo, capacidad y legitimación de las partes, objeto determinado lícito y precio cierto en dinero —determinado o determinable— e incluir las formas de contratación exigidas por los importadores, así como el país importador y exportador (documentos comerciales, burocrático-administrativos, de transacciones internacionales y aduaneros).

El contrato puede ser verbal o escrito. Sin embargo, dada la complejidad e incremento de las transacciones comerciales internacionales, es preferible un contrato escrito con claridad y concisión y en cuya redacción se haga referencia específica a una cláusula de los INCOTERMS-1990, o de los RAFT, para evitar conflictos que puedan poner en peligro las relaciones comerciales.

En el caso de que se produzcan diferencias importantes en la ejecución del contrato, la práctica más generalizada es intentar un arreglo entre las partes implicadas, es decir, una solución amigable o arbitral.

1. Para leer y comprender

a) *Reflexione acerca de la consulta anotada en la agenda y trate de dar una explicación sobre los aspectos del contrato de compraventa.*

b) *Rellene la siguiente ficha-resumen del contrato de compraventa, completando el tema con sus propios conocimientos:*

— ¿Qué es?
  - definición
  - contenido

— ¿Cómo?
  - naturaleza
  - requisitos
  - formas de pacto

— ¿Quiénes?
  - Obligaciones ⟨ comprador / vendedor ⟩

— ¿Por qué?
— ¿Para qué?
— Conflictos/Soluciones

c) **Relacione algunos de los aspectos del contrato con los siguientes enunciados:**

1. Las peculiaridades de los países, la diversidad de usos y costumbres y la inexperiencia comercial aconsejan su redacción.
2. Conocimiento de embarque, lista de bultos, factura comercial, certificados de origen y de homologación.
3. Se dan prestaciones en dinero o en especie como pago de los bienes que se venden.
4. Revised American Foreign Trade Definitions.
5. Discusión sobre las condiciones de la transacción y las cláusulas del contrato.

2. *Para hablar*

a) **Por parejas: formule preguntas a su compañero siguiendo el esquema sobre el contrato de compraventa:**

— ¿qué es?   — ¿qué estipula?
— ¿por qué es necesario?   — ¿para qué sirve?

b) **Debate, en grupo: ¿Qué es la negociación?**

Argumentación:

— ¿Arte, técnica o juego?
— El lugar de la agresividad, la intimidación, el chantaje y la polémica en la negociación.
— Condiciones de un negociador: cualificación, flexibilidad, integridad, sentido común, personalidad abierta, motivación, dotes de persuasión y creatividad.
— Factores clave: factor humano, poder, presión, información.
— Factores comunicativos: idioma, comunicación no verbal, diferencias culturales.

3. *Para practicar*

a) **Defina los términos siguientes utilizando un relativo (que, cuyo, cuya, cuyos, etc.):**

1. Contrato de compraventa: ....

2. Carta de intenciones: ....

3. INCOTERMS:...

4. Cláusula de penalización:...

5. RAFTD: ....

6. Arbitraje:..

b) ***Exprese de otra manera las frases siguientes:***

1. En virtud de la cual una de las partes se obliga a entregar una cosa.
2. De acuerdo con las condiciones pactadas.
3. Dada la complejidad de las transacciones internacionales.
4. En el caso de que se produzca una diferencia de interpretación.
5. Es decir, una solución arbitral.

c) ***Exprese su opinión sobre los siguientes consejos para ser un negociador eficaz:***

	+	–
1. La negociación es un enfrentamiento.		
2. Busque el éxito mediante la cooperación.		
3. Ignore las amenazas.		
4. Sobre todo, escuche.		
5. No mantenga las promesas.		
6. Utilice el lenguaje condicional para hacer ofertas.		
7. Llegue tarde a la reunión.		
8. Adáptese al ritmo de negociación de su interlocutor.		

d) ***Redacte una lista de consejos para ser un buen negociador.***

e) ***Diseñe un diagrama para representar las acciones de cada una de las partes y el orden correcto del proceso de un contrato, presencialmente o utilizando como medio de comunicación sistemas ofimáticos o telemáticos.***

Recuerde: aceptación, manifestación, recepción, conocimiento, declaración unilateral de voluntad/oferta, despedida, ofrecer solución de problemas, cerrar la venta, saludar, iniciar la negociación, objeciones, firmar.

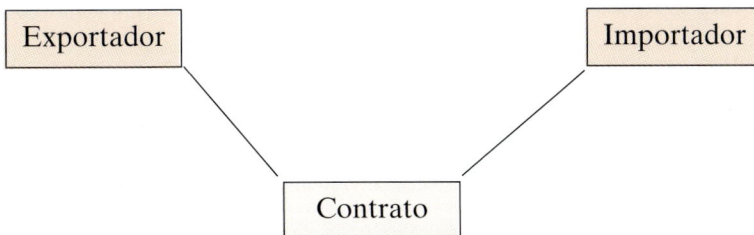

Exportador   Importador

Contrato

4. Para terminar

a) Preparen una exposición oral sobre el contrato de compraventa, utilizando el siguiente diagrama:

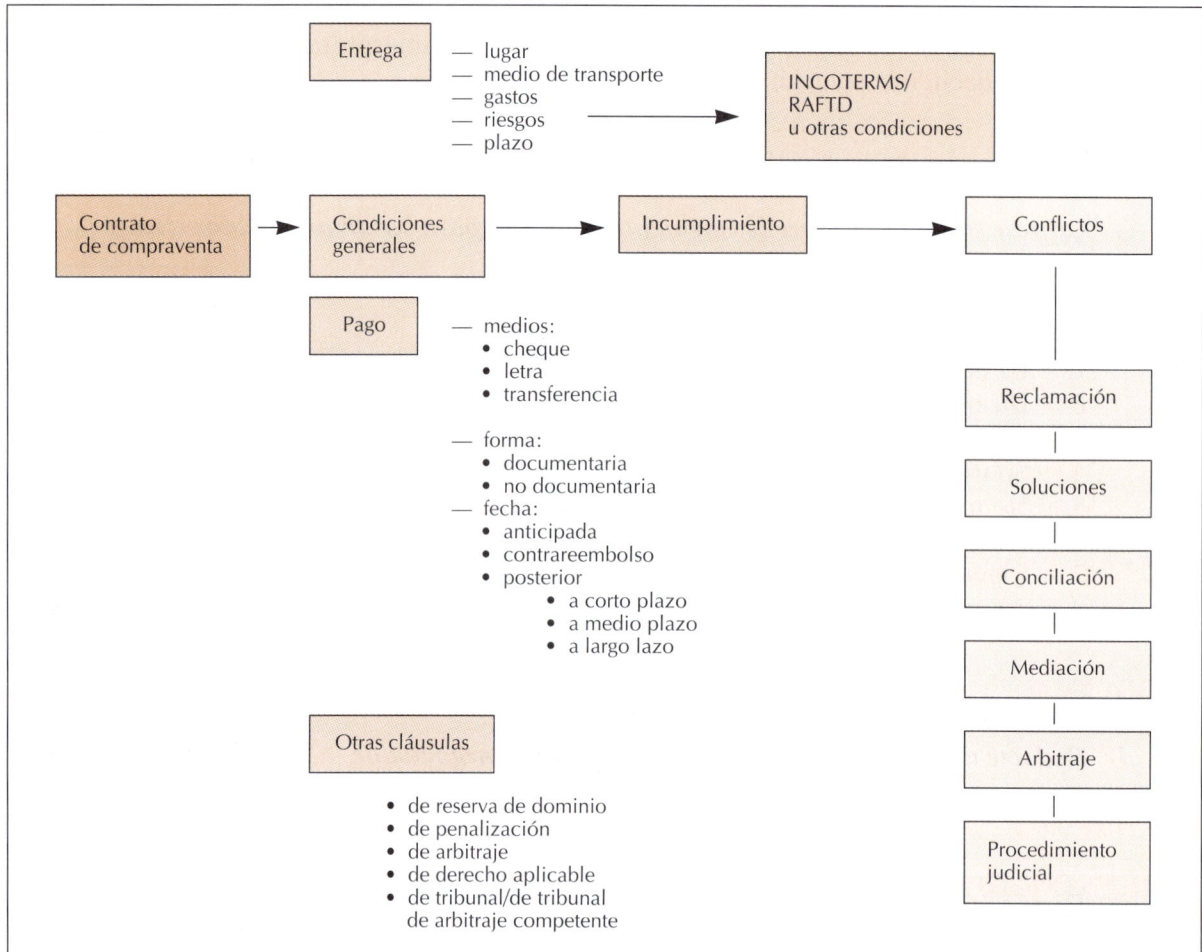

```
                    ┌─────────┐   — lugar
                    │ Entrega │   — medio de transporte        ┌────────────────┐
                    └─────────┘   — gastos                     │ INCOTERMS/     │
                                  — riesgos     ─────────────▶ │ RAFTD          │
                                  — plazo                      │ u otras condiciones │
                                                               └────────────────┘

┌────────────┐     ┌─────────────┐      ┌──────────────┐      ┌───────────┐
│ Contrato   │ ──▶ │ Condiciones │ ───▶ │ Incumplimiento│ ──▶ │ Conflictos│
│ de compraventa│  │ generales   │      └──────────────┘      └───────────┘
└────────────┘     └─────────────┘                                  │
                                                                    │
                    ┌───────┐    — medios:                     ┌──────────────┐
                    │ Pago  │       • cheque                   │ Reclamación  │
                    └───────┘       • letra                    └──────────────┘
                                    • transferencia                  │
                                                               ┌──────────────┐
                                 — forma:                      │ Soluciones   │
                                    • documentaria             └──────────────┘
                                    • no documentaria                │
                                 — fecha:                      ┌──────────────┐
                                    • anticipada               │ Conciliación │
                                    • contrareembolso          └──────────────┘
                                    • posterior                      │
                                         • a corto plazo       ┌──────────────┐
                                         • a medio plazo       │ Mediación    │
                                         • a largo lazo        └──────────────┘
                                                                    │
                    ┌──────────────┐                          ┌──────────────┐
                    │ Otras cláusulas│                        │ Arbitraje    │
                    └──────────────┘                          └──────────────┘
                                                                    │
                       • de reserva de dominio                 ┌──────────────┐
                       • de penalización                       │ Procedimiento│
                       • de arbitraje                          │ judicial     │
                       • de derecho aplicable                  └──────────────┘
                       • de tribunal/de tribunal
                         de arbitraje competente
```

b) En grupos: preparen la estrategia y la reunión para negociar una transacción internacional:

1. Señalen el orden correcto y el momento apropiado para:

		Antes	Reunión	Después
a)	Redactar borrador del acta............................			
b)	Comprobar preparativos			
c)	Confirmar fecha			
d)	Tomar notas			
e)	Redactar y enviar orden del día			
f)	Enviar copia del acta......................................			
g)	Preparar documentación para la reunión.....			
h)	Preparar libro de actas, informes, etc............			

2. *Revisen las fórmulas que han visto en la unidad 2. (A.4.b.) para intervenir en una reunión.*

3. *En grupos o por parejas: representen la reunión, después de decidir:*
   - el asunto o transacción
   - los objetivos
   - el orden del día
   - número de miembros asistentes
   - responsable de redactar el informe o acta (fecha, lugar, asistentes, orden del día, resumen de los puntos de vista, compromisos, propuestas y acuerdos)

B | CONDICIONES DE ENTREGA: INCOTERMS

CLASIFICACION DE LOS INCOTERMS-1990, SEGUN GRUPOS O CATEGORIAS DE RESPONSABILIDAD.

INCOTERMS-1990

INTERRELACION DE LOS INCOTERMS-1990, CON EL MEDIO DE TRANSPORTE.

GRUPO O CATEGORIA	DESCRIPCION	Marítimo y Fluvial	Carretera	Ferrocarril	Aéreo	Multimodal
E — Agrupa a todos los INCOTERMS, en los cuales el vendedor pone la mercancía a disposición del comprador, en los locales del vendedor (EXW).	**EXW** En fábrica / Ex works	X	X	X	X	X
F — Agrupa a todos los INCOTERMS, en los cuales el vendedor entrega las mercancías al transportista designado y pagado por el comprador (FCA, FAS, FOB).	**FCA** Libre transportista / Free carrier	X	X	X	X	X
	FAS Libre al costado del buque / Free alongside ship	X				
	FOB Libre a bordo / Free on board	X				
C — Agrupa a todos los INCOTERMS, en los cuales el vendedor se encarga del transporte principal de las mercancías y realiza la entrega al comprador (CFR, CIF, CPT, CIP).	**CFR** Coste y flete / Cost and freight	X				
	CIF Coste, seguro y flete / Cost, insurance and freight	X				
	CPT Flete-Porte pagado hasta / Carriage paid to	X	X	X	X	X
	CIP Flete-Porte y seguro pagado hasta / Carriage and insurance paid to	X	X	X	X	X
D — Agrupa a todos los INCOTERMS, en los cuales el vendedor se encarga del transporte principal de las mercancías, y asume todos los riesgos de éste, hasta el país de destino, donde realiza la entrega (DAF, DES, DEQ, DDU, DDP).	**DAF** Entrega en frontera / Delivered at frontier	X	X	X	X	X
	DES Entrega sobre el buque / Delivered ex ship	X				
	DEQ Entrega sobre el muelle (Impuestos aduaneros pagados) / Delivered ex quay (Duty paid)	X				
	DDU Entregado, impuestos aduaneros no pagados / Delivered duty unpaid	X	X	X	X	X
	DDP Entregado, impuestos aduaneros pagados / Delivered duty paid	X	X	X	X	X

En 1936 la Cámara de Comercio Internacional de París (CCI) publicó por primera vez un conjunto de cláusulas llamadas INCOTERMS (International Commercial Terms) con el fin de establecer unas reglas internacionales para la interpretación de los términos más utilizados en el comercio internacional, evitando o reduciendo de este modo los riesgos y conflictos derivados de las diferentes interpretaciones.

Estos términos, insertados en los contratos internacionales, delimitan los derechos y las obligaciones de cada parte en lo que concierne a las condiciones de entrega de las mercancías.

Según el INCOTERM pactado, se determina hasta dónde llega la responsabilidad del exportador y desde qué momento se hará cargo el importador (gastos de embalaje, transporte, seguro, documentos y trámites aduaneros), asumiendo así cada uno el riesgo corespondiente.

A partir del 1 de julio de 1990, se utiliza la versión actualizada que consta de trece cláusulas y para las que se ha tenido en cuenta el creciente uso del intercambio electrónico de datos (EDI) y las nuevas técnicas de transporte.

1. Para leer y comprender

a) Tome notas para contestar sobre los INCOTERMS:

— Objeto
— Definen:
— Determinan:
— Especifican:

b) Corrija la información sobre los INCOTERMS, dando explicaciones:

	V	F
1. El número actual de cláusulas es 31.		
2. Precisan las obligaciones recíprocas del vendedor y del comprador en los contratos internacionales.		
3. Definen solamente el punto y el momento en que el comprador se responsabiliza.		
4. Determinan exactamente los costes que el vendedor debe asumir.		
5. Especifican concretamente los documentos que deberá presentar cada parte.		
6. Simplifican las condiciones de entrega en el comercio internacional.		
7. Reducen los inconvenientes ante la disparidad de las diferentes legislaciones nacionales.		
8. Aún está vigente la versión de 1980.		
9. CCI y EDI son empresas especializadas en comercio internacional.		
10. Se utilizan especialmente en los EE.UU.		

c) **Estudie el cuadro de clasificación de los INCOTERMS-1990 y conteste:**

1. ¿A qué se debe la agrupación en categorías E/F/C/D?
2. ¿Qué se especifica en cada uno de los grupos?

d) **Consulte un manual de INCOTERMS y tome notas de los documentos que debería proporcionar el vendedor (V) y el comprador (C), según las respectivas cláusulas:**

DOCUMENTOS	INCOTERMS	V	C
• Licencia exportación/ importación.	CIF		
• Contrato transporte...........	FOB		
• Contrato seguro.	DDU		
• Factura comercial.	FCA		
• Lista de contenido.	FAS		
• Certificado de origen.........			
• DUA..................................			
• Certificado de peso...........			
• Certificado sanitario..........			

2. Para hablar

a) **Explique los términos siguientes, con ayuda del cuadro de clasificación:**

EXW   FAS   DEQ   DAF   CIP   CIF

b) **Por parejas/en grupo: formulen preguntas, a partir del término, o a partir de la definición. Por ejemplo:**

FOB: ¿Dónde se entrega la mercancía?

¿Cuál es la cláusula que indica que la mercancía se entrega al comprador en el punto convenido delante de la frontera?

3. Para practicar

a) **Complete las definiciones e indique la cláusula correspondiente:**

1. El importador paga hasta los derechos de .... en el país importador y entrega la mercancía en el muelle del .... indicado.
2. Además de ...., el vendedor tiene que pagar el .... marítimo.

3. La mercancía se entrega al .... nombrado por el comprador.
4. La mercancía se coloca al .... del buque, sobre el .... o en barcazas, en el puerto de .... convenido.

b) *¿Cuál es el acuerdo entre el comprador y el vendedor?*

1.	$US	75.000	CIF	Kobe	INCOTERMS 1990
2.	Ptas.	3.500.000	FOB	Bilbao	INCOTERMS 1990
3.	FF	135.000	DDU	Burdeos	INCOTERMS 1990
4.	DM	47.000	DDP	Hannover	INCOTERMS 1990

c) *Terminen las propuestas con la cláusula aceptable:*

1. El comprador tiene una posición fuerte en el mercado. No quiere asumir gastos ni riesgos.
   Se le puede proponer.................................
2. El comprador busca un contrato con el precio más bajo.
   Se le podría ofrecer.................................
3. El vendedor aceptó solamente la entrega hasta el puerto de salida y no quiso pagar los gastos de embarque.
   Se tuvo que cotizar.................................
4. El comprador ha pedido que se le ponga la mercancía a disposición en el puerto de destino, sin correr riesgo durante el transporte marítimo.
   Se tendrá que.................................

d) *Complete el cuadro:*

Nombre	Verbo	Adverbio
	publicar	
	condicionar	
	concretar	
	especificar	
	asegurar	
	arriesgar	
	precisar	
	simplificar	

e) *Los INCOTERMS se pactan voluntariamente entre las partes interesadas en inglés, francés, alemán o español. ¿Podría traducir a su idioma las siguientes cláusulas?*

FCA	CPT	DDP	CIP	EXW	CFR

4. Para terminar

CONCURSO: **¿QUÉ TAL ANDAN DE MEMORIA?**

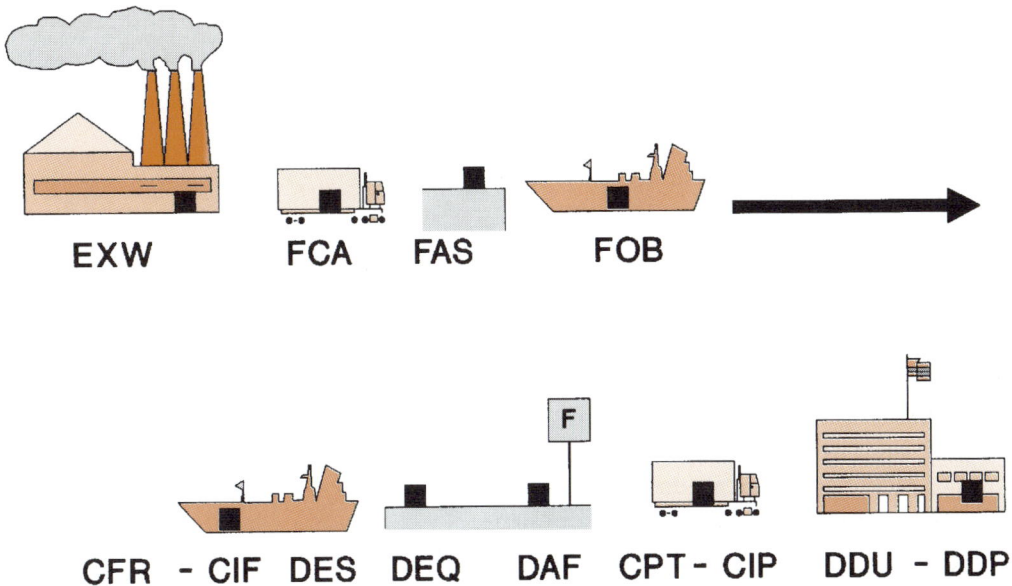

EXW   FCA   FAS   FOB

CFR - CIF DES DEQ   DAF   CPT - CIP   DDU - DDP

a) Estudien el programa de ordenador y escriban los términos acordados en la negociación correspondiente.

b) Por parejas: el alumno A anota las obligaciones y derechos del comprador y el alumno B las del vendedor, en cada uno de los casos.

c) Por parejas: revisen los consejos para una negociación eficaz, en esta misma unidad (A.3.c. y d.), así como las fórmulas para las distintas fases de una reunión. A continuación, preparen la negociación entre el exportador y el importador hasta llegar a un acuerdo sobre la cláusula aceptada por ambos.

Recuerden, especialmente:

— Domine la comunicación.
— Prepare bien la negociación.
— Argumente con originalidad.
— Tenga paciencia.
— No renuncie a objetivos mínimos.

— Respete la postura del otro.
— No subestime al interlocutor.
— Respete las reglas del juego.
— Sea abierto y flexible.
— Concluya la negociación desde la postura de ganar-ganar.

d) Cada grupo expone los términos de su negociación ante el resto de la clase para comprobar su memoria y sus conocimientos sobre los INCOTERMS y, sobre todo, si habrían negociado de forma eficaz.

Sr. Romero: Buenos días, señora Morgan. Soy Miguel Romero, Jefe de Exportación.
¿Es la primera vez que visita España?

Sra. Morgan: No. Ya había venido antes de vacaciones pero es la primera vez que vengo a Madrid... Es una ciudad muy agradable.

Sr. Romero: Muchas gracias. ¿Le apetece un café o un refresco?

Sra. Morgan: Un café, por favor.
Ante todo, queremos agradecerles su confianza en Master Kitchen Ltd. para introducir sus productos.

Sr. Romero: Como les decíamos en nuestro fax, habíamos pensado comenzar nuestra presencia en el mercado británico con nuestros electrodomésticos de línea blanca... pero nos gustaría saber su opinión.

Sra. Morgan: Yo creo que su enfoque es acertado. Tal vez sería conveniente incluir los microondas...

Sr. Romero: Sí, también lo habíamos considerado.

Sra. Morgan: Hemos estudiado su catálogo y la gama de sus productos es muy adecuada para nuestros clientes.

Sr. Romero: Coincidimos plenamente.

Sra. Morgan: Perfecto. Por tanto, ¿qué le parece si empezamos con un pedido de 100 lavadoras «Doña», 100 lavavajillas «Siglo XXI», 100 neveras «4 estrellas» y 100 microondas con grill y plato giratorio?

Sr. Romero: Pues... bastante bien, siempre y cuando podamos hacerlo en cuatro entregas, ya que tenemos que atender a todos nuestros distribuidores con nuestras existencias. La primera entrega podría ser a partir del 25 de este mes.

Sra. Morgan: Déjeme ver... Sí, podríamos aceptarlo pero, como nosotros servimos las cocinas completamente equipadas, sería imprescindible disponer siempre de todos los elementos.

Sr. Romero: En eso no habría ningún inconveniente. Respecto a las condiciones de entrega... la política de nuestra empresa es FOB, en este caso FOB Santander.

Sra. Morgan: Conforme en ese punto. En cuanto al precio...

Sr. Romero: Como les adelantábamos en nuestra oferta, el precio ex fábrica del catálogo.

Sra. Morgan: Realmente, esperamos un descuento considerable, máxime teniendo en cuenta el volumen del pedido. En torno a un 8%...

Sr Romero: Podríamos tratar ese asunto durante el almuerzo con nuestro director comercial, si usted no tiene otro compromiso.

Sra. Morgan: Encantada. Pero, ahora, hablemos del pago.

Sr. Romero: Normalmente, proponemos una carta de crédito irrevocable y confirmado.

Sra. Morgan: Nos gustaría que considerasen la posibilidad de un giro a 180 días vista contra entrega de documentos de despacho, teniendo en cuenta nuestra probada solvencia.

Sr. Romero: Sí, sí. De eso no hay duda... ¡Ah! Aquí llega nuestro director comercial y así ya podremos concretar todas las condiciones.

1. Para leer y comprender

a) Detecte posibles errores en los enunciados siguientes:

1. En la exportación directa, la empresa productora vende a través de un intermediario.
2. La señora Morgan es la Jefe de Exportación de su empresa.
3. Las dos empresas han tenido relaciones comerciales anteriormente.
4. El Director Comercial está presente en la entrevista.
5. La empresa española tiene existencias para servir el pedido íntegro inmediatamente.
6. Las condiciones de entrega son CIF Santander INCOTERMS 90.
7. El Jefe de Exportación acepta todos los términos de la negociación.

b) Tome notas para completar la ficha sobre la negociación, estableciendo el orden en que se han tratado los temas:

— cantidad
— condiciones de pago
— condiciones de entrega
— plazos y fechas
— precio
— tipo de producto

c) Proponga una explicación y el antónimo de los siguientes términos:

- confianza
- acertado
- adecuada
- acuerdo
- aceptación

- presencia
- demanda
- imprescindible
- considerable
- solvencia

2. Para hablar

a) En grupos: formulen preguntas sobre las condiciones de compraventa establecidas en el diálogo: productos, volumen del pedido, precio y forma de pago, plazos de entrega y descuento.

b) En grupos de tres: preparen la negociación para importar robots de limpieza. El tercero toma notas sobre el proceso de la negociación para hacer un resumen oral a sus compañeros.

Finalmente, se comparan los compromisos y acuerdos alcanzados por cada uno de los grupos.

Condiciones	Importador	Exportador	Compromisos
Pedido mínimo	—	500 unidades	
Descuento	-10% (más de mil U.)	- 2%	
Entrega	30 días	45 días	
Pago	180 días	60 días máximo	
Descuento adicional	- 5% (al contado)	- 3% (al contado)	
Moneda de pago	¿?	Dólares	
INCOTERMS 90	CIF	FOB	
Garantía	18 meses	12 meses	
Manual de instrucciones	Multilingüe	Español/Inglés	
Cláusula de penalización		50% (anulación pedido 30 días antes de la fecha de entrega)	

Recuerden las etapas de la negociación:

— Saludar.
— Establecer posición inicial/condiciones.
— Intercambiar propuestas.
— Justificar posiciones respectivas.
— Intentar soluciones de compromiso.
— Resolver conflictos de intereses.
— Acuerdo y ratificación de compromisos.
— Despedirse.

3. Para practicar

a) **Establezca el orden correcto de las intervenciones del exportador y del importador en la siguiente negociación:**

1. Es más caro que la competencia. Casi el doble.
2. Un tres por ciento, a partir de mil unidades.
3. Me temo que no va a ser posible. Además, tiene que tener en cuenta otros aspectos y no sólo el precio.

4. En ese caso, el descuento queda en un 5% para pedidos superiores a dos mil unidades.
5. ¿Cuál es el precio por unidad?
6. También lo es la calidad y, dependiendo del pedido, podríamos considerar un descuento.
7. Ya... En cuanto a la forma de pago, nuestras condiciones son a 60 días.
8. La competencia nos ofrece lo mismo...
9. Del orden de un 5%... y hasta un 8%, si nuestro pedido es superior a las dos mil quinientas unidades.
10. ¿Qué descuento esperaban ustedes?
11. 10.580 cada uno.
12. ¿Qué descuento puede ofrecernos?

b) **Reflexione sobre la negociación del precio en el ejercicio anterior y subraye las expresiones que reflejan las estrategias para:**

1. ampliar la negociación, ofreciendo otros aspectos además del precio
2. comparar el precio de los distintos proveedores
3. investigar descuentos, según las cantidades
4. comprobar el espacio de maniobra del comprador y del vendedor
5. indicar posiciones firmes

c) **Escriba de otra manera:**

- dos por ciento (descuento) ....
- siete y medio por ciento (incremento) ....
- treinta por ciento (incremento) ....
- el veintidós por cien ....
- 100% ....
- 25% ....
- 3,5% ....
- + 8% ....

d) **¿Qué sabe de la comunicación no verbal en la negociación? Relacione la columna A con la B:**

A   B

1. El 55% del mensaje es   a. de cómo se dice.
2. Sólo un 7% depende   b. que no se es ingenuo.
3. Un 38% depende   c. la barbilla es indicio de que se está llegando a una decisión.
4. Estrechar efusivamente   d. es posible que vaya a decir «no».
5. Tocarse la cara indica   e. percibido de forma no verbal.
6. Pasarse la mano por   f. de lo que se dice.
7. Si uno cruza los brazos   g. la mano puede destruir el efecto buscado.

4. Para terminar

a) Por parejas: pida a su compañero que le explique qué es un examen de solvencia.

Alumno A	Alumno B
1. ¿Qué es solvencia?	1. La capacidad de una persona, empresa o país para hacer frente a sus compromisos de pago.
2. Objetivo del examen.	2. Evaluar riesgos del negocio.
3. ¿A quién se hace?	3. Importador/país importador.
4. ¿Cuáles son los criterios?	4. Empresa: razón social; años de existencia; capital; registro; actividad económica; número de empleados; venta anual; propiedad; activo del balance general; pasivo del balance general; bancos con los que trabaja; eficiencia de la dirección; cumplimiento frente a acreedores. País: estabilidad política; fiabilidad del sistema jurídico; prosperidad económica; PNB; competitividad; valor de la moneda; reserva de divisas.
5. ¿Por qué?	5. El importador podría ser insolvente o, simplemente, no quiere pagar. Puede ser que el país importador impida el cambio o la transferencia de divisas y, por tanto, se retiene el pago.
6. ¿Cuándo?	6. Antes de iniciar un negocio; después de recibir el pedido; antes de hacer una oferta; periódicamente, en caso de relaciones continuas; cambios fundamentales en la empresa del cliente (disminución de capital, fusión, cambio de actividad económica, etc.).
7. ¿Cómo y dónde?	7. Consultas a fuentes de información: agencias especializadas en informes comerciales; bases de datos; proveedores; el propio cliente; los bancos, etc. Sobre los países importadores pueden informar: embajadas, consulados, bancos, Cámaras de Comercio e Industria y otras instituciones relacionadas con el comercio exterior.
8. ¿Resultados?	8. Recomendaciones para condiciones de pago y límite de crédito.

b) Elijan una de las siguientes tareas:

1. Redactar una nota para recordar todos los datos e información que debería recabar para preparar un informe de solvencia sobre una empresa de su país.
2. Investigar y elaborar una lista de organismos, instituciones, bases de datos y agencias especializadas a las que podría solicitar informes comerciales sobre empresas españolas.

c) Después de leer la descripción del contenido de las bases de datos, indique aquellas que pueden ser más útiles para hacer un examen de solvencia. A continuación, estudie el ejemplo de una consulta y anote la información sobre:

— datos de identificación
— estructura de la empresa
— productos, gama y marcas
— sistema de comercialización
— otros datos

BASES DE DATOS

BIBLOS
Referencias bibliográficas del Fondo Documental del ICEX.

BISE
Concursos y oportunidades comerciales de todo el mundo.

CELEX
Legislación Comunitaria.

ESTACOM
Estadísticas españolas de comercio exterior.

INFO 92
Medidas de aplicación para la creación del mercado único.

OFERES
Empresas exportadoras españolas.

SCAD
Referencias bibliográficas de publicaciones comunitarias.

SYCE
Selección de empresas exportadoras españolas.

AYUDAS
Acciones de fomento convocadas por las Administraciones y la Comunidad Europea.

BADASUB
Directorio de empresas subcontratistas industriales

BADEIN
Directorio de empresas industriales.

CONPUB
Concursos y subastas públicas convocadas por las Administraciones públicas.

EMPRES
Directorio de empresas españolas.

FERIAS
Ferias y exposiciones que se celebran en el marco de la Comunidad Europea.

OTRI
Proyectos de investigación que se realizan en centros públicos.

ICEX
Instituto Español de Comercio Exterior

IMPI
INSTITUTO DE LA PEQUEÑA Y MEDIANA EMPRESA INDUSTRIAL

```
Situación ...........................: ENCUESTA 1994/95
Fecha Act. Iden................: 950123
Fecha Act. Encu................: 950123
Nombre Empresa...............: PADUANA SA
Forma Jurídica ...................: SA
Domicilio ..........................: PLAZA DE LA CONCEPCION 24
Código Postal ....................: 46870
Localidad..........................: ONTINYENT
Provincia ..........................: VALENCIA
Apdo. Correos ...................: 3
Cód.Postal Apdo ...............: 46870
Localidad Apdo .................: ONTINYENT
Teléfono ...........................: 96-2380200;96-2380208
Télex ................................: 64229
Fax...................................: 96-2380883
Actividad ..........................: FABRICANTE;COMERCIALIZADOR;EXPORTADOR
Cargo 1° Resp ...................: DIRECTOR GENERAL
1° Responsable .................: RICARDO CARDONA SALVADOR
Cargo 2° Resp ...................: SUB-DIRECTOR GENERAL
2° Responsable .................: MARIANO RICO GALDON
Resp.Com.Ext....................: JUAN PEREZ MARTINEZ
Cap.Soc. MM Pts ..............: 665,00
Repres/Distrib....................: FRANCIA;ALEMANIA;REINO UNIDO
Filiales ..............................: FRANCIA
Idioma ..............................: INGLES;FRANCES
Número Empleados...........: DE 100 A 499
Países Interés ...................: CANADA;ESTADOS UNIDOS
Asoc. Fabricantes...............: ATEVAL, ASOC EMP TEXTILES DE LA REGION VALENCIANA
Marcas..............................: PADUANA
Sector ..............................: TEXTILES HOGAR CONFECCIONADOS
Prod.Específicos................: MANTAS, F,C,E;COLCHAS, F,C,E;SABANAS, F,C,E;TEJIDOS PARA
                                     TAPICERIA, DECORACION Y CONFECCION,F,C,E
Ventas 93 MM Pts .............: 3026,00
Ventas 92 MM Pts .............: 3150,00
Ventas 91 MM Pts .............: 3091,00
Export.94 MM Pts...............:  360,48
Export.93 MM Pts...............:  482,61
Export.92 MM Pts...............:  503,44
Export.91 MM Pts...............:  484,04
Export.90 MM Pts...............:  395,68
N°Ord.Export.94.................:  1291
N°Ord.Export.93.................:  2135
N°Ord.Export.92.................:  1801
N°Ord.Export.91.................:  1740
N°Ord.Export.90.................:  1996
```

CENSO DE EXPORTACION AÑO 1994

PARTIDAS	%	PAISES	%
6301	66,36	LIBIA	47,53
5514	12,26	ARABIA SAUDITA	14,90
5407	6,46	FRANCIA	10,17
5211	3,90	PORTUGAL	5,77

(Expansión n.º 132)

8

Medios de pago y cobro en el comercio internacional

A   MEDIOS DE PAGO

a) Carta de crédito
b) Cheque (p/b/b. internac.)
c) Crédito documentario
d) Orden de pago

e) Remesas
f) SWIFT
g) Transferencia bancaria

I

Envío de fondos que hace el comprador (importador) al vendedor (exporta-dor) a través de su banco (emisor), que se pone en contacto con el banco del beneficiario/exportador (banco pagador) o con el banco corresponsal. Se puede sustituir por una orden cursada por correo —ahora en desuso—, a través del télex y, para que se efectúe más rápidamente, utilizando el sis-tema SWIFT. Este sistema —exclusivamente bancario— consiste en el en-vío y recepción de mensajes por medios informáticos. También se utiliza para la emisión de créditos documentarios y otros mensajes interbancarios.

II

Es una orden dada por el vendedor a su banco para cobrar del comprador una suma determinada contra entrega de los documentos remitidos. Aun-que la realización efectiva del pago depende del comprador, la acción de pago la inicia el vendedor al presentar en su banco los documentos finan-cieros o comerciales con el fin de gestionar el cobro (a la vista o a plazo). Cobro simple es el cobro de documentos financieros (letras de cambio, pa-garés, cheques, comprobantes de pago, etc.), sin añadir documentos co-merciales, mientras que la documentaria es contra entrega de documentos comerciales acompañados de documentos financieros o contra entrega so-lamente de los comerciales.

III

Operación en virtud de la cual un banco (emisor), a petición de un cliente (ordenante, importador), actúa como intermediario entre las partes al comprometerse ante el beneficiario (vendedor, exportador, prestador de servicio, etc.), directamente o a través de otro banco (avisador o notificador), a pagar al contado o a plazo su importe, siempre que el beneficirio entregue los documentos relacionados en el condicionado del crédito en el plazo y término especificados en el mismo. Pueden ser revocables, irrevocables o irrevocables confirmados.

IV

Orden de pago dada por una persona física o jurídica (librador), por la que se autoriza a retirar en su provecho o en el de un tercero (tomador o tenedor) todos o parte de los fondos disponibles que posea en un banco o en una entidad crediticia (librado). Hay que distinguir entre bancario, nacional o internacional, y personal.

V

Junto con la orden de pago simple, es el medio más utilizado para la cancelación de transacciones internacionales y para pagar los gastos accesorios. El internacional es un documento librado por una entidad de crédito de un país, a petición de un cliente, a favor de un tercero, sobre otra entidad de crédito extranjera en la que se tienen depositados fondos suficientes (cuentas de corresponsalía) que permiten atender el pago de su importe a su presentación.

VI

Documento emitido por el titular de una cuenta contra los fondos que tiene depositados en una entidad de crédito. Puede ser nominativo o al portador.

VII

Es una transferencia bancaria que puede ser condicionada o no, según sea documentada o simple. En la simple, el abono al vendedor (beneficiario) no ha sido condicionado por parte del comprador (ordenante) a la obligación de entregar documentos, mientras que en la documentaria el comprador condiciona el pago al vendedor o beneficiario a que éste entregue los documentos especificados (facturas, documentos de transporte, lista de contenido, certificado de origen, etc.).

1. Para leer y comprender

a) Lea el contenido de las fichas sobre los medios de cobro y pago y organice la información:

1. Medios de pago simples y documentarios.
2. Relacione cada instrumento de pago del fichero con su ficha correspondiente.
3. Anote las definiciones de aquellos medios de pago que se mencionan en el fichero o están representados y no han sido descritos en las fichas.

b) **Subraye todos los términos en inglés y anote cómo se dicen en su idioma.**

c) **Conteste afirmativa o negativamente teniendo en cuenta sus conocimientos previos y lo que acaba de leer:**

1. Los medios de pago internacional son instrumentos operativos cifrados en moneda nacional libremente transferible o extranjera (divisas) que sirven para cancelar deudas entre el importador y el exportador.
2. Prácticamente todos los medios de pago son iguales a los que se utilizan en el comercio interior.
3. Todos los medios de pago implican flujo de documentación.
4. El comprador es el que inicia siempre la acción de pago.
5. Los bancos cumplen una doble función en las operaciones de comercio exterior: intermediación y garantía.
6. Otras posibles modalidades son el crédito con cláusula roja, blanca o verde.
7. En el grupo de créditos documentarios especiales se incluyen: subsidiario o back to back, transferible, rotativo o revolving y de contingencia o stand by.

d) **Establezca la distinción entre:**

— banco pagador/emisor/avisador
— transferencia/SWIFT
— remesa simple/documentaria
— ordenante/beneficiario
— librador/librado/tenedor
— cheque nominativo/al portador
— documentos financieros/comerciales

2. Para hablar

a) Por parejas: estudien los esquemas operativos para explicar a su compañero el flujo de pago en cada instrumento.

1. Cheque bancario

a) solicitud cheque
b) adeudo en cuenta
c) emisión de cheque y adeudo en cuenta
d) pago cheque
e) presentación cheque
f) mercancía y documentos
g) envío cheque

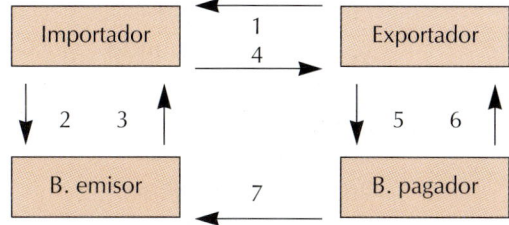

```
  Importador      1        Exportador
                  4
    2   3                    5   6

  B. emisor       7        B. pagador
```

2. Transferencia bancaria

a) adeudo
b) mercancía y documentos
c) abono
d orden de abono
e) instrucción orden de abono

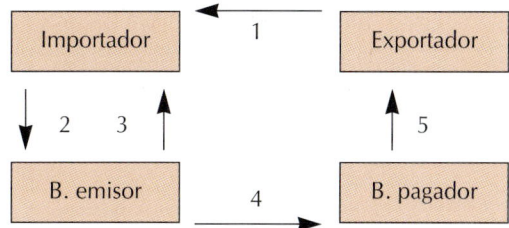

```
  Importador      1        Exportador

    2   3                       5

  B. emisor       4        B. pagador
```

3. Remesa simple

a) adeudo
b) abono
c) efecto
d) mercancía y documentos
e) abono
f) autorización adeudo
g) aviso de libramiento a su cargo

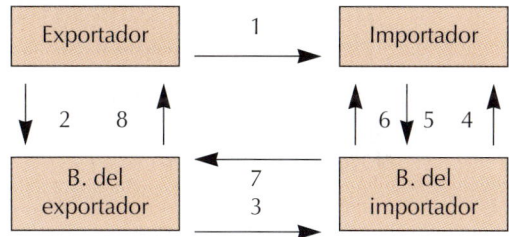

```
  Exportador      1        Importador

    2   8                  6   5   4

  B. del          7        B. del
  exportador      3        importador
```

b) Por parejas: preparen la conversación entre un empleado del Servicio de Comercio Exterior de una entidad bancaria y un cliente sobre determinados mecanismos y garantías de cobro.

MECANISMOS Y GARANTÍAS DE COBRO

- Billetes, transferencias, cheques.
- Remesas documentarias.
- Créditos documentarios.
- Stand by y garantías bancarias.

	+	−
— para, para que (no), a fin de,	confianza	desconfianza
— aunque, si bien, pero, por más que,	solvencia	insolvencia
— a pesar de ello, así y todo,	seguridad	inseguridad
— en cambio, además	garantía	riesgo
— se utiliza para/cuando	agilidad/rapidez	lentitud
— permite/no permite	barato	caro
— es posiblemente el más/menos		
— no reporta ventajas		
— no presenta riesgos		
— el coste es superior		
— la única ventaja		
— no ofrece seguridad		
— tiene un riesgo		

3. *Para practicar*

a) Redacte frases exponiendo ventajas o inconvenientes, utilizando: pero, sin embargo, aun así, no obstante, con todo, a pesar de, etc.

1. transferencia por correo/SWIFT
2. cheque personal/bancario
3. pago en moneda nacional/divisas
4. cobro anticipado/aplazado
5. remesa simple/documentaria

b) Escriba el propósito, y la traducción en su idioma, de los instrumentos de pago, utilizando: para, para que, a fin de (que), con el objeto de, con el propósito de.

1. SWIFT.
2. Crédito stand by.
3. Crédito back to back.
4. Crédito revolving.
5. Letra de cambio.

c) Complete el texto con la preposición adecuada: por, con, entre, de, sin, para.

NETTING

«Una operativa de comercio exterior muy ventajosa .... las empresas es la denominada netting o compensación, la cual se produce como consecuencia .... operaciones .... importación/exportación .... las que dos o más empresas, ... países diferentes y .... que tenga que existir necesariamente una relación accionarial .... ellas, deciden cancelar cuentas mutuas .... el saldo neto que arrojen las mismas, a través de un procedimiento formalizado e interviniendo generalmente una entidad bancaria interpuesta.

Solamente al final habrá un cobro o un pago .... el importe que resulte del saldo resultante .... la compensación......... los créditos y los débitos.

.... la práctica del netting se evitan las posibles pérdidas .... diferencias .... cambio ya que se produce un único movimiento .... divisas .... la diferencia cobros y pagos, en vez de tener que comprar y vender constantemente divisas .... para cada operación.»

d) Supuesto práctico: calcule el ahorro que supondría el netting, por la diferencia de cambio, para una empresa que realiza una importación por valor de mil francos franceses y, al mismo tiempo, tiene con igual vencimiento un compromiso de cobro de una exportación por valor de 800.

Si consideramos un cambio comprador de 18,2283 ptas/FF y un cambio vendedor de 18,2823 ptas/FF. El fixing será la diferencia entre ambos, es decir, 0,054 ptas.

1. Sin netting: 1000 FF pago al cambio vendedor x 18,2823 = 18.283 ptas.
    800 FF cobro a cambio comprador x 18,2283 = 14.583 ptas.
    ———————————————— 3.700 ptas.
2. Con netting: - 1000 + 800 = -200 FF, a cambio vendedor x 18,2823 = 3.657 ptas.

4. Para terminar

a) Lea atentamente el formulario, en español, de solicitud de operaciones de comercio exterior y trate de cumplimentarlo debidamente, anotando los términos que no comprenda para preguntárselos a un compañero o a su profesor.

b) Compare los formularios de crédito documentario de las páginas siguientes y anote los términos equivalentes en los tres idiomas.

SOLICITUD DE OPERACIONES DE COMERCIO EXTERIOR

CAJA DE MADRID

OFICINA _____ N.º OPERACION _____ FECHA _____

DATOS DEL SOLICITANTE

Nombre o Razón Social _____ Núm. Cliente _____
Nombre Comercial _____
D.N.I. / C.I. _____ Sector _____ Subsector _____
Domicilio: C.N.O. _____
  Calle/Plaza _____ Número _____
  Escalera _____ Piso _____ Letra _____ Barrio/Urbaniz. _____
  Cód. Postal _____ Población _____ Provincia _____
  País _____ Teléfono _____ Extensión _____
  Télex _____ Apartado de Correos N.º _____ de _____

(A CUMPLIMENTAR POR PERSONAS JURIDICAS)
Fecha de constitución _____ Registro Mercantil de _____
Provincia de _____ Tomo _____ Hoja _____ Libro _____ Folio _____
Actividad principal _____
  C.N.A.E. _____
Otras actividades _____

N.º Total empleados _____ C.I. Grupo empresas _____
Persona de contacto _____
(A CUMPLIMENTAR POR PERSONAS FISICAS)
Nombre cónyuge _____ Estado civil _____ Nún. Cliente _____
D.N.I. cónyuge _____ Tipo trabajo: ☐ Por cuenta propia ☐ Por cuenta ajena
Tipo régimen bienes: ☐ Gananciales ☐ Separación bienes C.N.O. _____ C.N.A.E. _____
REPRESENTADO POR:
Nombre _____ D.N.I. _____
Fecha del poder _____ Notario de (Plaza) _____
Nombre notario _____ Núm. protocolo _____
Registro Mercantil de _____ Tomo _____ Hoja _____ Libro _____ Folio _____
Identificación cuenta _____

DATOS DE LA OPERACION SOLICITADA

Tipo de operación: ☐ Clasificación ☐ Operación
Límite _____ Importe medio por operación _____
Descripción de la mercancía *(indicando también países de origen o destino)*:
_____

1. **AVALES**
  Finalidad _____
  Destinatario _____
  Plazo medio por operación _____
2. **CREDITOS DOCUMENTARIOS DE IMPORTACION**
  ☐ Vista - Contra documentos
  Pago: ☐ Diferido - Plazo: _____
  Serán financiados: ☐ SI ☐ NO
3. **FINANCIACION IMPORTACIONES**
  ☐ En divisas ☐ En pesetas
  Medios de pago _____
  Plazo máximo de financiación _____
4. **PREFINANCIACION EXPORTACIONES**   5. **POSTFINANCIACION EXPORTACIONES**
  ☐ En divisas ☐ En pesetas
  Medios de pago _____
  Plazo máximo por operación en prefinanciación _____
  Plazo máximo por operación en postfinanciación _____
  Plazo máximo pre. + post. _____

NOTA: Cumplimentar todos los datos, excepto las zonas sombreadas en verde, a máquina o con letras mayúsculas.

AKKREDITIVBEDINGUNGEN / L/C-TERM
Wir ersuchen Sie um ERÖFFNUNG EINES UNWIDERRUFLICH
We ask you to open an IRREVOCABLE DOCUMENTARY CI

über/via:

Bank Austria
Z-Länderbank Bank Austria AG

☐ mittels Luftpost/by Airmail
☐ drahtlich/by teletransmission

TEILLIEFERUNGEN ☐ erlaubt/allowed
PARTIAL SHIPMENTS ☐ nicht erlaubt/not allowed

UMLADUNGEN ☐ erlaubt/allowed
TRANSSHIPMENTS ☐ nicht erlaubt/not allowed

Ausweisend den VERSAND
Evidencing SHIPMENT

von/from _____
via/via _____
nach/to _____
spätestens am/latest on _____

Versandkonditionen:
Terms of delivery: _____

DOKUMENTE/DOCUMENTS

☐ Unterfertigte Handelsrechnung, Original und
  Signed Commercial Invoice, original and
☐ Packliste ☐ Gewichtsliste
  Packing List   *Weight List*
☐ Ursprungszeugnis
  Certificate of Origin
☐ Präferenzursprungszeugnis, Form A
  Generalised System of Preferences Certificate of Origi
☐ Eisenbahn-Frachtbriefdoppel
  Duplicate Railwaybill
☐ LKW-Frachtbrief (CMR)
  International Consignment Note for Road Transport (C
☐ Luftfrachtbrief Original 3 „for Shipper"
  Air Waybill
☐ Spediteur-Versand/Übernahmebescheinigung (FCT, FC
  Forwarding Agents Certificate of Transport/of Receipt
☐ Postaufgabeschein/Luftpostaufgabeschein
  Parcel Post Receipt/Air Parcel Post Receipt
☐ Dokument des multimodalen (= kombinierten) Transp
  Multimodal (= Combined) Transport Document
☐ Voller Satz reiner An-Bord-Seekonnossemente
  Full set of clean on board ocean Bills of Lading
☐ Voller Satz FIATA Combined Transport Bills of Lading
  Full set of FIATA Combined Transport Bills of Lading
☐ Versicherungszertifikat/Polizze
  Certificate of Insurance/Insurance Policy
☐ Sonstige Dokumente/Other Documents:

EXPORTEUR/EXPORTER

X Zutreffendes ist angekreuzt. / Marked where applicable

---

c) Diseñe un diagrama para representar el proceso de una operación de crédito documentario:

1. Importador y exportador concluyen el contrato de compraventa mediante un crédito documentario.
2. El comprador da instrucciones a su banco (emisor) para que emita el crédito documentario a favor del vendedor (beneficiario).
3. El banco emisor solicita a otro banco situado en el país del vendedor (avisador) que notifique o confirme el crédito.
4. El banco avisador (notificador o confirmador) informa o confirme al vendedor.
5. El vendedor expide las mercancías y remite al banco avisador los documentos requeridos.

CAJA DE MADRID _____ **CREDITO DOCUMENTARIO** _____

.... , a ....

Muy señores nuestros:

Sírvanse abrir por télex con cargo a nuestra cuenta en esa Caja de Ahorros, un crédito documentario

irrevocable utilizable mediante pago .... en ....
(indíquese a la vista/diferido a .... días fecha de ....)

a favor de ....
(nombre y dirección del beneficiario)

....

por un importe de ....
(divisa en cifra y letra)

valedero para presentación de documentos hasta ....
(fecha)

contra entrega de los siguientes documentos:

☐ Factura comercial en .... ejemplares, firmados
☐ Juego completo de conocimiento de embarque marítimo, más .... copias no negociables
☐ Talón de porte de ferrocarril   notifíquese a ....
☐ Carta de porte por carretera (CMR)   extendido a ....
☐ Conocimiento de porte aéreo (AWB)   endosado a ....
☐ Certificado de origen
☐ Lista de contenido
☐ Certificado de un transitorio de haber expedido la mercancía
☐ Documento de tránsito comunitario (T1, T2, T2L)
☐ Póliza o certificado de seguro, expedido a favor de ....
☐ Otros:

☐ Seguro a cubrir por los compradores
☐ FOB ....   ☐ C.F.   ☐ C.I.F.
☐ Franco frontera ....

Todos los gastos y comisiones bancarios fuera de España serán por cuenta del beneficiario

Todo ello relativo a las siguientes mercancías:

a enviar desde .... con destino a ....
                (plaza)   (plaza)
a consignación de ....

trasbordos .... pueden efectuarse
            (sí, no)
embarques parciales, ... pueden admitirse
                      (sí, no)
Condiciones especiales:

En espera de sus noticias, les saluda atentamente,

(sello y firma)

Se acompaña Autorización de importación n.º ....

Mod. A-0289.1 (6.000 - 3/92)

1/3 - Original

(Se señalan con X los documentos a exigir en esta operación y otras condiciones a observar)

Este crédito documentario está sometido a los "Usos y Reglas uniformes relativas a los Créditos Documentarios" (Revisión 1983) Cámara de Comercio Internacional (Publicación 400)

6. El banco avisador comprueba los documentos y paga, acepta o negocia, y envía los documentos al banco emisor.

7. El banco emisor comprueba los documentos y reembolsa al banco avisador.

8. El banco emisor entrega los documentos al comprador, contra pago del importe debido u otras condiciones.

9. El comprador remite los documentos de transporte al transportista, quien procederá a entregar las mercancías.

Nieves: Carlos, ¿me podrías aclarar algunos detalles sobre el contrato de compraventa?

Carlos: Pasa y siéntate.

Vamos a ver... ¿Qué es lo que no entiendes?

Nieves: Se trata de la compraventa internacional...

Carlos: A ver... Dime.

Nieves: Aquí dice que es un acuerdo entre dos o más partes en virtud del cual el vendedor se obliga a entregar un bien o un servicio al comprador, fuera del territorio nacional, contra un pago —equivalencia en moneda convertible— o algo que lo represente...

Carlos: Sí, y esta operación origina una relación entre el exportador y el importador, o sea el vendedor y el comprador. Esta relación conlleva derechos y obligaciones para ambas partes.

Por una parte, el exportador está obligado a entregar la mercancía, según las condiciones estipuladas...

Nieves: Lugar, tiempo y modo...

Carlos: Y correr con los gastos y riesgos hasta el punto acordado.

Por otra parte, el importador se ve obligado a hacerse cargo de la mercancía, según lo estipulado, pagar el precio fijado en las cláusulas contractuales y correr con los gastos y riesgos desde el punto determinado. Todo esto, como muy bien sabes, debe figurar en el contrato o haberse pactado verbalmente. Y recordarás que, para las condiciones de entrega, es conveniente hacer referencia específica a uno de los INCOTERMS 1990 para establecer las respectivas responsabilidades, con precisión y fiabilidad.

Nieves: Volviendo a las responsabilidades... No tengo claro las condiciones y la forma de pago.

Carlos: O sea, las obligaciones del comprador. Aquí hay que tener en cuenta, en primer lugar, el plazo; en segundo lugar, la forma; la tercera variable es la moneda y, por último, los medios de cobro.

Nieves: Querrás decir los instrumentos de pago puesto que lo estamos viendo desde el punto de vista del comprador.

Carlos: Bueno, sí.

Nieves: El plazo es el tiempo que tiene el comprador para pagar, ¿no? A 30, 60, 90 días.

Carlos: Dicho de otra manera, es la facilidad crediticia que el exportador otorga al importador, dependiendo de la relación, el nivel de solvencia e, incluso, de la estabilidad del país del importador. ¿Comprendes?

Nieves: Sí. Pero, ¿cuál es la diferencia entre forma y medio de pago?

Carlos: El medio como has dicho tú, los distintos instrumentos de pago —cheque, letra de cambio, transferencia, etc.— y la forma es, según las condiciones de pago, el lugar y el momento en que se efectúa el pago. El momento puede ser antes, al mismo tiempo o después de la entrega.

Nieves: Ahora ya lo entiendo. Gracias.

1. Para leer y comprender

a) Subraye las formas utilizadas para:

— indicar obligación
— expresar condiciones
— pedir/dar aclaraciones
— comprobar la comprensión
— señalar el orden

b) Después de leer el diálogo, una las frases siguientes utilizando: *fijar, tener que, estar obligado a, deber, pactar, acordar, aceptar.*

1. El contrato de compraventa	a) correr con los riesgos hasta el punto acordado.
2. El vendedor	b) entregar mercancía sin defectos.
3. El exportador	c) lugar, tiempo y modo.
4. El comprador	d) pagar el precio acordado.
5. El importador	e) moneda de la operación.
	f) recibir la mercancía.
	g) pagar en el lugar y tiempo fijado.
	h) las cláusulas contractuales.
	i) correr con los riesgos desde el punto acordado.

c) Indique a qué condiciones de pago pueden afectar los siguientes problemas:

	Plazo	Forma	Moneda	Medio
• Moneda no convertible				
• Embalaje inadecuado				
• Huelga de ferrocarril				
• Terremotos				
• Idioma de los documentos				
• Fluctuación de cambios				
• Diferentes legislaciones				
• Distancia geográfica				

2. Para hablar

a) *Por parejas: preparen la conversación entre un importador y un exportador negociando las condiciones de pago de un pedido.*

> Recuerden

— Mercancía, origen y destino.
— Contrato de compraventa/pacto verbal.
— Cláusula de INCOTERMS 1990.
— Condiciones de entrega: con plazo de 30, 60, 90, 120 días.
— Forma: pago previo, simultáneo (al contado) o posterior a la entrega.
— Instrumento de pago.
— Moneda nacional/divisa.

b) *Algunos alumnos resumen oralmente las condiciones establecidas en las negociaciones del ejercicio anterior, señalando las obligaciones contraídas por parte del vendedor y del comprador y, en su caso, indicando las posibles dificultades (naturaleza de la mercancía, desconfianza, insolvencia, fluctuación de la moneda, inestabilidad política, etc.).*

3. Para practicar

a) *Complete las frases, indicando responsabilidad u obligación:*

1. .... las obligaciones de pago.
2. Tanto el exportador como el importador .... ponerse de acuerdo en cuanto al medio de pago.
3. Un especialista en comercio exterior ....
4. .... tender a pagar con moneda fuerte.
5. Con las monedas volátiles ....
6. Uno de los problemas es que .... soportar los aranceles e impuestos.

b) *Indique el orden de una operación de compraventa internacional:*

1. En primer lugar/El primer paso/Primero de todo.
2. En segundo lugar.
3. En tercer lugar.
4. En cuarto lugar/después.
5. A continuación/luego.
6. Finalmente.

c) **Complete el cuadro siguiente:**

Nombre	Verbo	Adjetivo
	aclarar	
detalle		
	obligar	
defecto		
		volátil
riesgo		
		convertible
plazo		
	fijar	
		contractual
estabilidad		
		crediticio

d) **Reflexione sobre las siguientes expresiones y anote en qué situaciones las utilizaría:**

1. No sé, no sé.
2. Vamos a ver...
3. ¿Verdad?

4. Claro, claro.
5. Querrás decir...
6. ¿Comprendes?

e) **Relacione las abreviaturas de las monedas con la unidad monetaria y el país correspondiente:**

1.	DM	a)	Grecia	1.	libra
2.	Pta.	b)	Países Bajos	2.	florín
3.	FB	c)	Irlanda	3.	chelín
4.	DR	d)	Finlandia	4.	franco
5.	FF	e)	Dinamarca	5.	peseta
6.	Lit.	f)	Italia	6.	escudo
7.	£	g)	Suecia	7.	corona
8.	Dkr	h)	Portugal	8.	dracma
9.	NLG	i)	Bélgica	9.	lira
10.	S	j)	Alemania	10.	marco
11.	Skr	k)	Austria		
12.	Esc	l)	Reino Unido		
13.	Ir£	m)	Francia		
14.	Fmk	n)	España		

4. Para terminar

a) **Lea la disposición adicional de un contrato y subraye las fórmulas legales que indican obligación o responsabilidad. A continuación, busque su significado en un diccionario técnico.**

DISPOSICIÓN ADICIONAL

En el caso de que el COMPRADOR incumpliera con las condiciones estipuladas en el presente Contrato de adquirir un mínimo de .... ordenadores, vendrá obligado en compensación de los daños y perjuicios ocasionados al fabricante español, a abonar una indemnización de .... PESETAS, por cada ordenador que dejase de comprar, en concepto de CLÁUSULA PENAL.

La indemnización deberá ser pagada por el COMPRADOR en el plazo máximo de UN MES, a partir del requerimiento fehaciente que le fuera notificado con tal objeto.

Todos los gastos, tanto judiciales como extrajudiciales que se devengasen, como consecuencia de la reclamación hecha por el VENDEDOR al COMPRADOR de las indemnizaciones aquí pactadas, serán asumidas íntegramente por el COMPRADOR.

C | RIESGOS EN LAS TRANSACCIONES INTERNACIONALES

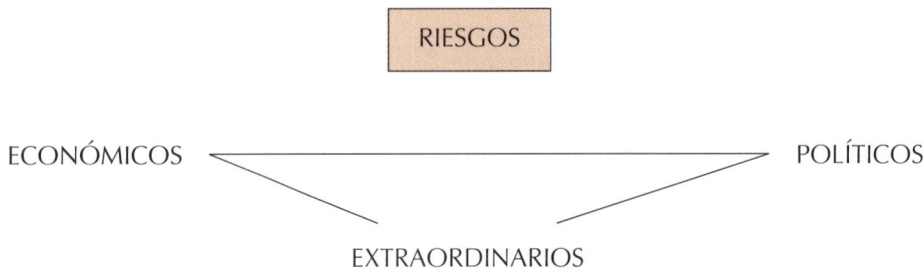

RIESGOS

ECONÓMICOS ———————————————→ POLÍTICOS

EXTRAORDINARIOS

SUPUESTOS DE RIESGO

- Asistencia a ferias: pérdidas a consecuencia de requisas, daños en los bienes exhibidos o imposibilidad de reimportar al país de origen.
- Comercial: pago previo de mercancías que no se reciben; insolvencia de hecho (retraso en el pago) o de derecho (suspensión de pagos o quiebra).
- Documentario: errores en la gestión de los documentos.
- Extraordinarios: circunstancias ajenas a la voluntad de las partes del contrato (desastres naturales).
- Inversión: pérdidas en las inversiones en el extranjero.
- Operativo: interpretación incorrecta de datos, extravío o robo de medios de pago.

risk [risk] v. tr. Arriesgar: *to risk one's life*, arriesgar la vida. || Exponerse a: *to risk a defeat*, exponerse a una derrota. || Arriesgarse a, correr el riesgo de: *you can't risk doing it*, no puede arriesgarse a hacerlo; *he risked breaking his arm*, corrió el riesgo de romperse el brazo. || — FIG. *To risk everything on one throw*, jugarse el todo por el todo. || FAM. *To risk one's neck*, jugarse el tipo.
riskiness [—inis] n. Riesgo, *m.*, peligro, *m.*, lo arriesgado.
risky [—i] adj. Arriesgado, da; peligroso, sa; aventurado, da.

revocar un contrato   häva ett avtal
riesgo   risk
riesgo cambiario   kursrisk
riesgo de accidentes   olycksfallsrisk
riesgo laboral   yrkesfara
riesgo para el medio ambiente   miljöfara
riesgo para la salud   hälsofara
riesgo profesional   yrkesrisk
riesgos no cubiertos por la póliza   självrisk

Rippe f. costilla; ⌐ raspa. /nfell n. pleura. /nfellentzündung f. pleuritis.
Ris/iko n. riesgo; peligro. */kieren v. arriesgar; aventurar.
Rispe f. panícula.

riesgo *m* риск, опасность ж
rigidez *f* строгость
rígido строгий, суровый ж; 2)
rigor *m* 1) строгость ж; 2) жестокость ж
riguroso строгий, суровый ж
rincón *m* угол
riña *f* ссора; драка ж
riñón *m* анат. почка ж
río *m* река ж; ~ arrib... вверх (вниз) по те...
riqueza *f* бог...

...o) m. esclarecimien-
esclarecer (risklaráre) tr.
rársi) rfl. (riskia... aclararse, despejarse.
rischi/are (riskiáre) tr. arriesgar. /o (riskio) m. peligro, riesgo.
riscontr/are (riscontráre) tr. confrontar, encontrar; contestar (a una carta). /arsi (riscontrársi) rfl. encontrarse con uno en la calle; verificarse. (riscóntro) m. ...tro; comparaci...
risenti/ma...
to)

risque *m* riesgo || — *assurance tous risques* seguro todo riesgo || *groupe à risque* grupo expuesto a riesgos || *groupe à haut risque* grupo de alto riesgo || — *à ses risques et périls* por su cuenta y riesgo || *au risque de* a riesgo de || — *prendre des risques* arriesgarse.
risquer *v tr* arriesgar || arriesgar, jugarse; *risquer sa vie* arriesgar la vida || amenazar; *cela risquait de ne pas lui être favorable* eso amenazaba con no serle favorable || atreverse a hacer; *il a risqué une allusion* se atrevió a hacer una alusión || aventurar; *risquer une nouvelle théorie* aventurar una nueva teoría || — *risquer de* correr peligro de || *risquer le coup* o *le paquet* probar ventura || *risquer le tout pour le tout* jugarse el todo por el todo, poner toda la carne en el asador || *risquer sa peau* jugarse el tipo *ou* el pellejo || *risquer un regard* echar una mirada furtiva || — *qui ne risque rien n'a rien* quien no se arriesga no pasa la mar.
◆ *v pr* arriesgarse.

- Político: medidas adoptadas por los gobiernos respecto a transferencias en divisas o inestabilidad política (guerras, revoluciones, boicoteos, embargos).
- Prospección de mercados: gastos efectuados y no amortizados en una campaña de prospección.
- Resolución de contrato: por parte del comprador, unilateralmente; por medidas adoptadas o por hechos catastróficos en el país del importador.
- Riesgo de cambio: producido por el cambio diario del valor de las divisas.
- Riesgo de crédito: impago total o parcial; definitivo o temporal.

1. *Para leer y comprender*

a) *Reflexione y anote los riesgos para:*

Importador:
Exportador:

b) *Indique el tipo de riesgo que se da en las siguientes situaciones y las consecuencias para el exportador y el importador:*

1. El exportador envía las mercancías y cobra con retraso.
2. Error en los datos de una transferencia u otro medio de pago.

3. El banco emisor de un crédito suspende pagos.
4. El país del importador ha sufrido grandes inundaciones.
5. El Ministerio de Economía del país del importador suspende la salida de divisas.
6. Se ha quemado totalmente el stand de un expositor.

c) ***Busque en el texto términos con el mismo significado que las expresiones siguientes:***

1. Adquisición de bienes de capital para aumentar la producción.
2. Acuerdo para impedir relaciones comerciales a un país.
3. Suspensión de exportaciones a un estado como medio de presión o sanción.
4. Confiscación de bienes por parte de las autoridades.
5. Carencia de recursos para pagar una deuda.
6. Recuperado el dinero invertido en una empresa.
7. Exploración de un mercado.

2. *Para hablar*

a) ***Por parejas: anoten otras situaciones o circunstancias, distintas del ejercicio 1.b), y pidan a sus compañeros que califiquen el riesgo.***

b) ***En grupos: planteen supuestos de riesgo a sus compañeros para que hagan predicciones, utilizando los verbos: suceder, ocurrir, pasar, haber, acaecer, acontecer, estallar, etc.***

Recuerden

sí (no)
en el caso de que (no)
cuando
a menos que (no)
incluso si
a condición de que (no)
en tanto en cuanto
con tal de que (no)

¿Qué ocurrirá...?
¿Qué ocurriría...?
¿Qué habría ocurrido?
¿Qué podría pasar si...?

c) **Por parejas: preparen la conversación entre un empresario y un especialista en comercio exterior acerca de la protección contra riesgos importantes:**

Riesgos	Protecciones
— Distinta interpretación del contrato.	• Contrato escrito; INCOTERMS 1990; consultar a un abogado del país de destino.
— El exportador no envía la mercancía.	• Carta de crédito; garantía bancaria.
— Importador no paga.	• Estudio de solvencia; carga de crédito; seguro de crédito; forfaiting/factoring.
— Baja la moneda facturada.	• Facturar en moneda fuerte; crédito en moneda facturada.
— Transporte.	• Seguro de transporte.
— Inversión.	• Estudio de mercado; invertir en mercados sin riesgo.
— Todos los riesgos mencionados.	• Exportación indirecta.

3. *Para practicar*

a) **Conteste a las siguientes preguntas:**

1. ¿Qué ocurriría si usted perdiese un cheque bancario?
2. ¿Cuál sería la reacción de un importador que ha pagado la mercancía por adelantado y no la ha recibido?
3. ¿Cómo debería cubrir un exportador el riesgo de cambio?
4. ¿Qué puede hacer un exportador que ha firmado un contrato de compraventa con un importador de un país en el que acaba de estallar la guerra civil?
5. ¿Qué precauciones se deberían tomar antes de efectuar transacciones con un comprador de un país calificado de riesgo?
6. ¿Qué solución daría en caso de cancelación de contrato por parte del comprador?

b) **Explique las situaciones que representan los términos siguientes, siguiendo el ejemplo:**

Boicoteo: cuando se priva a una persona o entidad de toda relación social o comercial para perjudicarle y obligarle a ceder en lo que de ella se exige.

1. Terremoto.
2. Suspensión de pago.
3. Quiebra.
4. Huelga general.
5. Embargo.
6. Golpe de Estado.

c) **Con ayuda de un diccionario, anote los verbos que pueden acompañar a los términos del ejercicio anterior.**

d) **Solicite información en alguna compañía de seguros de crédito de su país, especializada en comercio exterior, para redactar un informe sobre las modalidades de pólizas para cubrir los riesgos (300/500 palabras).**

e) **La Comisión Europea, preocupada por el retraso de los pagos en las transacciones internacionales, adoptó una recomendación dirigida a los Estados miembros con el objetivo de lograr un marco jurídico disuasivo para los «malos pagadores».**

Redacte una carta dirigida a una EUROVENTANILLA de su país, o a un Centro de Documentación de la Comunidad Europea, solicitando información sobre esta recomendación.

4. *Para terminar*

a) **Después de leer los titulares de las noticias de prensa, comente con sus compañeros las posibles consecuencias para operaciones de comercio exterior.**

El Parlamento Europeo impulsa la cooperación interregional con Mercosur

Se enfrentaría a domicilio con su principal competidor, Bosch-Siemens

El mercado alemán atrae a Fagor

La UE considera a Asia una prioridad en sus futuras relaciones económicas

La primera cumbre Euroasiática sólo tantea las posibilidades

Reuters

El grupo de comunicación Reuters ha instalado en Madrid su división para el desarrollo de servicios de información destinados al sector del transporte en Francia, Italia, Portugal y España.

Los grandes grupos alemanes junto a

otros españoles inician la escalada

Las cadenas 'hard discount' revolucionan la distribución

Las nuevas fórmulas se harán con una importante cuota de mercado, tanto a costa de los 'híper' como de las tiendas tradicionales

La Comisión Europea prohíbe importar carne británica para frenar la psicosis de la «vaca loca»

b) **Calcule cuánto le costaron las siguientes divisas, según la cotización del día que las compró, y compruebe en un banco o en un periódico cuánto habría ganado o perdido en cada transacción.**

— 250.000 dólares
— 5.000.000 marcos
— 1.000 chelines austríacos
— 32.500 libras esterlinas
— 50 coronas suecas
— un millón de yenes

Billetes de Banco

(Semana del 26 de febrero al 3 de marzo de 1996)

DIVISAS	Comprador Pesetas	Vendedor Pesetas
1 dólar EE. UU.:		
Billete grande	120,17	123,85
Billete pequeño	118,95	123,85
1 marco alemán	82,52	85,05
1 franco francés	24,02	24,76
1 libra esterlina	184,92	190,58
100 liras italianas	7,66	7,89
100 francos belgas	401,15	413,43
1 florín holandés	73,69	75,95
1 corona danesa	21,34	21,99
1 libra irlandesa	190,41	196,24
100 escudos portugueses ...	79,39	81,82
100 dracmas griegas	49,88	51,40
1 dólar canadiense	87,27	89,94
1 franco suizo	101,63	104,74
100 yenes japoneses	114,27	117,76
1 corona sueca	17,79	18,34
1 corona noruega	18,90	19,48
1 marco finlandés	26,59	27,40
1 chelín austriaco	11,73	12,09
1 dírham	13,03	14,46

Cambios que aplicará el Banco de España durante la semana indicada.

c) **Concurso: anoten todas las monedas del mundo que recuerden y, a continuación, pregunten a sus compañeros en qué país circulan. Ganará el que tenga más monedas y mayor número de aciertos.**

9

El transporte internacional de mercancías

A   MODALIDADES DE TRANSPORTE

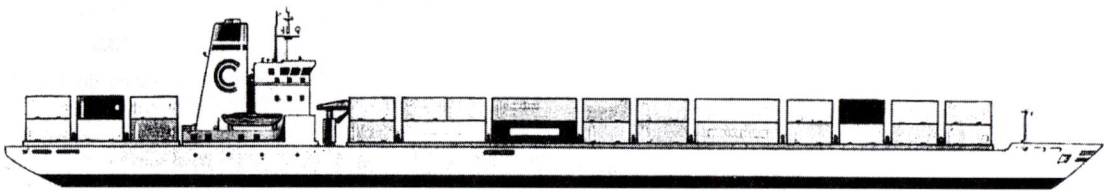

1. Modalidad idónea para productos de tamaño reducido, o de gran valor y, especialmente, para los productos perecederos ya que permite incrementar su vida comercial útil.

Presenta una serie de ventajas: rapidez, seguridad, flexibilidad y economía, en relación con el servicio y la rotación de stocks.

La gestión de este tipo de transporte es relativamente sencilla, con una legislación poco complicada, y regulado por diversos acuerdos internacionales, como el convenio de Varsovia y sus modificaciones.

IATA es la organización que agrupa a la mayoría de las compañías aéreas en rutas internacionales.

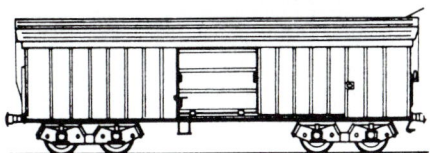

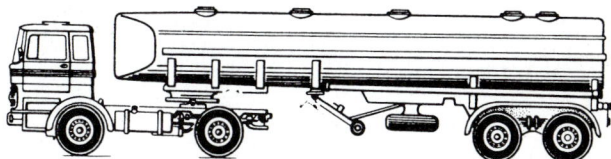

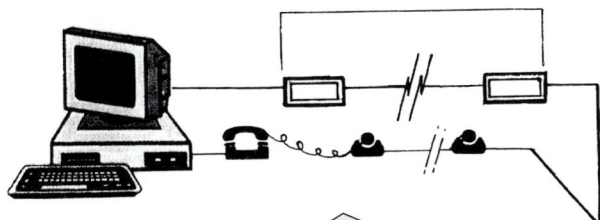

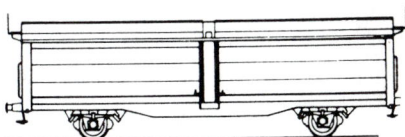

2. Modalidad de transporte en la que una persona física o jurídica (porteador) se obliga —mediante contrato— a trasladar de un lugar a otro, por vía terrestre (ferrocarril o carretera), bajo su propia responsabilidad las mercancías o efectos entregados para tal fin por otro sujeto (cargador) y destinadas a una tercera persona (consignatario de la carga) a cambio del cobro de un precio convenido (porte).

3. Modalidad efectuada por mar, aunque por extensión puede aplicarse al transporte por vía fluvial y lacustre. Aproximadamente el 90% del tráfico internacional de mercancías se realiza con esta modalidad que permite transportar mercancías de gran volumen o peso, con un menor coste de los fletes y cuyo empleo resulta más efectivo entre continentes.

Existen dos grandes especialidades: transporte de carga fraccionada y de cargas masivas. Estas diferencias afectan al tipo de buque, a la forma de contratar el transporte, a los documentos utilizados y al marco jurídico aplicable.

Los buques que transportan carga fraccionada, denominada también carga general, son frecuentemente de línea regular y los que transportan cargas masivas suelen emplearse en tráficos errantes o tramps. Estos trampers llevan cargamentos completos o parciales, pero en cualquier caso no tienen establecidas rutas regulares mientras que los de línea regular —para cargamentos menos voluminosos— tienen un régimen de continuidad, con itinerarios fijos.

En el contrato fijo de esta modalidad, una persona (fletante) se obliga a trasladar de un puerto a otro a bordo de un buque las mercancías entregadas por otra persona llamada fletador o cargador, para entregarlas a un tercero, conocido como destinatario. Por este trabajo, el fletante cobra un precio llamado flete.

4. Sistema de transportes definido como el porte de mercancías por dos medios diferentes de transporte por lo menos, en virtud de un contrato de transporte multimodal, desde un lugar situado en un país en que el operador de transporte multimodal toma las mercancías bajo su custodia, hasta otro lugar designado para su entrega, situado en un país diferente. Se utiliza cuando las características físicas del trayecto entre el punto de partida y el destino exigen la utilización de medios diferentes de transporte.

5. Esta modalidad ha cambiado en gran parte los modos operativos del transporte marítimo ya que permite utilizar menos buques pero más grandes, veloces y sofisticados. Al ser más rápidos los ritmos de operación se consiguen rendimientos más altos en la carga y descarga con el consiguiente beneficio para la naviera y el usuario, al aumentar en rapidez y calidad y disminuir los costes.

6. Intermediarios encargados de contratar y coordinar las operaciones de transporte de las mercancías. En el transporte multimodal, organiza los contratos consecutivos de los transportistas, despacha en el país de origen y entrega en destino y puede ocuparse de las formalidades aduaneras y administrativas.

1. Para leer y comprender

a) Relacione cada una de las notas con los correspondientes medios y modalidades de transporte. Después, escriba su propia lista de medios de transporte y compárela con la de su compañero.

Notas	Medios	Modalidades
1	camión con remolque	multimodal
2	transatlántico	marítimo
3	transitario	aéreo
4	Ro Ro ferry	terrestre
5	avión	contenerizado
6	ferrocarril	
	camión cisterna	
	postacontenedores	
	transitario	

b) Defina y traduzca a su idioma los términos siguientes:

producto perecedero, vida comercial útil, porteador, cargador, consignatario, porte, flete, stocks, tramps, contenedor, formalidades aduaneras.

c) Consulte, si es necesario, un Manual de Comercio Exterior y prepare una definición de los documentos de transporte:

— Carta de porte.   — Conocimiento de embarque.
— AWB.   — B/L.
— Carta de porte CIM.   — Carta de porte CMR.

— FBL, FCR, FWR.   — Manifiesto.
— Otros: declaración de mercancía peligrosa; certificados de línea regular, de lista negra, de medios de carga y de edad del buque.

c) *Complete el cuadro señalando las ventajas e inconvenientes del transporte por vía aérea y por vía terrestre:*

- no requiere transbordo
- congestión de tráfico
- idóneo para contenedores
- rapidez y seguridad
- rutas limitadas
- diferencia ancho de vía (en España)
- amplia cobertura

- servicio puerta a puerta
- sujeto a un horario
- fletes más elevados
- límite de peso y tamaño de carga
- legislación poco complicada
- facilidad de seguimiento informático
- regularidad

	Ventajas	Inconvenientes
1. Carretera		
2. Ferrocarril		
3. Aéreo		

2. *Para hablar*

a) *En grupos: expongan sus puntos de vista sobre la elección del modo de transporte, teniendo en cuenta:*

— ventajas e inconvenientes de cada modalidad
— peculiaridades de cada operación de comercio exterior
— factores principales: fiabilidad, disponibilidad y precio
— otros elementos: naturaleza de las mercancías, carga fraccionada o agrupada, completa o unitizada, rapidez, número de manipulaciones, riesgos y posibles daños, acceso, flexibilidad, complejidad, reputación del transportista e incidencia logística.

b) *Por parejas: preparen y graben la conversación telefónica entre el responsable del Departamento de Exportación y el gerente de la Agencia de Transportes.*

Recuerden

— Saludar.
— Exponer operación de comercio exterior.
— Recomendar medio de transporte.
— Indicar embalaje.
— Discutir pros y contras, en relación con el tipo de mercancía, acuerdos en el contrato de compraventa, INCOTERMS, etc.

— Recordar seguros, documentación y otros requisitos legales.
— Negociar el precio del flete y gastos accesorios.
— Solicitar una oferta por escrito.
— Despedirse.

c) **Formule preguntas a sus compañeros acerca de los tamaños de los contenedores que se utilizan más habitualmente en el transporte internacional, de acuerdo con las normas ISO 668, ISO 1161 e ISO 1496. Por ejemplo: ¿Cuáles son las dimensiones de los contenedores?, ¿Cuánto miden de alto? ¿Y de ancho? ¿Cuál es el más/menos...? ¿Carga máxima?**

DIMENSIONES EXTERNAS EN PIES Y PULGADAS	DIMENSIONES INTERNAS MINIMAS EN MM			DIMENSIONES EN LA PUERTA		CARGA MAXIMA EN KG
	LARGO	ANCHO	ALTO	ANCHO	ALTO	
20′ x 8′ x 8′	6.058	2.330	2.197	2.286	2.134	20.320
20′ x 8′ x 8′6″	6.058	2.330	2.350	2.286	2.261	20.320
40′ x 8′ x 8′	11.998	2.330	2.197	2.286	2.134	30.480
40′ x 8′ x 8′6″	11.998	2.330	2.350	2.286	2.261	30.480

3. Para practicar

a) **Complete los extractos de la prensa especializada con los términos que le damos a continuación: medio, crucial, racional, materias primas, adecuada, mayor, condiciones, oportunidad, mejor, óptimas.**

«El transporte de mercancías por carretera tiende cada día a una .... especialización y a una .... y más .... utilización de los medios de transporte.»

«La decisión de utilizar determinado .... de transporte para exportar algún producto es fundamental en el desarrollo de la empresa. Para hacer la elección .... no olvide tener en cuenta las necesidades del producto y del cliente, así como las .... de los países involucrados.»

«Para la empresa que exporta, el transporte significa colocar con .... sus productos o .... en los mercados extranjeros, bajo condiciones .... Por ello, se considera que el transporte es el aspecto más .... de la comercialización internacional.»

b) **Desarrolle las siglas siguientes, explicando a qué hacen referencia:**

IATA	FIATA	AWB	CMR	TARIC
TIR	ATA	ULD	FWR	FEU
FCR	FOB	DAF	DDP	TEU

c) *Después de leer la información acerca del ancho de las vías de ferrocarril en los distintos países, indique las posibles dificultades que tendrían que resolver los países de la Comunidad Europea, al enviar o recibir sus mercancías por ferrocarril.*

ANCHO DE VIA

Internacional (CEE)	1.435 mm
Español (vía ancha)...	1.668 mm
Español (vía estrecha)	de 600 a 1.060 mm
Portugués (*)...	1.665 mm

(*) Permite la intercirculación con España.

CLASES DE BUQUES

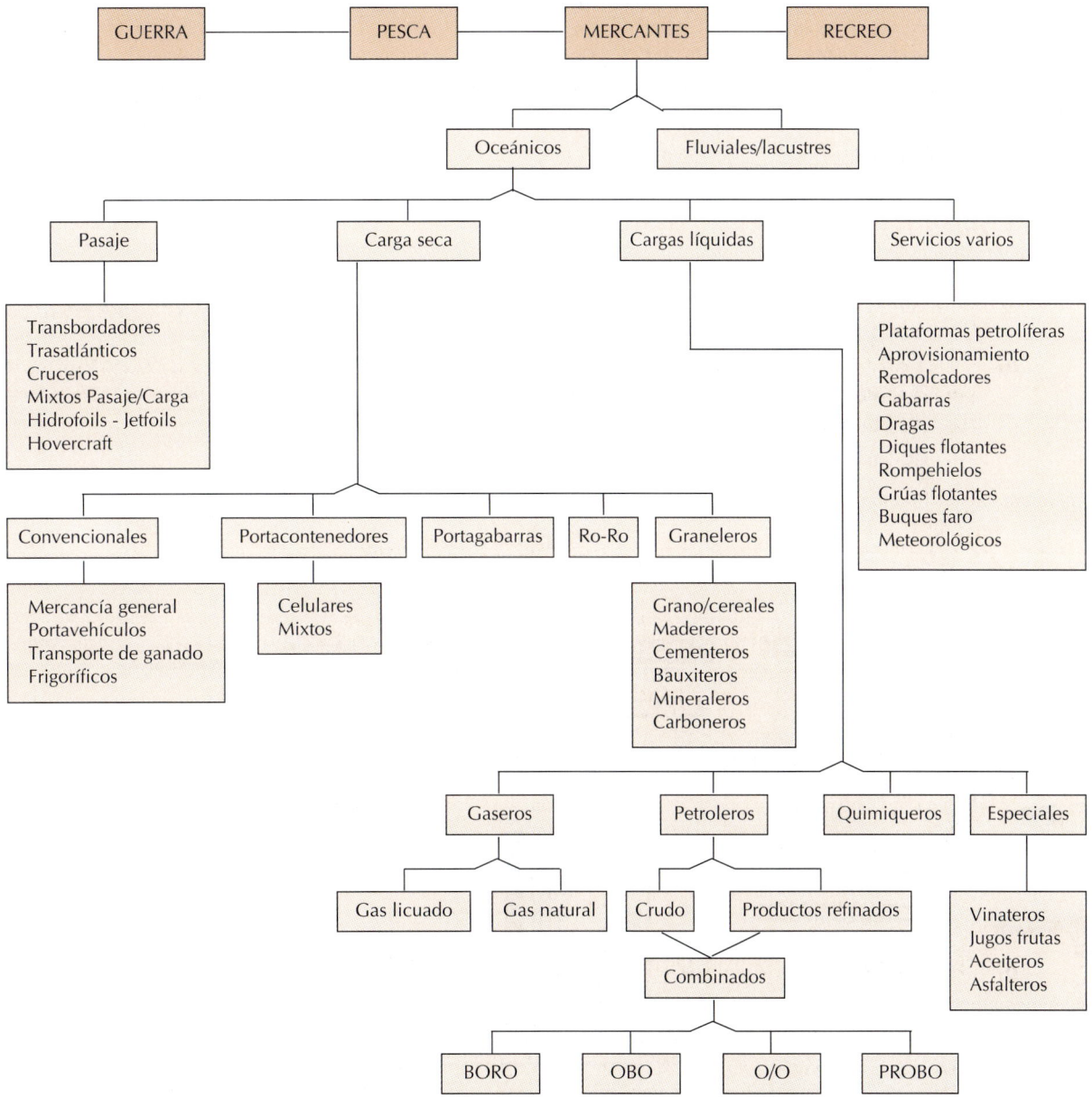

```
┌─────────┐   ┌─────────┐   ┌───────────┐   ┌─────────┐
│ GUERRA  │───│ PESCA   │───│ MERCANTES │───│ RECREO  │
└─────────┘   └─────────┘   └───────────┘   └─────────┘
                                  │
                   ┌──────────────┴──────────────┐
             ┌──────────┐               ┌──────────────────┐
             │ Oceánicos│               │Fluviales/lacustres│
             └──────────┘               └──────────────────┘
```

- **Pasaje**
  - Transbordadores
  - Trasatlánticos
  - Cruceros
  - Mixtos Pasaje/Carga
  - Hidrofoils - Jetfoils
  - Hovercraft

- **Carga seca**
  - Convencionales
    - Mercancía general
    - Portavehículos
    - Transporte de ganado
    - Frigoríficos
  - Portacontenedores
    - Celulares
    - Mixtos
  - Portagabarras
  - Ro-Ro
  - Graneleros
    - Grano/cereales
    - Madereros
    - Cementeros
    - Bauxiteros
    - Mineraleros
    - Carboneros

- **Cargas líquidas**
  - Gaseros
    - Gas licuado
    - Gas natural
  - Petroleros
    - Crudo
    - Productos refinados
    - Combinados
      - BORO
      - OBO
      - O/O
      - PROBO
  - Quimiqueros
  - Especiales
    - Vinateros
    - Jugos frutas
    - Aceiteros
    - Asfalteros

- **Servicios varios**
  - Plataformas petrolíferas
  - Aprovisionamiento
  - Remolcadores
  - Gabarras
  - Dragas
  - Diques flotantes
  - Rompehielos
  - Grúas flotantes
  - Buques faro
  - Meteorológicos

d) **Redacte un informe breve para exponer en clase sobre los tipos de buques que se utilizan en el transporte internacional de mercancías: buques convencionales, para cargas unitizadas (paletas, contenedores o gabarras), para carga rodante (Roll on-Roll off), para cargas especiales; buques-tanque para carga de líquidos, graneleros para cargas sólidas, petrolero, multipropósito, etc.**

Recuerde que para la exposición debería utilizar material gráfico y otros recursos (fotografías, diapositivas, paneles, gráficas hechas por ordenador, etc.).

e) **Lotería-definición: se escriben en trocitos de papel los términos siguientes, correspondientes a los profesionales que intervienen en el transporte marítimo, y se meten en una caja: propietario del buque, armador o naviero, fletador, cargador, capitán, piloto, consignatario del buque, consignatario de la carga, corredor de buques/de carga, estibador, transitario, práctico y liquidador de averías.**

A continuación, se divide a los alumnos en equipos, que deberán competir dando la definición de los términos a medida que se vayan sacando de la caja.

4. Y para terminar

a) **En grupo: comenten las representaciones gráficas A, B, C y señalen a qué tipo de gráficos corresponden:**

— de línea   — de barras
— de Gantt   — diagrama
— de tarta

A

B

C

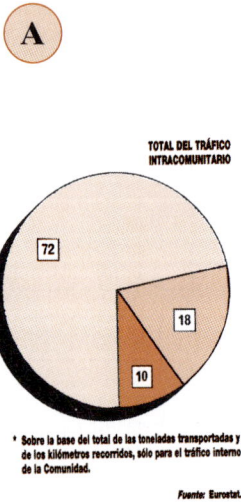

TOTAL DEL TRÁFICO INTRACOMUNITARIO

72

18

10

Carretera

Ferrocarril

Vía navegable

* Sobre la base del total de las toneladas transportadas y de los kilómetros recorridos, sólo para el tráfico interno de la Comunidad.

Fuente: Eurostat.

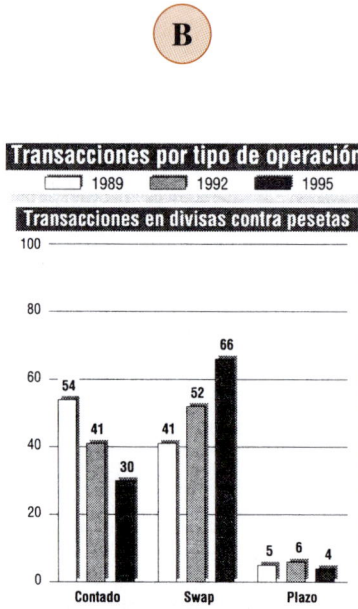

Transacciones por tipo de operación

☐ 1989   ▨ 1992   ■ 1995

Transacciones en divisas contra pesetas

	Contado	Swap	Plazo
1989	54	41	5
1992	41	52	6
1995	30	66	4

Intercambios intracomunitarios (1958–1990) en porcentaje del comercio total de la Comunidad

Export
Import

Los intercambios de mercancías entre los Estados miembros aumentan más rápidamente que los intercambios con los terceros países, tal y como se desprende del gráfico. En 1958, la parte de los intercambios entre Estados miembros en su comercio exterior total era de un 35 %, hasta alcanzar un 60 % en 1990. En los años sesenta se registró un primer incremento importante de los intercambios entre Estados miembros con la creación del mercado común. La realización del mercado único a partir de 1985 ha dado lugar a un nuevo desarrollo.

Fuente: Eurostat.

b) **Estudie la capacidad de carga de los aviones comerciales de la compañía de bandera española, IBERIA, y verifique si podría enviar sus mercancías por vía aérea a los siguientes destinos:**

	Kilos	m3
Madrid-Buenos Aires	50.000	115
Madrid-Caracas	30.000	98
Madrid-Francfort	42.000	110,5

Modelo	Kilos	m3
Boeing 747	44.800	115,5
DC-8	38.000	206,0
DC-10	37.300	96,5
Airbus A-300	26.300	77,0
DC-9	13.000	85,5

Cargo Services

Validez / Validity	Días / Days	Salida / Departure	Vuelo / Flight			Llegada / Arrival	Equipo / Equip.
De/From MADRID							**MAD**
A/To BUENOS AIRES							**BUE**
E-EZEIZA EZE							
– 25 Sep	6	05.00	IB9707	2 stops		(E) 15.20	D8F
26 Sep –	6	05.00	IB9707	2 stops		(E) 16.20 ◊	D8F
– 30 Jun	2 4 5 6 7	23.10	IB6901			(E) 06.10 +1	747
26 Sep – 15 Oct	2 4 6 7	23.10	IB6901			(E) 07.10 +1	747
16 Oct –	2 4 5 6 7	23.10	IB6901			(E) 08.10 +1	747
01 Jul – 25 Sep	2 4 6 7	23.10	IB6901			(E) 06.10 +1	747
– 30 Jun	1 3	23.10	IB6943			(E) 06.10 +1	747
26 Sep – 15 Oct	1 3 5	23.10	IB6943			(E) 07.10 +1	747
A/To CARACAS							**CCS**
26 Sep –	1 5 6	11.10	IB6701			15.45	D10
– 14 Jun	1 5 6	12.10	IB6701			14.45	D10
15 Jun – 30 Jun	1 4 5 6	12.10	IB6701			14.45	D10
01 Jul – 25 Sep	2 5 6	12.10	IB6701			14.45	D10
– 30 Jun	3 7	12.10	IB6705			14.45	D10
26 Sep – 17 Oct	3 7	12.10	IB6705			15.45	D10
01 Jul – 25 Sep	1 3 4 7	12.10	IB6705			14.45	D10
18 Oct –	7	12.10	IB6705			15.45	D10
18 Oct –	3	14.15	IB6705			17.50	D10
A/To CHICAGO							**CHI**
– 25 Sep	5	14.30	IB9671	2 stops		17.30 +1	D8F
26 Sep –	5	14.30	IB9671	2 stops		18.30 +1	D8F
A/To FRANCFORT/FRANKFURT							**FRA**
	1	19.05	IB9401			21.35	D8F

c) **Identifique los documentos utilizados en el transporte internacional y diga las funciones que cumplen. A continuación, pida a su compañero que le ayude a cumplimentar uno de ellos.**

153

Shipper's Name and Address	Shipper's Account Number	**Not negotiable** **Air Waybill** Issued by

Copies 1, 2, and 3 of this Air Waybill are originals and have the same validity.

Consignee's Name and Address	Consignee's Account Number

It is agreed that the goods described herein are accepted in apparent good order and condition (except as noted) for carriage SUBJECT TO THE CONDITIONS OF CONTRACT ON THE REVERSE HEREOF. THE SHIPPER'S ATTENTION IS DRAWN TO THE NOTICE CONCERNING CARRIER'S LIMITATION OF LIABILITY. Shipper may increase such limitation of liability by declaring a higher value for carriage and paying a supplemental charge if required.

Issuing Carrier's Agent Name and City	Accounting Information

Agent's IATA Code	Account No.

Airport of Departure (Addr. of first Carrier) and requested Routing

to	By first Carrier	Routing and Destination	to	by	to	by	Currency	Chgs Code	WT VAL PPD COLL	Other PPD COLL	Declared Value for Carriage	Declared Value for Customs

Airport of Destination	Flight/Date	For Carrier Use only	Flight/Date	Amount of Insurance	INSURANCE - If carrier offers insurance and such insurance is requested in accordance with conditions on reverse hereof indicate amount to be insured in figures in box marked Amount of Insurance.

Handling Information

No. of Pieces RCP	Gross Weight	kg lb	Rate Class / Commodity Item No.	Chargeable Weight	Rate / Charge	Total	Nature and Quantity of Goods (incl. Dimensions or Volume)

Prepaid	Weight Charge	Collect	Other Charges

Valuation Charge

Tax

Total other Charges Due Agent

Shipper certifies that the particulars on the face hereof are correct and that insofar as any part of the consignment contains dangerous goods such part is properly described by name and is in proper condition for carriage by air according to the applicable Dangerous Goods Regulations.

Total other Charges Due Carrier

Signature of Shipper or his Agent

Total prepaid	Total collect

Currency Conversion Rates	cc charges in Dest. Currency

Executed on	(Date)	at	(Place)	Signature of Issuing Carrier or its Agent

For Carriers Use only at Destination	Charges at Destination	Total collect Charges

Original 3 - (For Shipper)

Debe ser emitido, firmado o autentificado de acuerdo con lo establecido en el **artículo 27 de la UCP 500**

REGIONAL FREIGHT SERVICES

BILL OF LADING

SHIPPER/EXPORTER

DOCUMENT No.

EXPORT REFERENCES

CONSIGNEE

FORWARDING AGENT—REFERENCES

NOTIFY PARTY

Norwich and Head Office: Regional House,
Norwich Airport, Norwich NR6 6JA.
Telephone: (0603) 414125
Fax: (0603) 402542

Bristol	Heathrow	Birmingham	Stansted	Gt. Yarmouth
0934 863300	081 844 2203	021 782 3699	0279 681580	0493 331000

PLACE OF RECEIPT

CONTAINER No.

FOR PARTICULARS OF DELIVERY PLEASE APPLY WITH THIS B/L TO:

OCEAN VESSEL (Exporting Carrier)

PORT OF LOADING

PORT OF DISCHARGE

FINAL DESTINATION

PARTICULARS FURNISHED BY SHIPPER

MARKS AND NUMBERS	No. OF PKGS.	DESCRIPTION OF PACKAGES AND GOODS	GROSS WEIGHT	MEASUREMENT

CHARGED ON	ITEM	RATE	PER	PREPAID	COLLECT
TERMINALS					
CURRENCY ADJUSTMENT					
BUNKER SURCHARGE					
ADVANCE CHARGES COLLECT					
FREIGHT PAYABLE AT:	TOTAL CHARGES				

IN ACCEPTING THIS BILL OF LADING, the Shipper, Consignee, Holder hereof, and Owner of the goods, agree to be bound by all of its stipulations, exceptions and conditions, whether written, printed or stamped on the front or back hereof, as well as the provisions of the above Carrier's published Tariff Rules and Regulations, as fully as if they were all signed by such Shipper, Consignee, Holder or Owner, and it is further agreed that Containers may be stowed on Deck.

IN WITNESS WHEREOF, the Carrier or its Agent has affirmed to all of this tenor and date, ONE of which being accomplished, the others to stand void.

SIGNATURE FOR AND ON BEHALF OF

REGIONAL FREIGHT SERVICES

By _____

PLACE: DATE OF ISSUE:
No. OF ORIGINAL BILL OF LADING.

Terms of Bill of Landing continued on reverse side

Debe ser emitido, firmado o autentificado de acuerdo con lo establecido en lo **artículo 26 de la UCP 500**

155

D

Las partes situadas a la izquierda de la línea gruesa deberán ser rellenadas por el expedidor, las otras por el ferrocarril
Les parties situées à gauche de la ligne grasse doivent être remplies par l'expéditeur, les autres par le chemin de fer
Die links der fettgedruckten Linie gelegenen Teile hat der Absender, die übrigen der Eisenbahn auszufüllen.

X Designar por una cruz lo que conviene · Designer para une croix ce qui convient · Zutreffendes ankreuzen
(Casillas · Cases · Felder 9, 24, 25, 28, 29, 30, 32, 89)

54 Autorización de carga · Autorisation de chargement
Verladebewilligung Num.

9 **Carta de Porte**
Lettre de voiture
Frachtbrief

CIM 1 □

Paquete · Exprés
Colis express 2 □
Expreßgut

46 | 48 | 50 | 52
47 | 49 | 51 | 53

13 Declaraciones · Déclarations · Erklärungen
(CIM/TIEx Art 13, 19, 26, etc.)

14 Referencia del remitente · Reference expédieur · Absender-Referenz Num.

Sello de control
Timbre de contrôle
Kontrollstempel

10 Remitente (nombre, dirección) · Expédieur (nom, adresse) · Absender (Name, Anschrift) 11

12

RENFE MERCANCIAS
Transporte internacional ferroviario.
Transport international ferroviaire.
Internationales Eisenbahn Beförderung.

Tel. | Telex | Fax

15 Destinatario (nombre, dirección, país) · Destinataire (nom, adresse, pays) · Empfänger (Name, Anschrift, Land) 16

17

Accesorios-contenedores · Agrès-Conteneurs · Lademittel-Container

18 Categoria | 19 Serie y número | 18 Categorie-Art | 19 Marque et No-Merkmal und Nr.

20 Paletas intercambiables · Palettes echangeables · Tauschpaletten | Número Nombre Anzahl | ▶ EUR | EUR P | 22 Tara · Tare · Eigenmasse kg | 55 Lim. de carga Lim. de charge Lastgrenze | 56 Ejes Essieux Achsen

21 Vagón · Wagons · Wagen Núm.

Tel. | Télex | Fax

23 Información para el destinatario
Informations pour le destinataire
Vermerke für den Empfänger
(CIM Art 13.93)

27

Pago de los gastos · Paiement des frais · Zahlung der Kosten

24 CIM | incluido · y compris · einschließlich ▼ | 25 Paquete exprés · Colis express · Expreßgut

1 Franco de portes incluido · y compris · einschließlich Franco de port Franko Fracht | 1 Franco Franko

hasta · jusqu'à · bis

26 Tarifas e itinerarios pedidos
Tarifs et itinéraires demandés
Verlangte Tarife und Wege

2 Franco por Franco pour Franko | (suma determinada) (somme déterminée) ▶ (bestimmter Betrag) | 2 Porte debido Port dü Unfrankiert

3 Franco de todos los gastos · Franco de tous frais · Franko aller kosten | 4 Porte debido Port dü Unfrankiert

57 | 1 | 3

28 Vagón completo Wagon complet Wagenladung | 1 | Detalle Detail Stückgut | 2 | 29 Cargado por Chargé par Verladen durch | Expedidor Expédieur Absender 1 | Ferrocarril Chemin de fer Eisenbahn 2 | 59

58 A despachar aduanas en · A dédouaner à · Zu verzollen in | 61

30 Estación de destino, país y lugar de entrega · Gare destinataire, pays et lieu de livraison · Bestimmungsbahnhof, Land und Ablieferungsstelle | 60 Itinerarios · Itinéraires · Leitungswege

Nombre · Nom · Name ▶

País · Pays · Land

Entrega a domicilio · Livrable à domicile · Hauszufuhr | En estación · En gare · Bahnlagernd □ | 62 Código NHM · Code NHM · NHM Code

31 Marcas (dado el caso)/Número/Naturaleza del embalaje/Denominación de la mercancía · Marques (le cas échéant)/Nombre/Nature de l'emballage/désignation de la marchandise · Zeichen (gegebenenfalls)/Anzahl/Art des Verpackung/Bezeichnung des Gutes | 32 **RID** si qui ja □ | 34 Peso · Masse kg

33 Número de la tarifa aduanera · No du tarif douanier · Zolltarifnummer

ORIGINAL DE LA CARTA DE PORTE
ORIGINAL DE LA LETTRE DE VOITURE · FRACHTBRIEFORIGINAL

35 Indicaciones aduaneras · Indications douanières · Zolltliche Vermerke

36 Anexos a la carta de porte · Annexes à la lettre de voiture · Beilagen zum Frachtbrief | 37 Interés a la entrega · Intérêt à la livraison · Interesse an der Lieferung | 38 Desembolso · Débours · Barvorschuß | 81 Cambio
| | Moneda Monnaie Währung | 63 | Moneda Monnaie Währung | 64 | 86 Cours
| | | | 39 Reembolsos · Remboursement · Nachnahme | 81 Cours
| | | | Moneda Monnaie Währung | 65 | 86

66 67 Tarifa aplicada 68 | 69 | 70 | 71 P. por unidad | 72 Peso tasado kg | 73 Pagado · Franco · Franko | 74 Deb · Dü · Überw

1 Porte de la estación expedidora Port de la gare expéditrice Fracht vom Versandbahnhof | 78 Cambio | 79 | 80 | 81 Cambio

para · pour · bis

75 Código · Code | 76 km | 77 = | = | 83 | 84 | 85 | 86

Moneda Monnaie Währung 82 | Gastos Frais Gebühren 66 | 67 Tarif aplique | 69 | 70 | 71 P. par unité | 72 Masse taxé kg | 73 | 74

2 Porte · Port · Fracht-de-de-von

para · pour · bis

75 Código · Code | 76 km | 77 = | = | 78 Cours | 79 | 80 | 81 Cours

Moneda Monnaie Währung 82 | Gastos Frais Gebühren 66 | 67 Angewandter Tarif | 68 | 70 | 71 Frachtsatz | 72 Frachtsatz, Masse kg | 73 | 74

3 Porte · Port · Fracht-de-de-von

para · pour · bis

75 Código · Code | 76 km | 77 = | = | 78 Kurs | 79 | 80 | 81 Kurs

Moneda Monnaie Währung 82 | Gastos Frais Gebühren | 83 | 84 | 85 | 86

88 Puesta a disposición (día · mes · hora) Mise à disposition (jour · mois · heure) Bereitgestellt (Tag · Monat · Stunde) | 89 Boletín de franqueo Bulletin d'affranchissement Frankaturrechnung si qui ja □ | 90 | Total general o suma y sigue Montant général ou à reporter Gesamtbetrag oder zu übertragen | 91

87 Aviso de cobro Avis d'encaissement Nachnahmebegleichen. Num.

92 Sello fechador de la estación remitente Timbre à date de la gare expéditrice Tagesstempel des Versandbahnhofes | 93 Sello fechador de la estación destinataria Timbre à date de la gare destinataire Tagesstempel des Bestimmungsbahnhofes | 94 Sello de peaje · Timbre de pesage Wiegestempel | 95 Fecha de expedición (día · mes · hora) Date d'expedition (jour · mois · heure) Versanddatum (Tag · Monat · Stunde) | 96 Etiqueta de control · Etiquette de contrôle Kontroll · Etikette

País · Pays · Land | Estacion · Gare · Bahnhof | Num.

Exp · Exp · Vers | Num.

97 Llegada · Arrivage · Empfang Num.

Peso constatado · Masse constatée Festgestellte Masse

1

Mod. 0150.8382

Ver el reverso · Voir au verso · Rückseite beachten

156

Non-Negotiable Waybill for Combined Transport shipment or Port to Port shipment

Shipper

Waybill No.

Booking Ref.:

Shipper's Ref.:

Consignee

P&O
Containers

(Incorporating the business of ASSOCIATED CONTAINER TRANSPORTATION (Australia) LTD, and THE SHIPPING CORPORATION OF NEW ZEALAND LTD).

Notify Party/Address (It is agreed that no responsibility shall attach to the Carrier or his Agents for failure to notify of the arrival of the goods)

Place of Receipt (Applicable only when this document is used as a Combined Transport Waybill)

Vessel and Voy. No.

Place of Delivery (Applicable only when this document is used as a Combined Transport Waybill)

Port of Loading

Port of Discharge

Marks and Nos; Container Nos;	Number and kind of Packages; description of Goods	Gross Weight (kg)	Measurement (cbm)

WAYBILL

Above particulars as declared by Shipper, but not acknowledged by the Carrier

★Total No. of Containers/Packages received by the Carrier

Received by the Carrier from the Shipper in apparent good order and condition (unless otherwise noted herein) the total number or quantity of Containers or other packages or units indicated in the box opposite entitled "Total No. of Containers/Packages received by the Carrier" for Carriage from the Place of Receipt or the Port of Loading, whichever is applicable, to the Port of Discharge or the Place of Delivery, whichever applicable. SUBJECT TO THE TERMS OF THE CARRIER'S STANDARD BILL OF LADING TERMS AND CONDITIONS AND TARIFF FOR THE RELEVANT TRADE, WHICH ARE MUTATIS MUTANDIS APPLICABLE TO THIS WAYBILL (copies of which may be obtained from the Carrier or his agent). Except for live animals and Goods which are stated herein to be carried on deck and are so carried, these terms and conditions are warranted by the Carrier in respect of the sea portion of the Carriage to apply the Hague Rules or Hague Visby Rules, whichever would have been applicable if this Waybill were a Bill of Lading. In either case the provisions of Article III Rule 4 of the Hague Visby Rules are deemed to be incorporated herein.

Movement

The contract evidenced by this Waybill is deemed to be a contract of carriage as defined in Article 1(b) of the Hague Rules and Hague Visby Rules. However this Waybill is not a document of title to the Goods.

Delivery will be made to the Consignee named, or his authorised agent, on production of proof of identity at the Port of Discharge or the Place of Delivery, whichever applicable. Should the Consignee require delivery to a party and/or premises other than as shown above in the "Consignee" box, then written instructions must be given by the Consignee to the Carrier or his agent. Unless the Shipper expressly waives his right to control the Goods until delivery by means of a clause on the face hereof, such instructions from the Consignee will be subject to any instruction to the contrary by the Shipper.

Freight and Charges (indicate whether prepaid or collect):

Unless instructed to the contrary by the Shipper prior to the commencement of Carriage and noted accordingly on the face hereof, the Carrier will, subject to the aforesaid terms and conditions, process cargo claims with the Consignee. Claims settlement, if any, shall be a complete discharge of the Carrier's liability to the Shipper. The Shipper accepts the said standard terms and conditions on his own behalf, on behalf of the Consignee and the Owner of the Goods, and authorises the Consignee to bring suit against the Carrier in his own name but as agent of the Shipper, and warrants that he has authority so to accept and authorise. The Shipper further undertakes that no claim or allegation in respect of the Goods shall be made against the Carrier by any person other than in accordance with the terms and conditions of this Waybill.

Origin Inland Haulage Charge ... ...

Origin Terminal Handling/LCL Service Charge ...

Ocean Freight ... ...

Destination Terminal Handling/LCL Service Charge ...

ICS C/T W/B April 78	Destination Inland Haulage Charge ... ...

Place and Date of Issue

This Waybill is issued subject to the CMI Uniform Rules for Sea Waybills.

IN WITNESS whereof this Waybill is signed

SHIPPED ON BOARD PER

OCEAN VESSEL ....

For P&O Containers Ltd as Carrier

AT.................ON...................

FOR P&O CONTAINERS LTD.

P&O CONTAINERS LTD, Beagle House, Braham Street, London E1 8EP

046011   ....

ANZ WB2 11/92

P&O
Containers

As Agent(s) only.

Profesor: Como os decía, en el comercio exterior, la elección del embalaje adecuado se manifiesta como uno de los factores que inciden de manera más evidente en la buena realización del negocio.

Las mercancías que se van a exportar precisan una protección física, además de la jurídica, puesto que la integridad de los productos puede correr riesgos en el transporte desde el exportador al importador. Un embalaje adecuado permite reducir la incidencia de daños en el transporte. Por el contrario, si el embalaje es insuficiente, está mal concebido... ¿qué ocurrirá?

Alumno: Pues que si no protege las mercancías puede causar averías..., provocar pérdidas, aumento de costes en los transportes y en los seguros...

Profesor: Exactamente. Incluso puede dar lugar a discusión en el caso de indemnización por averías o pérdidas y, evidentemente, influye en el éxito comercial e imagen del exportador, ya que el embalaje es obligación de éste.

Por consiguiente la función del embalaje es la protección de la mercancía durante el transporte, en el transcurso de la manipulación, estiba y desestiba, y en los posibles almacenajes —preliminares, intermedios y terminales—, con el fin de que llegue a manos del destinatario en las mismas condiciones en que estaba antes de ser embalada.

Recordemos ahora todo lo que un embalaje óptimo ha de tener en cuenta.

Alumna: Tendrá que tener en cuenta las exigencias del importador, definidas en las condiciones de entrega, la naturaleza de la mercancía, la legislación del país exportador y la del importador, las condiciones de los medios, ruta y seguro del transporte... y, además, en el caso de mercancías peligrosas, tomar precauciones para proteger el medio ambiente contra los daños que podrían causar.

Profesor: Eso es. ¿Quién recuerda otra función que cumple el embalaje?

Alumno: ¿La informativa?

Profesor: ¿Cuál es esa función?

Alumno: Bueno, para indicar el contenido, origen y destino de las mercancías al transportista, al destinatario y, por supuesto, en la aduana.

Profesor: De acuerdo. Ahora bien, el exportador o expedidor dispone de dos instrumentos para disminuir los riesgos: embalaje y seguro adecuados. Respecto al primero, habría que distinguir entre envase y embalaje. El envase se puede definir como el recipiente destinado a contener mercancías para su empleo a partir del mismo. También se llama contenedor primario.

Desde la óptica del comercio exterior, el embalaje tiene una mayor importancia y se puede definir como el medio material destinado a proteger una mercancía para su expedición o almacenamiento prolongado. Denominado también contenedor secundario. Con el fin de agilizar y hacer más eficaz el transporte, se coloca la mercancía embalada en cajas, jaulas, sacos, toneles,

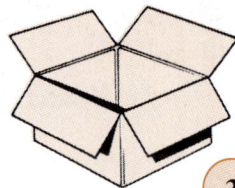

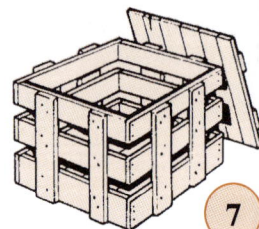

bidones, balas, barriles, tambores y fardos sobre paletas o contenedores. Este sistema de agrupamiento, llamado unidad de carga, elimina casi por completo la manipulación manual, incrementando así la seguridad, eficacia y rentabilidad.

También es muy importante la señalización: el rotulado permite identificar el bulto, el nombre y las señas del destinatario. A veces, se pega en el embalaje una lista de contenido para informar en la aduana y, en el caso de que la mercancía precise cuidados especiales por ser frágil, delicada o peligrosa, una indicación o símbolo, reconocido internacionalmente, para garantizar el trato adecuado.

(1)   (2)

1. *Para leer y comprender*

a) **Por parejas: subrayen los aspectos de la exposición del profesor que aparecen reflejados en el esquema y, utilizando bibliografía profesional, completen los demás aspectos que no han sido mencionados.**

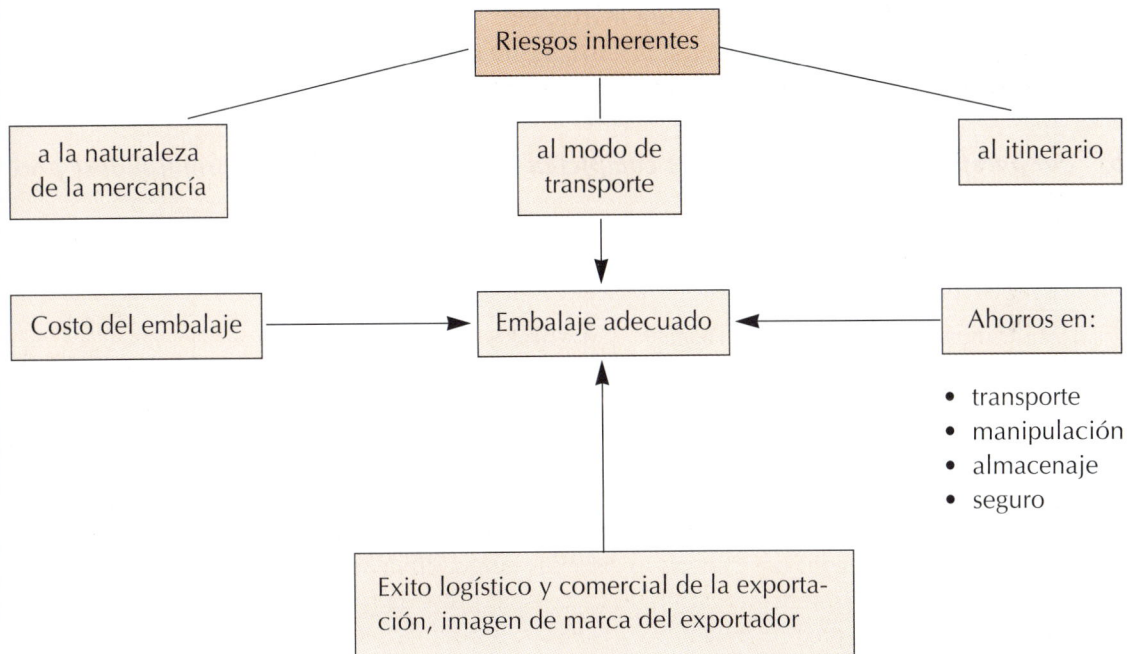

```
                              ┌──────────────────┐
                              │ Riesgos inherentes│
                              └──────────────────┘
```

| a la naturaleza de la mercancía | al modo de transporte | al itinerario |

| Costo del embalaje | Embalaje adecuado | Ahorros en: |

- transporte
- manipulación
- almacenaje
- seguro

Exito logístico y comercial de la exportación, imagen de marca del exportador

b) **Anote las expresiones utilizadas para:**

— hablar de requisitos
— dar explicaciones
— expresar posibilidad
— indicar funciones
— resaltar aspectos importantes

c) **Subraye los términos utilizados en el texto para designar tipos de embalaje, relaciónelos con la ilustración correspondiente y, a continuación, indique el embalaje que corresponde a cada una de las siguientes clasificaciones:**

- *Materiales:* cáñamo, cristal, cartón, plástico, madera, tela, metal, papel, papel tratado (parafina, cera, etc.).
- *Características:* hermético, a prueba de agua, sellado, encerado, refrigerado, acolchado, reforzado (con flejes, fibra de vidrio, etc.), con aislamiento (frío, calor, etc.), ventilado, térmico.
- *Mercancías:* animales vivos, conservas, productos perecederos, maquinaria, libros, granos, sólidos, líquidos, productos químicos, textiles, fruta, pólvora, cemento y gases.

2.   Para hablar

a) **En grupo: formulen preguntas a sus compañeros sobre:**

— importancia y funciones del embalaje
— descripción y materiales de embalaje
— embalajes adecuados para cada mercancía
— causas de los daños que pueden sufrir las mercancías
— normativas de algunos países

b) **Por parejas: los alumnos (A y B) completan sus fichas respectivas, formulándose preguntas.**

A

Mercancía	fecha de entrega	destino	peso	cantidad y embalaje
1.	....	Barcelona	500 kg cada uno 3 m x 2 m x 1,5 m	4 cajones
2.	23 abril	....	250 kg	....
3. Fruta	....	Londres	10 kg cada una	....
4. Trigo	....	Cádiz	600 kg	....

B

Mercancía	fecha de entrega	destino	peso	cantidad y embalaje
1. Bicicletas	30 junio	....	....	....
2. Libros	....	Viena	....	10 cajas
3.	finales de enero	....	....	24 cajas
4.	15 agosto	....	....	100 sacos

A continuación, elijan una de las expediciones y preparen la conversación entre el exportador y el transitario intercambiando detalles de la operación:

Exportador: ruta, modo de transporte, embalaje, fecha prevista de entrega.
Transitario: punto de partida, tipo de mercancías, envase y embalaje en origen, peso, volumen, compromisos de entrega, urgencia y destino.

c) **En grupos: después de estudiar los símbolos utilizados en transporte internacional, pidan a sus compañeros que les expliquen el significado de algunos o que los traduzcan a su idioma.**

1.   2.   3.   4.   5.   6.

7.   8.   9.   10.   11.   12.   13.

3. Para practicar

a) **Complete las frases siguientes dando explicaciones para evitar daños y pérdidas en el transcurso de la estiba, almacenaje y manipulación de las mercancías. Puede utilizar: porque... de lo contrario, ya que, si no..., cuanto más..., si..., debido a..., para que (no), etc.**

1. Hay que aprovechar bien el espacio disponible en el contenedor, paleta, etc.
2. No sobrepasar la capacidad de resistencia del embalaje.
3. Tenemos que asegurar o trincar bien los bultos.
4. Eviten los espacios muertos y distribuyan las mercancías.
5. ¿Han comprobado la compatibilidad de las mercancías?
6. Los bultos que se nos encomiendan son manipulados con los medios adecuados.

b) **Traduzca al francés, inglés o alemán las siguientes indicaciones de precaución:**

- abrir por aquí
- este lado arriba
- guardar en sitio fresco
- guardar en sitio seco
- peso bruto
- proteger contra la humedad
- proteger contra el calor

- cuidado
- frágil
- no tumbar
- no volcar
- peso neto
- peso tara
- vidrio

c) **Redacte una breve exposición sobre las unidades de carga más comunes, de acuerdo con el siguiente esquema:**

Paletas	Contenedores

— Definición
— Normas UNE/ISO
— Tipos
— Características
— Dimensiones
— Siglas de identificación (contenedores)
— Usos

d) **Escriba un fax a un transitario solicitando tarifas de flete, en distintos medios de transporte. Incluya detalles acerca de las mercancías (peso, volumen, cantidad de bultos, etc.), puntos de partida y destino y la fecha de entrega.**

4. Y para terminar

a) **Por parejas: estudien el documento y pidan a su compañero que explique su función, cada uno de los apartados y cómo cumplimentarlo.**

DHL WORLDWIDE EXPRESS

Factura / Carta de porte (No negociable)

5901178533

Especifique este número de envío en sus consultas.

ORIGEN — DESTINO

Complete los apartados 1-5: son 4 copias. por favor escritura a maquina

1 De (Expedidor)
Nº de cuenta — Nombre del expedidor mayusculas
Nº referencia del expedidor los 12 primeros caracteres se mostrarán en la factura
Nombre de la compañia
Direccion
Codigo postal — Telefono / Fax / Telex especifique uno

2 A (Receptor)
Nombre de la compañia
Direccion de la entrega *DHL no entrega en apartado de correos*
Codigo postal — Pais
Persona de contacto — Telefono / Fax / Telex especifique uno

5 Autorizacion del expedidor y firma
Yo acepto que las condiciones de transporte de DHL se aplican a este envio y delimitan la responsabilidad de DHL. La convención de Varsovia puede tamben aplicarse (ver reverso) El cliente acepta que DHL no transporta efectivo o mercancias peligrosas (ver reverso)
Firma — Fecha / /

3 Informacion del envio
No todas las modalidades de servicio o pago estan disponibles en todos los paises.

Servicios
☐ DOCUMENTO
☐ WORLDWIDE PARCEL EXPRESS *bienes declarables*
☐ INTRACOMUNITARIO *(de libre circulacion)*
☐ DOCUMENTO EXPRESS max. 250 gr.
☐ DOMESTICO
☐ WORLDMAIL Correo Aere/Material Impreso *español und dinfa*
☐ OTROS — *especifique*

Cargos por el transporte
Si esta en blanco el expedidor paga los cargos por el transporte
☐ Expedidor
☐ Metalico/Cheques/Tarjeta de Credito *Sólo para clientes autorizados*
☐ Acuerdo de facturacion internacional
☐ Portes debidos

Seguro del envio *ver reverso*
☐ SI — *Valor asegurado, especificar moneda*

Descripcion completa del contenido

Solo Worldwide Parcels Express / envios intracomunitarios
Adjuntar el original y cuatro copias de la factura Proforma o Comercial
Valor declarado *especificar moneda* — Nº de iva del expedidor
Partida arancelaria — Nº de iva del receptor
Tipo de exportacion ☐ PERMANENTE ☐ REPARACION/DEVOLUCION ☐ TEMPORAL
Aranceles / impuestos en destino *Si esta en blanco el receptor paga*
☐ Receptor — ☐ Expedidor — ☐ Otro *Especificar el Nº de cuenta aprobado por destino*

4 Tamaño y peso
Nº de piezas — Peso
• kg
Dimensiones L x A x A (cm)
x x

PESO FACTURADO / VOLUMETRICO(*)
• kg

CODIGOS — CARGOS
Servicio
Especial
Seguro
Otros / IVA

CODIGO DE MONEDA — TOTAL

Nº de adhesivo de portes debidos

DETALLES DE PAGO
Cheque / Nº tarjeta de credito
Tipo — Caducidad
RECOGIDO POR
Ruta número
Hora
Fecha

Estacion de origen

Printed by Proforma BV Heerhugowaard The Netherlands

(*) El expedidor acepta que el peso facturado será el determinado electrónicamente por DHL, en caso de discrepancia con el especificado originalmente en el albarán.

b) *Lea la relación de mercancías y anote aquellas que no pueden ir en los mismos compartimentos o juntas en una misma ULD por ser incompatibles y, por tanto, causar daños o pérdidas. A continuación, en grupos, intercambien sus opiniones.*

A	B
1. Materias tóxicas	a) Animales vivos
2. Líquidos corrosivos	b) Productos alimenticios
3. Materiales radiactivos	c) Materiales tóxicos
4. Hielo seco	d) Líquidos corrosivos
5. Productos alimenticios	e) Materiales radiactivos
6. Ataúdes	f) Ataúdes
7. Artículos restringidos por IATA	g) Hielo seco
8. Película virgen o no revelada	h) Líquidos criogénicos
9. Líquidos criogénicos	
10. Productos no embalados que pueden ser usados por personas	

C EL SEGURO DE TRANSPORTE

Telefonista: ASEGURADORA INTERNACIONAL, buenos días.

Sra. Alonso: Buenos días. Me pone con el señor Gómez, por favor.

Telefonista: ¿De parte de quién?

Sra. Alonso: Soy Marta Alonso, de AUXMAR.

Telefonista: Un momento, por favor.

Sr. Gómez: Sí, señora Alonso. ¿Qué tal está usted?

Sra. Alonso: Muy bien, gracias. Mire le llamo porque estamos ultimando una operación con una compañía ecuatoriana y... como es la primera vez, necesitaba información sobre las condiciones para asegurar el envío.

Sr. Gómez: ¿Cuáles son las condiciones de entrega?

Sra. Alonso: Con CIF Guayaquil, según INCOTERMS 1990.

Sr. Gómez: Entonces, les conviene a ustedes contratar el seguro para todo el trayecto del transporte. Es decir, de domicilio a domicilio.

Sra. Alonso: Efectivamente. Pero, ¿en qué condiciones debemos asegurar el cargamento?

Sr. Gómez: Bueno... el término CIF obliga sólo a la cobertura mínima, pero yo les aconsejaría la póliza a todo riesgo.

Sra. Alonso: Sí, eso era lo que estábamos pensando. Pero, ¿qué modalidad de póliza?

Sr. Gómez: Depende... puede ser póliza por viaje, si se trata de un único envío, o abierta, para varias expediciones, a forfait, o de abono y flotante...

Sra. Alonso: Bueno, de momento sólo tenemos este pedido.

Sr. Gómez: Entonces, podría utilizar la póliza por viaje.

Sra. Alonso: De acuerdo. ¿Nos podría enviar una copia de la póliza y la prima del seguro que tendríamos que pagar?

Sr. Gómez:	Desde luego. Y recuerde que la póliza contiene las condiciones generales y que es posible ampliar las garantías mediante cláusulas adicionales.
	¿Me envía los datos de la operación por fax?
Sra. Alonso:	Por supuesto. ¿Qué datos necesita?
Sr. Gómez:	Tipo de cobertura que desean, cantidad, valor y naturaleza de la mercancía... embalaje utilizado, medios de transporte y ruta. Y, naturalmente, fecha de envío y domicilio del cliente.
Sra. Alonso:	Pues, ahora mismo le envío el fax. ¡Ah! ¿Me podría adjuntar también las instrucciones para actuar en caso de avería, así como la forma de efectuar las indemnizaciones?
Sr. Gómez:	Le remitiré todo junto con la póliza... pero confío en que no tenga que utilizarlas.
Sra. Alonso:	Muchas gracias.
Sr. Gómez:	A usted.

INSTRUCCIONES EN CASO DE AVERÍA

1. Avisar inmediatamente al inspector de averías para que emita un informe pericial.
2. Presentar una reclamación ante los porteadores, autoridades u otros depositarios.
3. Si las mercancías están en situación dudosa, no entregar un recibo limpio (clean).
4. Si se ha utilizado contenedores, comprobar que se mantienen los precintos iniciales, reseñados en los documentos de embarque.
5. Si se aprecia pérdida o daño en las mercancías, solicitar inmediatamente un reconocimiento de las mismas por el porteador, depositario o representante y reclamar el daño detectado.
6. En el caso de que no se aprecie el daño en el momento de recibir la mercancía, efectuar la reclamación por escrito al porteador, depositario o representantes, dentro del plazo marcado para cada tipo de transporte.
7. La mercancía y su embalaje deberán mantenerse en el estado en que se recibieron hasta que llegue el inspector de averías, a no ser que se aumenten las consecuencias del siniestro.

---

1. *Para leer y comprender*

a) **Subraye los términos y expresiones que no conoce, ordénelos alfabéticamente y busque el significado en un diccionario técnico. A continuación, localice en los textos las fórmulas o palabras relacionadas con las funciones siguientes:**

— saludos y despedidas
— indicar propósitos de la llamada
— dar instrucciones
— matizar posibilidades

— uso del teléfono
— dar explicaciones
— expresar condiciones
— hablar sobre el seguro

b) **Dé una definición de las siguientes expresiones:**

- compañía ecuatoriana
- cobertura mínima
- cláusula adicional
- póliza contra todo riesgo
- póliza a forfait
- indemnización

- cláusula CIF
- prima del seguro
- avería
- póliza abierta
- póliza de abono y flotante
- siniestro

c) **Lea las instrucciones en caso de avería y complete el cuadro siguiente:**

	Acción	Documento	Persona	Otros
Inspector				
Informe pericial				
Reclamación				
Porteador				
Depositario				
Mercancía				
Recibo				
Representante				
Avisar				
Precinto				
Embalaje				
Siniestro				

d) **Indique otros contextos, y otras acepciones, para los siguientes términos: operación, destino, cobertura, póliza, abono, flotante, prima, avería, reconocimiento, siniestro.**

2. *Para hablar*

a) **Lea en voz alta, y con la entonación adecuada, las siguientes expresiones:**

— El seguro es...	¡Seguro!	¿Seguro?
— Bueno... ¿Bueno?	¡Buenísimo!	Bueno... bueno...
— ¿De parte de quién?	De parte de...	
— Le llamó Juan.	¡Mire!	Mire, le llamo para...
— ¿Es decir que...?	Es decir, hasta hoy.	Es un decir, vamos.
— No sé si...	Sí.	Si... ¿Sí?

b) ***En grupos: pida a sus compañeros que le expliquen los distintos tipos de cobertura, las modalidades de pólizas y lo que hay que hacer en caso de avería.***

c) ***Por parejas: preparen y graben una de las siguientes conversaciones entre un exportador y un agente de seguros:***

1. Solicitud de información y procedimientos para asegurar la expedición de 60 ordenadores, en 10 cajones reforzados contra golpes y protegidos contra la humedad, por vía marítima, CIP Santander, INCOTERMS 1990.

2. Presentación de una reclamación por los daños sufridos, en la expedición anterior: los cajones 1 y 2 (doce ordenadores dañados totalmente) y confirmación de los documentos que hay que presentar para la liquidación de averías.

3. *Para practicar*

a) ***Prepare una exposición oral sobre el seguro de transporte, de acuerdo con las notas siguientes:***

Definición: seguro de cosas, elementos personales del contrato (asegurador, asegurado, tomador y beneficiario).
Características: causas, valor asegurable, indemnizatorio, bilateral, de adhesión a un transporte, oneroso (aleatorio, de buena fe y subrogatorio).
Clasificación: por tipo de transporte, por el interés puesto en el riesgo, por la duración del contrato y por la amplitud de la cobertura.
Modalidades de póliza: especial o por viaje, abierta, a forfait, de abono y flotante.
Condiciones inglesas: Institute Cargo Clauses (A, B, C y otras específicas).

b) ***Conteste a las siguientes preguntas siguiendo el ejemplo.***

Ejemplo: ¿Le has enviado la póliza?
     Ya se la he enviado/No se la he enviado todavía.
1. ¿Han estudiado nuestro contrato?
2. ¿Te ha llegado ya el pedido?
3. ¿Les has dado mi número de fax?
4. ¿Habéis firmado ya todos los documentos?
5. ¿Le han explicado la cláusula adicional?
6. ¿No les ha contestado todavía?

c) ***Diseñe un gráfico de barras o de tarta para presentar la información, según los informes de las compañías de seguros, relativa a las causas por las que se producen daños en las mercancías durante el transporte: estiba y manipulación (43%), causas fortuitas (23%), robos y pérdidas (21%) y daños por agua (113%).***

d) *Lea los títulos del articulado de una póliza de seguros y formule hipótesis sobre el contenido:*

- riesgos cubiertos
- riesgos excluidos
- limitación de riesgos y de responsabilidad
- carga sobre cubierta
- avería gruesa o común
- pérdida total o abandono
- valor indemnizable
- pago de indemnizaciones

> **RECUERDE**
>
> es (muy) posible que
> supongo que
> no hay duda de que
> seguramente incluye
> tal vez
> probablemente
> es improbable que
> casi seguro que

e) *Complete este artículo de una póliza de seguros con los siguientes términos: avería, a granel, Código de Comercio, franquicias, conocimiento, condiciones, póliza (2), siniestrado, bodegas, riesgos, bulto, desembarque, transbordo, embarque, indemnizará.*

> Artículo 1.º
> La Sociedad toma a su cargo, con arreglo a las disposiciones generales del ....,
> en cuanto no sean modificadas o sustituidas por las .... generales, particulares
> o especiales de esta ...., los .... de mar, de ríos, de ca-
> nales, de .... y .... en puertos marítimos o fluviales propiamente di-
> chos, y de .... que acaecieren a las cosas aseguradas porteadas en las
> .... del buque.
> *a)* De pérdida total, contribución a la .... común y gastos de salvamento.
> *b)* De avería simple o particular.
> La Sociedad .... dicha avería particular en lo que exceda de las .... es-
> pecificadas en la tabla inserta al final de la presente ...., calculadas sobre el
> valor asegurado de cada .... o de cada .... cuando las
> mercancías se transporten ....

4. Para terminar

a) *Consulte en un diccionario de Comercio Exterior los términos del seguro de transporte:*

- abandono
- abordaje
- arribada forzosa
- varada o embarrancada
- baratería
- caso fortuito
- franquicia
- fuerza mayor
- pérdida total
- protesta de avería
- avería particular/gruesa o común
- vicio propio

b) **Tiene que presentar toda la documentación para la liquidación de una avería. Si no recuerda los (8) términos exactos de cada documento puede encontrar ayuda en la sopa de letras. Recuerde que hay un plazo de tiempo para hacer llegar estos documentos al asegurador.**

1. .... de averías o .... pericial del inspector, o .... de condición emitido por el porteador.
2. .... de la reclamación escrita al porteador.
3. .... del recibo entregado al porteador con las anotaciones.
4. .... de porte original.
5. .... comercial del exportador con la .... de contenido por bulto.
6. Original o duplicado de la .... de .... debidamente endosada.

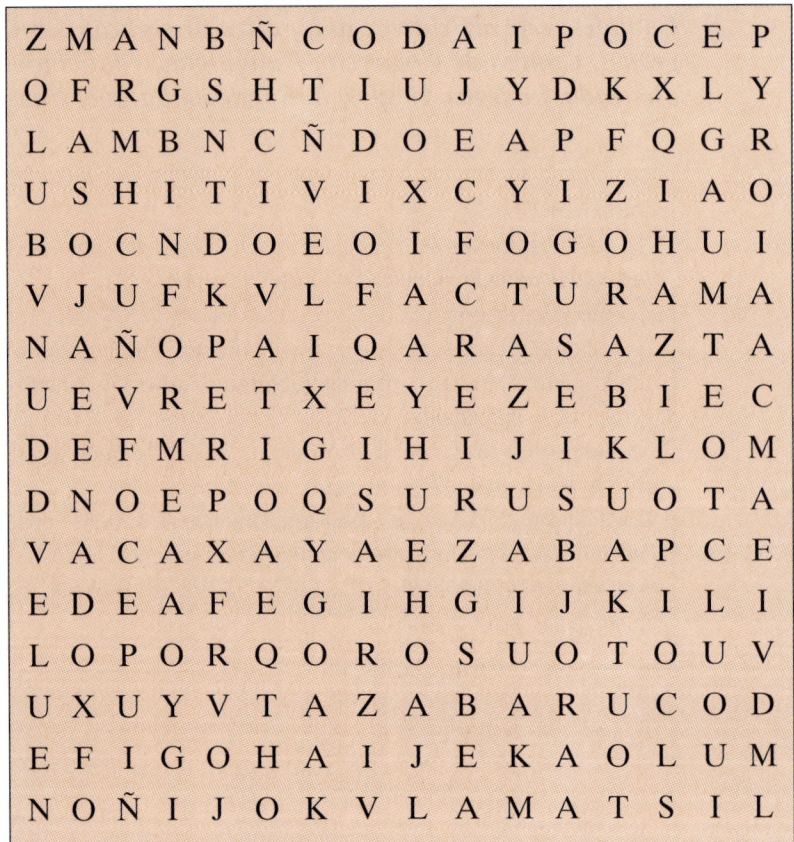

```
Z M A N B Ñ C O D A I P O C E P
Q F R G S H T I U J Y D K X L Y
L A M B N C Ñ D O E A P F Q G R
U S H I T I V I X C Y I Z I A O
B O C N D O E O I F O G O H U I
V J U F K V L F A C T U R A M A
N A Ñ O P A I Q A R A S A Z T A
U E V R E T X E Y E Z E B I E C
D E F M R I G I H I J I K L O M
D N O E P O Q S U R U S U O T A
V A C A X A Y A E Z A B A P C E
E D E A F E G I H G I J K I L I
L O P O R Q O R O S U O T O U V
U X U Y V T A Z A B A R U C O D
E F I G O H A I J E K A O L U M
N O Ñ I J O K V L A M A T S I L
```

Sección de consulta

Diccionario A

Ámbito: espacio comprendido entre determinados límites.

Antidumping: medidas tomadas por los países importadores frente a las políticas de exportación de otros países que aplican a sus productos precios de venta inferiores a los que rigen en el país de origen.

Balanza de pagos: documento contable donde se registran sistemáticamente todas las transacciones económicas de un período de tiempo, generalmente un año, entre los residentes de un país y los residentes del resto del mundo.

Contrapartida: acto que supone un efecto compensatorio con respecto a otro.

Embalaje: cualquier medio material, así como procedimientos y métodos que sirven para acondicionar, presentar, embalar, manipular, almacenar, conservar y transportar una mercancía.

Lucrativo: rentable; que produce ganancia.

Maquila: sistema de producción consistente en que el fabricante aporta la maquinaria, instalaciones, mano de obra y productos auxiliares y el contratante pone la materia prima.

Saldo: resto positivo o negativo que resulta al efectuar las operaciones en una cuenta, en el haber o en el debe.

Subasta: sistema de venta que consiste en ofrecer públicamente alguna cosa que se adjudica a la persona que ofrece más por ella.

Tarifario: relativo a la aplicación de una tarifa (derechos o impuestos sobre algún producto).

Trueque: fórmula originaria de las transacciones comerciales, anterior a la existencia del dinero como unidad de cuenta.

Diccionario B

Enmendado: corregido; rectificado.

Fomentar: impulsar el crecimiento; crear o desarrollar.

Liquidez: disponibilidad de un activo financiero, que se puede convertir en dinero.

Ronda de negociaciones: serie de reuniones para tratar un asunto o solucionar un problema.

Arancel: tarifa oficial de derechos que hay que pagar por el tránsito de mercancías de un país a otro.

Barrera arancelaria: impuestos aduaneros que gravan las importaciones.

Gama: escala, gradación de productos.

PNB (Producto Nacional Bruto): conjunto de bienes económicos obtenidos por una nación, generalmente a lo largo de un año.

Exponer conceptos y nociones

Se denomina comercio a la compra...
La doctrina librecambista propugna...
El proteccionismo, que recomienda...
El mercado común se diferencia de...

Formular preguntas y responder sobre temas profesionales

¿Qué se entiende por...?
¿Cuál es la misión de...?
¿En qué se diferencia...?
¿Cuál es el bloque regional más importante?
¿Cuál es la fórmula de integración más plena?

Clasificar y exponer criterios

Se divide en comercio interior y exterior.
Esta actividad se clasifica en mayorista y minorista.
Las fórmulas de integración son:
Según los planteamientos del Consejo de Ministros...
Según lo previsto en los tratados...
Desde el punto de vista cuantitativo...
Se considera que la exportación...
Es conveniente examinar el conjunto.

Expresar acuerdos

Las uniones aduaneras adoptan un arancel común.
Los principios establecidos son:
El MERCOSUR es un acuerdo regional.
Se negociaron acuerdos individuales.
La Comunidad también ha celebrado una serie de...
Los acuerdos preferenciales...
En la reunión se tomarán decisiones.

Describir tendencias y cambios

Se aprecia una disminución.
Tendencia a la caída respecto al año anterior.
Se reduce el volumen de ventas.
La posición fuerte de la peseta permite...
Peligro de que disminuya la capacidad de...
Mejor explotación de las patentes.

Exponer ventajas e inconvenientes

Por una parte... Por otra...
Por contra... Por el contrario...
Otra ventaja es que...
En cuanto a...
Ahora bien, es ventajoso porque...

Hablar de estructura y organizaciones del comercio

El FMI, organismo instituido en Bretton Woods para...
Su capital es propiedad del gobierno.
Organismo constituido en 1964...
Áreas de libre comercio, formadas por...
Son semejantes a...

La UE es la forma más completa de integración.
La ASEAN está formada por...

Exponer objetivos y funciones

Es una agrupación creada con objeto de...
Su finalidad es cooperar al desarrollo.
Tiene como tarea principal...
Organismo instituido para armonizar el funcionamiento de...
El principio básico de esta institución es...

Gramática

Artículos

	definido		*indefinido*	
masculino	**el**	**los**	**un**	**unos**
femenino	**la**	**las**	**una**	**unas**
neutro **lo**				
contracto	**a+ el: al**		**de + el: del**	

Adjetivos

El adjetivo concuerda en género y número con el sustantivo al que acompaña.

Los adjetivos **superior, inferior, exterior e interior** tienen la misma forma para el masculino y para el femenino.

Los adjetivos que indican **nacionalidad, color, religión, política y cualidades físicas** van detrás del sustantivo.

Otras posibilidades:

a) detrás del nombre (especificativo):
   una explicación larga y detallada.
b) delante del nombre (para realzar la cualidad):
   la compleja organización.
c) detrás del verbo (predicado):
   la conferencia era interesante.

Adjetivos gentilicios designan a los habitantes de una ciudad, región o país.

— eno: chileno, esloveno, sarraceno
— ense: almeriense, lucense, tarraconense
— és: inglés, portugués, japonés
— aco: austriaco, eslovaco, polaco
— án: alemán, catalán
— ano: italiano, asturiano
— ino: argentino, neoyorkino

— io: canario, sirio
— ita: moscovita
— ol: español, mongol
— ota: cairota, chipriota
— eño: madrileño, extremeño
— í: ceutí, marroquí
— ú: zulú, hindú

Verbos
Ser

a) expresa identificación: *Soy Jaime Peña.*
   Es el interventor general.
b) indica profesión: *son los documentalistas.*
c) expresa nacionalidad, religión, política o estilo artístico: *son españoles, católicos, liberales.*
d) posesión: *es mi cartera.*
e) tiempo, cantidad, origen, precio: *son las ocho de la tarde, son treinta documentos, somos de Madrid, ¿cuánto es?*
f) materia: *es de cuero.*
g) impersonalidad: *es necesario saber idiomas e informática.*

Estar

a) expresa situación temporal o física: *estamos aquí, estamos a lunes.*
b) estado físico o mental: *estamos cansados, está bien.*
   En algunas ocasiones se puede utilizar ser o estar + adjetivo indistintamente.

Si se utiliza «ser», es para indicar cualidad objetiva o condición normal: *la ubi-cación de la oficina es perfecta.*
Si se utiliza «estar», se indica una impresión personal, subjetiva: *el cuadro está perfecto.*

Verbo

El presente de indicativo

a) Indica que la acción ocurre en el momento de hablar: *presentamos hoy...*
b) Valor de presente habitual: *diariamente, leemos o escuchamos noticias.*
c) Expresa experiencia: *la práctica ayuda a entender las operaciones.*
d) Referencia a acción pasada o futura: *el Banco de España advierte a la banca. La intervención fiscaliza las operaciones.*
e) Presente de mandato: *vas a la biblioteca y preparas un informe.*

Se + verbo

a) Pasiva refleja con el verbo en tercera persona del singular (si el sujeto es singu-lar) o del plural (en caso contrario): *las entidades se clasifican de acuerdo con..., cada banco se especializa.*
b) Construcción impersonal.
   1. **Se + verbo** transitivo o intransitivo en tercera persona del singular + ad-verbio: *se habla mucho.*
   2. **Se + verbo** transitivo en tercera persona del singular + objeto directo: *se estudia la zona.*

Voz pasiva

Cuando se quiere dar mayor énfasis al complemento directo se puede utilizar la voz pasiva:
sujeto paciente + voz pasiva + sujeto agente:
La oficina fue amueblada totalmente en blanco.
La directora ha sido nombrada por el Consejo de Administración.
Voz activa: *El Consejo de Administración ha nombrado a la directora.*

Oraciones subordinadas consecutivas

Expresan la consecuencia que se sigue de lo expuesto en la oración principal.

a) consecuencia causal: **luego, por consiguiente, por tanto, por lo tanto, por es-to, así que, así pues, con que.**

Ejemplo: *el ejercicio de este año ha sido muy positivo. Por consiguiente deseo feli-citar a todo el equipo que lo ha hecho posible.*

Preposiciones

Por

a) Expresa causa o motivo de acción verbal: *se preocupa por todo.*
b) Expresa tiempo: *por la mañana hay mucho trabajo.*
c) Indica lugar impreciso o de paso: *por aquí hay un informe.*
d) Indica cambio o sustitución: *lo hago por ti.*
e) Indica precio o transacción comercial: *lo venden por veinte millones.*
f) Indica medio, instrumento o manera de hacer algo: *llame por teléfono.*

Para

a) Indica finalidad, propósito o destino de la acción verbal: *este fax es para la di-rectora...*
b) Indica finalidad, seguida de infinitivo: *sirven para canalizar el ahorro.*
c) Indica dirección o término de un movimiento: *es una carta para Bruselas.*

Números cardinales

1.	uno	11.	once	21.	veintiuno	100.	cien/ciento
2.	dos	12.	doce	22.	veintidós	101.	ciento uno
3.	tres	13.	trece	30.	treinta	102.	ciento dos
4.	cuatro	14.	catorce	31.	treinta y uno	200.	doscientos
5.	cinco	15.	quince	40.	cuarenta	210.	doscientos diez
6.	seis	16.	dieciséis	50.	cincuenta	300.	trescientos
7.	siete	17.	diecisiete	60.	sesenta	400.	cuatrocientos
8.	ocho	18.	dieciocho	70.	setenta	500.	quinientos
9.	nueve	19.	diecinueve	80.	ochenta	600.	seiscientos
10.	diez	20.	veinte	90.	noventa	700.	setecientos

800.	ochocientos	1.000.000.	un millón
900.	novecientos	2.250.000.	dos millones doscientos cincuenta mil (dos millones y cuarto)
1.000.	mil		
2.000.	dos mil	5.500.000.	cinco millones quinientos mil (cinco millones y medio)

Memoria

Acentuación

a) cuando la palabra lleva el acento en la última sílaba (aguda) y termina en vocal o consonante n/s: *ahí, financiación, jamás.*

b) cuando el acento va en la penúltima sílaba (llana) y termina en consonante que no sea n/s: *fácil.*

c) cuando la palabra lleva el acento en la antepenúltima sílaba o cualquier sílaba anterior (esdrújula o sobresdrújula): *rápido, técnico.*

Las siguientes palabras llevan tilde o no, de acuerdo con su función y significado:

aún (adv. de tiempo y de modo) - **aun** (adv. de cantidad y modo)

dé (verbo dar) - **de** (preposición)

él (pronombre) - **el** (artículo)

más (adv. de cantidad) - **mas** (conjunción adversativa)

mí (pronombre personal) - **mi** (posesivo)

qué (interrogativo/exclamativo) - **que** (relativo)

quién (interrogativo/exclamativo) - **quien** (relativo)

sí (afirmación) - **si** (conjunción condicional)

sé (verbo saber) - **se** (pronombre)

sólo (adverbio) - **solo** (adjetivo)

té (sustantivo) - **te** (pronombre personal)

tú (pronombre personal) - **tu** (posesivo)

Puntuación (I)

El punto (.): se pone después de oraciones con sentido completo (punto y seguido) o de párrafos (punto y aparte): *el Sistema Financiero está formado por un conjunto de instituciones.*

Se debe poner también detrás de las iniciales de las siglas y de las abreviaturas: *S. M. E., Vd.*

La coma (,): indica pausa y se emplea en la enumeración de palabras de la misma categoría: *existen unas instituciones financieras: los bancos, las cajas de ahorros, las compañías de seguros, etc.*

Los dos puntos (:): se emplean para hacer citas textuales, detrás del saludo de las cartas y para aclarar o dar ejemplos: *El Banco de España desempeña dos tipos de funciones: general y bancarias.*

Fechas

22 de agosto de 1994 (veintidós de agosto de mil novecientos noventa y cuatro)

10-7-72 (diez del siete del setenta y dos)

15-12-93 (quince del doce del noventa y tres)

Estamos a quince de agosto

Estamos en el siglo veinte (Siglo XX)

Siglas

El artículo que acompaña a las siglas concuerda en género y número con el desarrollo de las mismas:

El S.M.E.: *El Sistema Monetario Europeo.*

Los R.R.C.C.: *Los Reyes Católicos.*

UNIDAD 2

Diccionario A

Coyuntura: oportunidad o circunstancia adecuada para realizar algo. Ocasión.

Incentivo: estímulo creado por la autoridad económica, o derivado del propio mecado, para la realización de una actividad.

Saturado: mercado abastecido plenamente.

Trato preferencial: pacto, acuerdo o contrato ventajoso.

Ventajas comparativas: cualidades convenientes o excelentes de un producto o servicio sobre otros.

Diccionario B

Defenderse en: poder comunicarse en una lengua extranjera.

Desaceleración: disminución de la demanda de bienes de consumo.

Despacho: oficina destinada a atender a los clientes.

Despacho: tramitación de las mercancías en la aduana.

Herramienta: instrumento, generalmente de hierro o acero, utilizado para realizar trabajos de tipo manual.

Incorporación: presentarse una persona en su lugar de trabajo.

Trámites: serie de gestiones que hay que efectuar para realizar un asunto.

Diccionario C

Fiscal: relativo al fisco (administración de los recuerdos económicos públicos).

Joint venture (international joint business venture): asociación de empresas de distintos países para colaborar en los planos técnico/productivo, financiero y/o comercial y que se formaliza mediante la constitución de una sociedad mixta, o exclusivamente sobre un contrato.

Piggy back: utilización, por parte de una empresa que aborda un nuevo mercado, de la estructura y organización comercial de otra ya establecida en él, remunerándola mediante el pago de comisiones sobre las ventas realizadas.

Pros y contras: ventajas e inconvenientes. Opiniones a favor o en contra.

Relaciones: listas, enumeración de personas o cosas.

Funciones

Señalar capacidades o recursos de la empresa

Capacidad de suministro continuo.
Tiene capacidad financiera.
Aceptan compromisos de entrega.
Cumplen normas técnicas.
Habla perfectamente... y se defiende en...

Exponer decisiones y actuaciones

Esta decisión afectará a...
Éste es el proceso que vamos a seguir.
La próxima semana se va a incorporar...
Vamos a plantear las implicaciones...
¿Cuáles son las decisiones básicas?
Había pensado optar por...

Iniciar y concluir reuniones

Creo que podríamos continuar.
Antes de presentarle... voy a...
Como le dije por teléfono...
Si no hay ninguna pregunta más...
Eso es todo.

Presentar y resumir aspectos tratados

Como ven en este resumen...
Como veis en la transparencia...
En resumen.
Como le adelanté por teléfono...
Permíteme que resuma.

Cambiar de tema

Vamos a pasar al segundo punto del día.
Según el orden del día...
Si les parece, continuamos la reunión.
Ahora, vamos a...

Indicar relaciones, causa y efecto

Esta decisión afectará a...
Una primera implicación será...
Dependiendo de la selección de mercados.
En función de la estrategia.
¿Qué implicaciones tiene para la empresa?
Debido a... se pueden tomar decisiones más acertadas.
Consecuentemente, se simplificarán los trámites.
Anteriormente... pero, debido a la crisis...

Hablar de organización, funciones y responsabilidades

Se subdivide en las siguientes secciones:
El Departamento estaba subordinado a...
Ahora depende de...
Se encarga de buscar clientes.
Es el encargado de elaborar los documentos.
Le presento a su secretaria.

Verificar la comunicación

¿Alguna duda?
¿Alguna pregunta, hasta aquí?
Si no hay ninguna pregunta más...

Exponer dudas

¿Alguna duda? Es sobre la política de...
Tengo algunas dudas y me gustaría...
Quisiera asesorarme antes de tomar una decisión.
El único problema es...

Expresar ofertas y condiciones de trabajo

Se ofrece incorporación inmediata.
Ofrecemos retribución según valía.
Empresa multinacional precisa...
Imprescindible español e inglés.
Desarrollará comercialmente nuevos mercados.

Gramática	

Pronombres interrogativos

Invariables: qué + sustantivo: *¿Qué normas hay que seguir?*

cuándo, cómo y dónde no admiten sustantivo detrás:
¿Cuándo vas? ¿Cómo funciona? ¿Dónde está?
qué + verbo: *¿Qué necesita?*

Variables:

singular	plural
cuál	cuáles
quién	quiénes

cuánto (masc.) cuánta (fem.) cuántos (masc.) cuántas (fem.)
cuál + de + sustantivo/pronombre: *¿Cuál de las dos instituciones es mejor?*

cuál + verbo: *¿Cuál visitaste?*
cuánto + verbo: *¿Cuánto es?*
cuánto + sustantivo: *¿Cuántos departamentos hay?*

Pronombres relativos

Pueden sustituir a un sustantivo o a una acción (antecedente), así como servir de enlace entre una oración principal y otra subordinada. Concuerdan en género y número con el antecedente, siempre que sea posible. Hay que distinguir entre relativos adjetivos y relativos adverbiales:

Adjetivos: quien, cual, cuyo/a, cuanto/a
que, quienes, cuales, cuyo/as, cuantos/as
Adverbios: donde, como, cuando
Cuyo: se utiliza para expresar la posesión y equivale a: de quien, del que, del cual.
Concuerda en género y número con el sustantivo al que acompaña:
Es un sistema cuya finalidad es proporcionar dinero.
El documento cuyo encabezamiento corregí.

Conjunciones

Y: para unir una palabra o una oración con otra se utiliza la conjunción «y», excepto en los casos en que la palabra que le sigue comienza por «i», en donde se sustituye por «e»: *bancos e instituciones.*

O: la conjunción disyuntiva es sustituida por «u», cuando la palabra siguiente comienza por «o»: *hay siete u ocho entidades.*

Verbo

El presente de subjuntivo
a) En oraciones subordinadas: tiene matiz de futuro.
  Quiero que presentes este espacio televisivo.
  Me han pedido que les explique.
b) En oraciones independientes:
  — imperativas negativas: *no me acompañes.*
  — dubitativas, indicando probabilidad (detrás de los adverbios, quizás, acaso, tal vez, seguramente, posiblemente): *quizás visitemos el centro de cálculo.*
  — exclamativas y desiderativas: *¡Que te den el puesto de trabajo!*
  — en oraciones reduplicativas: *haga lo que haga, dígamelo.*

El futuro de indicativo se expresa:
a) una acción futura en relación al momento en que se habla:
  Mañana continuaremos la explicación.
b) obligación en futuro, en lugar del imperativo:
  El director estudiará la zona.
c) probabilidad, suposición o vacilación:
  No sabemos qué estarán diciendo.
d) Sorpresa, en oraciones interrogativas y exclamativas:
  ¿Se atreverá a repetirlo?
  ¡Tendrá valor!

El pretérito imperfecto de indicativo expresa:
a) acción habitual en el pasado: *siempre leíamos lo mismo.*
b) sentido reiterativo o de repetición: *repetía a menudo la presentación.*
c) valor de cortesía: *queríamos pedirle algo.*
d) opinión: *Me parecía una buena idea.*
e) sentido incoativo: *salíamos del banco cuando empezó a llover.*

El pretérito indefinido expresa:
a) una acción concluida en el pasado: *me exigió el carné.*
b) una acción interrumpida en cierto momento del pasado: *estuvimos en la biblioteca hasta que llegó el jefe.*

El pretérito perfecto de indicativo expresa:

a) una acción acabada, realizada en el pasado, asociado de alguna manera al presente: *hemos hecho la selección de candidatos.*

Perífrasis con infinitivo

a) **Ir a + infinitivo:** expresa una acción futura inmediata, con matriz de intencionalidad: *hoy vamos a iniciar el tema IV* (tengo la intención).

b) **Dejar de + infinitivo:** indica la finalización de una acción que estaba desarrollándose: *Ya ha dejado de hablar.*

Perífrasis verbales con infinitivo

Acabar de + infinitivo: expresa una acción acabada inmediatamente antes del momento en que se desarrolla la acción: *acabo de llamarle. Acaba de estallar una guerra comercial.*

Coordinadas distributivas

Se utilizan para hacer referencia a una distribución de acción entre varios sujetos o diversos lugares, tiempos o circunstancias. Se enlazan mediante palabras correlativas: *ya... ya, bien... bien, sea... sea: ya sea en España ya en el extranjero. Bien en dinero bien en cheque.*

Adverbios de cantidad

más, menos, muy, mucho, poco, demasiado, bastante, todo, nada, casi, algo, solo, tan, tanto.

Los adverbios tanto y mucho se acortan (tan y muy) delante de un adjetivo o de un adverbio: *era un asunto tan importante...*
eso está muy bien.

Oraciones subordinadas causales

Este tipo de oraciones explican la causa o motivo por la que se lleva a cabo la acción principal.

Los nexos utilizados son: *que, pues, porque, puesto que, de que, ya que, como, como que, pues que, supuesto que, como quiera que, en vista de que, por cuanto, a causa de que, cuando, etc.*

Uso del subjuntivo

a) El verbo principal niega la constatación de la realidad:
No creo que venga.
No es cierto que lo sepa.

b) El sujeto del verbo principal influye sobre el sujeto de la subordinada:
Le aconsejo que invierta.

c) El verbo principal expresa reacción subjetiva del sujeto de la principal ante el hecho expresado por la subordinada:
Me molesta que no me lo digas.

d) El verbo principal expresa un juicio de valor:
Es necesario que asistas a la reunión.

e) Expresa un hecho no experimentado:
Cuando llegue, avíseme.

Subjuntivo

Se usa subjuntivo cuando el verbo principal, en tercera persona singular, expresa un juicio de valor:
Es necesario lo que anotes.
Expresiones que llevan subjuntivo:
Es necesario que...   Es fundamental que...
Es lógico que...   Es curioso que...
Es importante que...   Es natural que...

Preposiciones

A

a) acompaña siempre al complemento indirecto de la oración: *mostró las instala-ciones a los estudiantes.*
b) acompaña al complemento directo de la oración (persona): *no comprendo a mi jefe.*
c) se usa para expresar la hora: *la cita es a la una.*
d) indica una situación limítrofe o de contacto: *nos sentamos a la mesa.*
e) indica distancia: *la sala está a diez metros de aquí.*
f) precede al infinito con el artículo (al) para indicar que una acción se desarrolla al mismo tiempo que otra: *al entrar, le saludé.*

De

a) procedencia: *es de México.*
b) posesión o pertenencia: *la puerta de la entidad bancaria.*
c) contenido de alguna cosa: *un libro de contabilidad.*
d) materia: *una carpeta de plástico.*
e) asunto o tema del que se trata: *hablamos de los tipos de interés.*
f) edad: *este edificio tiene una antigüedad de cuarenta años.*
g) precio: *el local de cincuenta millones es más amplio.*

Puntuación (II)

El punto y coma (;): indica una pausa más intensa que la coma: *Nos enseñó las instalaciones; luego nos sentamos en su despacho.*

Los puntos suspensivos (...): indican que el discurso queda sin terminar.

Los signos de interrogación y de admiración (¿?¡!): van al principio y al final de la frase interrogativa o exclamativa: *¿Para qué sirve...? ¡Estupendo!*

Abreviaturas (ver apéndice)

A.R.: Alteza Real	Sr. D.: Señor Don
Dr.: Doctor/Director	Sra. D.ª: Señora Doña
Excmo.: Excelentísimo	Sres.: Señores
Fdo.: Firmado	Srta.: Señorita
Ilmo.: Ilustrísimo	S.M.: Su Majestad
Iz./Izq.º: izquierdo	V.M.: Vuestra Majestad

Restricción o atenuación

sin embargo	a (en) fin de cuentas
con todo	es verdad que... (pero)
aun así	ahora bien
a pesar de ello	en cambio
así y todo	
al fin y al cabo	

UNIDAD 3

Asesoramiento: prueba consejo profesional.

Degustación: prueba de alimentos o bebidas para demostrar su sabor o calidad.

Desgravación fiscal: facilidad de la que se pueden beneficiar las empresas por la realización de inversiones en determinados bienes.

Feria: exhibición comercial que sirve para dar a conocer productos o servicios.

Homologación: aprobación oficial obligatoria de un producto, proceso o servicio, realizada por un organismo que tiene esa facultad. Normalmente es un certifi-cado emitido por la Administración de un Estado.

Litigio: conflicto; disputa tramitada ante un juez o tribunal.

Medioambiental: relativo al conjunto de condiciones físicas y ambientales que intervienen en el desarrollo y actividades de los seres vivos.

Medios de pago: instrumentos de que se valen dos o más sujetos para cancelar sus deudas respectivas.

Mercado meta: colectividad considerada como comprador potencial de un producto.

Recursos humanos: personal de una empresa.

Reglamento: documento que contiene disposiciones legislativas, adoptado y publicado por un órgano legal con poderes para ello.

Diccionario B

Abaratamiento: disminución del precio de las mercancías.

Control de cambios: conjunto de normas y disposiciones que regulan las transacciones económicas y financieras realizadas entre residentes y no residentes de un país, de las que deriven cobros o pagos en moneda nacional o extranjera.

Devolución del I.V.A.: procedimiento que permite la restitución del impuesto sobre el valor añadido.

Potenciación: incremento de la capacidad o predominio.

Tráfico de perfeccionamiento activo: conjunto de técnicas en virtud de las cuales se eximía, total o parcialmente, del pago de los derechos arancelarios a aquellas mercancías que eran objeto, tras su elaboración o transformación, de una salida posterior del territorio aduanero nacional. Sustituido por el régimen de perfeccionamiento activo.

Diccionario C

Aval: garantía recogida en una letra de cambio por la cual el avalista afianza la responsabilidad cambiaria de alguna de las partes intervinientes en el documento. Por extensión, cualquier garantía, fianza o caución.

Encuesta: conjunto de datos obtenidos mediante una serie de preguntas hechas a distintas personas; datos que informan sobre determinados aspectos de una colectividad.

Firma: empresa.

Licitación: oferta para realizar una obra pública; concurso; subasta.

S.A. (Sociedad Anónima): sociedad mercantil en la que la responsabilidad de las acciones se limita al capital que éstas representan.

Socio: persona que forma una sociedad mercantil con otra u otras; que aporta capital a una empresa; accionista.

Funciones

Exponer necesidades y requisitos:
Las empresas deben contar con...
Los aspectos esenciales que se exigen son:
Deben conocer la gama de instrumentos.
En primer lugar es conveniente que...

Señalar medios, instrumentos y medidas:
A través de programas sectoriales.
Se deben conocer las medidas de fomento.
Flexibilización de las condiciones exigidas.
Devolución del I.V.A.
Mayor libertad para cubrir operaciones.
Es un instrumento de ayuda financiera.
El crédito documentario es un medio de pago que...

Hablar sobre servicios:
Las empresas tienen a su disposición...
Los medios de transporte más convenientes.
Atención personalizada.
Es una compañía especializada en...
Cada póliza puede adaptarse.
Tratamiento eficaz de garantías.
Expresar periodicidad.

Se actualiza periódicamente.
Se trata de un plan quinquenal.
Sale trimestralmente.

Expresar condiciones

Es un convenio, en virtud el cual...
A petición y de acuerdo con...
Deberá pagar o aceptar.
Siempre y cuando se cumplan los términos.
Puede realizarse en pesetas o en divisas.

Posesivos

a) los pronombres y adjetivos tónicos concuerdan en género y número con el objeto poseído:

Singular		Plural	
masculino	femenino	masculino	femenino
mío	**mía**	**míos**	**mías**
tuyo	**tuya**	**tuyos**	**tuyas**
suyo	**suya**	**suyos**	**suyas**
nuestro	**nuestra**	**nuestros**	**nuestras**
vuestro	**vuestra**	**vuestros**	**vuestras**
suyo	**suya**	**suyos**	**suyas**

Ejemplos: *Esta oficina suya* (función adjetiva)
La nuestra es más moderna (función pronominal)

b) Los adjetivos átonos van delante del sustantivo.

Singular		Plural	
masculino	femenino	masculino	femenino
mi		**mis**	
tu		**tus**	
su		**sus**	
nuestro	**nuestra**	**nuestros**	**nuestras**
vuestro	**vuestra**	**vuestros**	**vuestras**
su		**sus**	

Ejemplo: *Nuestros informes tienen fecha anterior.*

Pronombres personales (formas átonas)

singular	plural	
me	**nos**	(primera persona)
te	**os**	(segunda persona)
le/la/lo	**les/las/los**	(tercera persona)

En la tercera persona hay especialización de formas para el complemento directo y el indirecto:

		masculino	femenino	neutro
complemento	sing:	**lo/le**	**la**	**lo**
directo	plur:	**los/les**	**las**	—
complemento	sing:	**le**	**le**	—
indirecto	plur:	**les**	**les**	—

Imperativo

Es el modo con el que se expresan las órdenes, los ruegos, los mandatos, los deseos. Sólo tiene dos formas personales, segunda persona de singular y la de plural (tú, usted, vosotros, ustedes). Las demás formas pertenecen al subjuntivo. También se utiliza el subjuntivo para expresar las prohibiciones.

Venga conmigo   *No vengan aquí*

El verbo necesitar

Necesitar + complemento directo: *necesito información.*
Necesitar + infinitivo: *necesito ahorrar para este verano.*
Necesito que + subjuntivo: *necesito que me ayudes.*

Perífrasis con infinitivo

a) Tener que + infinitivo: expresa obligación, a veces inmediatez
   Tengo que revisar este documento
b) Deber + infinitivo: expresa obligación moral.
   Las instituciones financieras deben cumplir unos requisitos.
c) Haber que + infinitivo: expresa obligación, con sentido impersonal y en tercera persona del singular.
   Hay que cumplir las normas.

Oraciones subordinadas finales

Son aquellas que expresan el fin o la intención con que se realiza la acción señalada por la oración principal.

Como nexos se utilizan las locuciones: para que, a fin de que, a que.

Le anima a que ahorre/para que ahorre.
¿Para qué se abren sucursales bancarias?
Voy al banco a fin de poner en claro mi situación económica.

a) Cuando el sujeto del verbo de la oración principal y el sujeto de la oración subordinada es el mismo, se utiliza el infinitivo del verbo en la oración subordinada, omitiendo la partícula «que»:
   Lo escribió en la pizarra para dejarlo claro.
b) Si los sujetos de la oración principal y la subordinada no son los mismos, hay que utilizar el subjuntivo en el verbo de la oración subordinada:
   Lo escribó para que no se confundieran los alumnos.

Oraciones subordinadas condicionales

Son todas aquellas en las que la realización de lo señalado en la oración principal está condicionado por el cumplimiento de lo expresado en la subordinada. Generalmente este tipo de subordinadas se introduce con el nexo «si».

a)

Oración subordinada	*Oración principal*
Presente de indicativo	Presente de indicativo
Pretérito perfecto de indicativo	Futuro
	Imperativo

   Si tiene una empresa, le ayudaremos.
   Si ha llegado el fax, tráemelo.
   Contestaremos a nuestros clientes.

Pretérito imperfecto de indicativo	Pretérito imperfecto de indicativo

   Si leía muchos informes, se cansaba y tenía que descansar.

Pretérito pluscuamperfecto de indic.	Pretérito imperfecto de indicativo
	Condicional

   Si había terminado la reunión, { *pedía un café.*
                                     la comentaría.

b) Si la acción que se señala es presente o futuro (posible o imposible), se utiliza el imperfecto de subjuntivo. Si la acción es pasado, se utiliza el pluscuamperfecto.

Oración subordinada	*Oración principal*
Pretérito imperfecto de subjuntivo	condicional

   Si captases muchos clientes, no tendrías problemas.

Pretérito pluscuamperfecto de subjuntivo	Pretérito pluscuamperfecto de subjuntivo
	Condicional simple
	Condicional perfecto

   Si hubieras llegado a tiempo, { *hubieras entendido la conferencia.*
                                     entenderías la conferencia.
                                     habrás entendido la conferencia.

Estilo indirecto

En el estilo indirecto, el hablante transmite lo que alguien dice, ha dicho o dirá. Los cambios de estilo directo o indirecto afectan a los tiempos verbales, a las personas gramaticales y a los adverbios de lugar y tiempo.

a) Cuando el hablante transmite un mensaje en presente, los tiempos verbales no sufren variación (excepto el imperativo, que pasa a presente de subjuntivo):

Me quedo a terminar esto.   *Dice que se queda a terminar esto.*
Termine su trabajo.   *Dice que termine su trabajo.*

b) Cuando el hablante relata algo en pasado la correspondencia de tiempo es:

Presente de indicativo......................	Imperfecto de indicativo
Imperfecto de indicativo..................	Imperfecto de indicativo
Futuro de indicativo.........................	Condicional
Indefinido de indicativo..................	Pluscuamperfecto de indicativo
Pretérito perfecto de indicativo......	Pluscuamperfecto de indicativo
Pluscuamperfecto de indicativo......	Pluscuamperfecto de indicativo
Futuro perfecto...............................	Condicional perfecto
Condicional	Condicional
Imperativo.......................................	Subjuntivo (imperfecto)
«He mecanografiado la carta».......	*Dijo que había mecanografiado la carta.*

Puntuación (III)

Las comillas («»): se utilizan para encerrar frases o palabras textuales: *la empleada comentó: «A continuación, veremos la sala de operaciones».*

El paréntesis (()): se utiliza para aclarar algo en una frase. También se emplea para desarrollar abreviaturas o siglas: *S.F.E. (Sistema Financiero Español),* o especificar cifras o fechas: *1.500 (mil quinientas).*

El guión (-): se usa para dividir las palabras al final de la línea, para separar compuestos: *cuenta-vivienda.*

El guión largo (—): puede sustituir al paréntesis y se utiliza para introducir diálogos: *—Hola, ¿que tal está?*

Ordenación o enumeración

ante todo	a este respecto
antes de nada	al respecto
antes que nada	en lo que concierne a
por de pronto	en lo concerniente a
primero de todo	en lo que atañe a
en primer lugar (en segundo...)	en lo tocante a
por último	por lo que se refiere a
por fin	por lo que afecta a
finalmente	por una parte/por otra
en cuanto a	de un lado/de otro
respecto de	

Multiplicativos

Indican idea de colectividad en una cantidad determinada:

Adjetivos	*Sustantivos*
2, doble	doble/duplo
3, triple	triple
4, cuádruple	cuádruplo
5, quíntuple	quíntuplo

Partitivos

Indican la parte de un todo

1/2, un medio	1/8, un octavo
1/3, un tercio	1/9, un noveno
1/4, un cuarto	1/10, un décimo
1/5, un quinto	1/11, un onceavo
1/6, un sexto	1/12, un doceavo
1/7, un séptimo	1/13, un treceavo

Operaciones aritméticas

Sumar: $30 + 50 = 80$ (treinta más cincuenta es igual a ochenta).
Restar: $30 - 20 = 10$ (treinta menos veinte es igual a diez).
Multiplicar: $30 \times 10 = 300$ (treinta por diez es igual a trescientos).
Dividir: $30 : 3 = 10$ (treinta entre tres es igual a diez).

UNIDAD 3.A.2.b.

FICHA DEL ALUMNO B:

Bases de Datos SIBILA-SIE: El Instituo Español de Comercio Exterior y el Instituto de la Pequeña y Mediana Empresa producen bases de datos con información referida al mundo empresarial. SIBILA (bases de datos del ICEX) y SIE (bases de datos del IMPI).

Cámara de Comercio e Industria: es una corporación que tiene como misión principal representar y defender los intereses generales del comercio y la industria. Está regida por el Pleno, órgano supremo de gobierno y representación, el Comité Ejecutivo, que actúa como órgano permanente de gestión y administración, y el Presidente, que representa a la Corporación y es el ejecutor de los acuerdos adoptados por los órganos de gobierno.

IMPI: Instituto de la Pequeña y Mediana Empresa Industrial, produce y distribuye bases de datos con información para el mundo empresarial; gestiona la EUROVENTANILLA, en la que se atienden consultas sobre la Comunidad Económica Europea y medidas adoptadas para la consecución del Mercado Único y presta asistencia técnica a los empresarios.

INDO: Instituto Nacional de Denominación de Origen, organismo público dependiente del Ministerio de Agricultura, que dirige la política de denominación de origen en España, promoviendo el prestigio de las denominaciones españolas dentro del mercado nacional e internacional.

SOIVRE: Servicio Oficial de Inspección y Vigilancia de Comercio Exterior. Depende del Ministerio de Industria, Comercio y Turismo. Controla el cumplimiento de las normas de calidad de los productos agrícolas en el comercio exterior.

UNIDAD 4

Diccionario A

Cierre: fórmula utilizada para finalizar un escrito.
Contractual: procedente del contrato o derivado de él.
Cuerpo: conjunto de lo que se dice en un escrito; texto.
Encabezamiento: conjunto de palabras con que se comienza un escrito.
Transitario: persona encargada por el fletador para contratar con el transportista, por cuenta de aquél, el transporte de la mercancía.

Diccionario B

Contabilidad: sistema adoptado para llevar las cuentas de una empresa.
Interlocutor: cada una de las personas que toma parte en un diálogo.
Listín telefónico: enumeración de personas, por orden alfabético, y sus números de teléfono.
Prefijo: cifras o letras que indican zona, ciudad o país que se marcan antes del número del abonado para establecer comunicación telefónica.
Redactar: expresar por escrito.

Diccionario C

Certificado consular: documento solemne en fondo y forma que emite el consulado del país importador ubicado en el país exportador para justificar la autenticidad de los contratos, precios, etc., en los despachos de aduanas.
Certificado de calidad: justificante emitido por los organismos competentes para dar fe de la esmerada selección, preparación y presentación de los productos exportados.

Certificado de inspección: documento expedido por un organismo especializado, a petición del comprador, detallando las pruebas realizadas en determinadas mercancías depositadas, generalmente, en un almacén o fábrica.

Certificado de origen: documento expedido por los organismos competentes del país exportador que acredita que las mercancías consignadas proceden de la nación mencionada en el mismo.

Certificado de peso: justificante que acredita el peso de las mercancías embarcadas en el punto de exportación.

Certificado de seguro: resguardo emitido por una compañía de seguros contra una póliza, acreditando la cobertura de una mercancía en un embarque concreto.

Certificado negativo de lista negra: documento expedido por una compañía de transporte acreditando que la misma no está incluida en las listas de boicot de la nación importadora de las mercancías, ni tocan puerto o aeropuerto de países que aparecen en dichas listas negras.

Certificado sanitario: documento expedido por los organismos sanitarios del país exportador en el que se hace constar que la mercancía analizada está exenta de determinadas materias. Por lo general, se trata de carnes y animales vivos.

Funciones

Explicar razones, causas y motivos:

Ya que cumple la doble función de...
Con ocasión de la feria, tuvimos ocasión...
Estamos convencidos de que los daños se deben a...

Señalar características y condiciones:

Su redacción debe reunir las características de...
La estructura de la carta comercial responde siempre a...
Que nos indicasen precios y demás condiciones.
Le concedemos un descuento de...
Los datos del embarque son:
Sírvanse efectuar el envío por barco.

Solicitar y dar información:

Somos una empresa dedicada desde hace diez años a...
Les agradecería que nos enviasen...
En contestación a su carta.
Nos complace informarles...
Estamos interesados en... y quisiéramos saber si...

Presentar reclamaciones y disculpas:

Lamentamos mucho lo ocurrido.
Esperamos que no afecte nuestras relaciones comerciales.
Lamentamos comunicarles que detectamos daños en...

Comunicación telefónica

AZIMUT, buenas tardes. EUROIBERICA, buenos días.
BAD de España, dígame.
¿Me pone con..., por favor?
¿Sería tan amable de...?
Le pongo. Le paso. Un momento, por favor.
Está comunicando.
¿Podría dejar un mensaje para...?

Concertar entrevistas

Me gustaría visitar su fábrica.
¿Cuándo le vendría bien?
¿Podría ser...?
El día..., a las...

Definir y describir documentación
Sirve para que el vendedor...
Es una declaración firmada.
Se utiliza para indicar...

Es un formulario extendido por el organismo competente.

Gramática

Pronombres reflexivos
Se caracterizan porque siempre se refieren al sujeto de la oración:
Se vuelven los tres juntos.
Las formas de los pronombres reflexivos coinciden con la de los pronombres átonos (*me, te, nos, os*), a excepción de las terceras personas, singular y plural, cuyas formas son: *se, si, consigo,* para el singular y el plural.
Se utilizan con verbos transitivos e indican que la acción recae sobre el mismo sujeto que la ejecuta: *se ha sentado a la mesa.*

Adverbios
Los adverbios carecen de género y número. Generalmente van detrás del verbo, aunque algunos suelen ir delante.
a) **de tiempo:** ayer, hoy, mañana, ahora, antes, después, luego, siempre, nunca, todavía, pronto, tarde, temprano, mientras, etc.
b) **frases adverbiales de tiempo:** por la mañana, por la tarde, por la noche, etc.
c) **de lugar:** aquí, ahí, allí, abajo, delante, detrás, dentro, fuera, cerca, lejos, etc.
d) **frases adverbiales de lugar:** en el centro, a la derecha, a la izquierda, etc.
Pretérito imperfecto de subjuntivo
a) en oraciones subordinadas: expresa una acción que puede ser pasada, presente o futura: *busqué un local que fuera grande.*
b) en oraciones independientes: expresa una acción presente o futura solamente: *quisiera hablar con usted.*
Pretérito perfecto de subjuntivo
Se refiere a una acción ya concluida pero cuya realidad se presenta como hipotética. En cuanto al tiempo, la acción en sí puede ser pasada o futura.
a) en oraciones subordinadas: *no creo que hayan venido ya.*
b) en oraciones independientes: *¡Ojalá que hayan llegado! Tal vez se hayan quedado en la oficina a trabajar.*

Futuro hipotético o condicional
Indica una acción futura, un hecho irreal, probable o posible.
a) futuro en el pasado: *me dijo que llamaría.*
b) consejo, sugerencia o cortesía: *debería tomar nota.*
¿Podría venir mañana? ¿Te vendría bien a las diez?

Preposiciones
De/desde:
a) indican punto de partida en el espacio o en el tiempo: *de Madrid a Estocolmo tardamos más de cuatro horas. Desde Barcelona son sólo tres horas.*
b) desde, se utiliza también, si no se especifica el término de la acción verbal: *no le veo desde ayer.*
En:
a) expresa la idea de relación estática, de reposo: *la sucursal está en la calle Mayor.*
b) indica precio, instrumento o medio: *vamos en avión. Hablan en español. Lo adjudicaron en tres millones...*
c) significado modal: *en serio.*
A/hasta:
Delimitan el punto de llegada o el momento: *abierto de 8.00 a 13.00. Hemos estado aquí desde las tres hasta las cinco.*

Mayúsculas

Se escribe con mayúsculas:

a) La primera palabra de un escrito y después de un punto.

b) Después de una interrogación o exclamación, si no hay coma interpuesta.

c) Después de los dos puntos del saludo de las cartas.

d) Los nombres propios y sus sobrenombres: *Jaime el Conquistador.*
Títulos y nombres de dignidad: *El jefe de Gobierno, la Duquesa de Alba.*
Instituciones y corporaciones: *El Ministerio de Hacienda.*

e) El artículo que acompaña al nombre de una ciudad: *El Cairo.*

f) Los nombres de obras literarias: *Don Quijote.*

g) Los tratamientos, especialmente si van en abreviatura: *Ilustrísimo Señor, Il-mo. Sr.*

h) La numeración romana: *MDCCLV (1755).*

División de palabras

a) *toda consonante ente dos vocales se agrupa con la segunda:* rá-pi-do.

b) cuando hay dos consonantes entre dos vocales, la primera se agrupa con la vocal anterior y la segunda con la posterior: *im-por-tan-te.*

c) los grupos consonánticos que llevan *l* o *r* como segundo elemento, no se separan: *in-glés.*

d) tres consonantes juntas entre dos vocales, se agrupan las dos primeras con la vocal anterior y la tercera con la posterior: *ins-tan-cia.*

e) ch, ll, rr, no se separan: *mi-llón, aho-rro, te-cho.*

f) el prefijo des- puede separarse solo o en sílabas (seguido de vocal): *des-ajus-tar, de-sa-jus-tar.*

Fórmulas empleadas en el saludo:

Señor / Señores, Muy señor mío / Muy señores míos, Muy señor nuestro / Muy señores nuestros, Distinguido señor / Distinguidos señores. Cuando se escribe a una persona con la que se tiene una cierta amistad se emplea *Estimado* o *Apreciado Sr.*

Las fórmulas que se van a emplear en el **cuerpo** de la carta guardan relación con el asunto que se van a tratar, como, por ejemplo:

a) Para comenzar un negocio o bien ofrecer nuestros servicios:
  - *Nos es grato comunicarles...*
  - *Por la presente queremos informarles de...*
  - *Me complace comunicarles...*

b) Para contestar a una carta:
  - *Con esta fecha acusamos recibo de su escrito...*
  - *En contestación a su atento escrito de fecha...*
  - *De acuerdo con las especificaciones hechas en su carta de fecha...*

c) Para hacer un pedido:
  - *Agradecemos se sirvan remitirnos a la mayor brevedad...*
  - *Con fecha 1 de diciembre hemos recibido la mercancía n.º...*

d) Para hacer una reclamación:
  - *Lamentamos sinceramente lo ocurrido...*
  - *Nos vemos en la necesidad de solicitar una aclaración sobre...*
  - *Lamentamos manifestarle que devolveremos la mercancía...*

e) Para reclamar un pago:
  - *Le agradeceremos se sirva enviarnos un cheque por...*
  - *Con esta fecha giraremos a su cargo una letra pagadera el...*

En la **despedida** las fórmulas tienden a simplificarse cada vez más, las más frecuentes son:
  - *Les saludamos muy atentamente.*
  - *Atentamente, les saludan.*
  - *Reciban mis atentos saludos.*
  - *Saludos cordiales.*

Pero esta fórmula de despedida suele enlazarse con el último párrafo de la carta mediante una frase, como, por ejemplo:
  - *Quedamos a su entera disposición y...*
  - *Esperando sus propias noticias...*
  - *Con el deseo de haberles complacido...*
  - *Le damos las gracias por su deferencia y...*

EL TRATAMIENTO

*En español se hace mediante el empleo del pronombre **usted/ustedes** y el verbo que concuerda en tercera persona del singular o del plural.* Cuando el escrito va dirigido a persona o personas con las que tenemos lazos comunes de amistad o confianza, se emplea el pronombro **tu/vosotros,** y el verbo concuerda en segunda persona del singular o del plural; esta segunda forma se usa sobre todo en cartas de tipo familiar o social.

Cuando los escritos van dirigidos a dignidades, jerarquías o cargos, se emplean las fórmulas de carácter reverencial o burocrático.

Las que van a continuación son aquellas de uso más frecuente:

Majestad, S. M., Vuestra Majestad, V. M.: para el Rey.

Alteza Real, A. R.: para el Príncipe heredero.

El principio del escrito irá encabezado con el tratamiento *Señor, Serenísimo Señor, o Señora, Serenísima Señora.* Dentro del escrito se emplea Majestad, Alteza, o *Vuestra Majestad, Vuestra Alteza.*

Excelentísimo Señor: para el Presidente del Gobierno.
los miembros del Consejo del Reino.
los miembros del Tribunal Supremo de Justicia.
los miembros del Tribunal de Cuentas.
los Gobernantes Civiles.
los Presidentes y Fiscales de las Audiencias Territoriales.
los Presidentes de las Comunidades Autónomas.
los Alcaldes de Madrid y Barcelona.
los Rectores y Vicerrectores de las Universidades.

Ilustrísimo Señor: para Subsecretarios y Directores Generales.
Generales del Ejército.
Alcaldes de capitales de provincia.
Magistrados.
Presidentes de las Diputaciones Provinciales.
Directores de Institutos de EE. MM.
Decanos y Vicedecanos de las Facultades.
Directores de las Escuelas Técnicas Superiores.

Cuando el destinatario de una carta o escrito sea una mujer, se utilizará la terminación correspondiente. Por ejemplo: Muy señora mía; Distinguida señora; Excelentísima Señora, etc.

Número de teléfono

El número de teléfono se puede decir:

a) por separado, de izquierda a derecha: 734 28 90 (siete, tres, cuatro, dos, ocho, nueve, cero).

b) 47 32 90 (cuarenta y siete, treinta y dos, noventa).

c) si tiene siete cifras: 2 28 39 50 (dos, veintiocho, treinta y nueve, cincuenta).

La hora

¿Qué hora es?
{
Es la una (13.00)
Son las doce (12.00)
Son las doce y cuarto (12.15)
Son las dos y media (14.30)
Es la una menos cuarto (12.45)
Son las doce y diez (12.10)
Son las doce y veinte (12.20)
Es la una menos veinte (12.40)
Es la una menos cinco (12.55)
}

También se puede decir:

08.45: las ocho cuarenta y cinco.

08.00: las ocho en punto.

08.15: las ocho quince.

08.30: las ocho treinta.

Amplitud: extensión.
Cartera de productos: lista de artículos; producción o representación de productos.
Cumplimiento: ejecución en la fecha prevista para finalizar una actividad o pago.
Marca comercial: cualquier signo o medio que sirva para distinguir en el mercado productos o servicios de una empresa de los productos o servicios similares de otra.
Marca registrada: marca comercial que ha sido inscrita en algún registro oficial con el fin de ser utilizada de manera exclusiva por parte de su propietario.
Poder adquisitivo: capacidad de compra.
Rentabilidad: relación existente entre el capital invertido y los rendimientos netos obtenidos de la inversión, expresada en porcentaje.

Diccionario A

AIDA: Atención, Interés, Deseo, Acción.
Medio de comunicación: Instrumento impersonal e institucionalizado por el que se transmiten directamente mensajes visuales o auditivos a audiencias masivas (radio, televisión, cine, periódicos, libros, etc.).
Soporte de información: cualquier elemento capaz de registrar la información (soporte papel o informático).

Diccionario B

Desconfianza: sospecha o inseguridad acerca de la forma de actuar de un mercado, cliente o empresa.
Etiqueta: cédula que se adhiere a un producto para dar información sobre el mismo.
Lanzamiento: puesta en el mercado o a la venta de un nuevo producto.
Patente: registro de un invento que sirve a su creador para protegerse contra la fabricación, venta o uso profesional por parte de terceros de dicho invento.
Realzar: destacar.
Talla: medida para clasificar la ropa de vestir y el calzado.

Diccionario C

Formular y responder preguntas técnicas:
¿Son exportables todos los productos?
¿Necesitan adaptación?
En toda política de exportación hay que...
Tenemos que evaluar y considerar...
¿Tú crees que una publicidad basada en...?
Lo que más puede interesar es...

Funciones

Discutir políticas de exportación:
Hay que empezar por analizar el producto.
Tenemos un margen de beneficio.
Nos queda la gama, ¿no?
Mantenemos la imagen corporativa.

Hablar de antecedentes y evolución:
Es una empresa que comenzó sus actividades en...
Con esta filosofía ha desarrollado...
Su oferta ha seguido dos dimensiones.
La gama de productos se ha orientado a...
Hasta la fecha ha venido realizando...
Ahora, desea intensificar su presencia.

Describir productos y sus atributos:
> *Utilizaremos materiales resistentes al frío.*
> *En colores cálidos.*
> *Artículos de viaje en piel, de calidad media-alta.*
> *Línea de prendas deportivas... diseño atractivo...*

Expresar inseguridad y dudas:
> *No estoy seguro... No sé.*
> *Depende de las posibilidades.*
> *Hay un punto que me preocupa.*

Sugerir y recomendar:
> *Su agencia le ha sugerido que...*
> *Supongo que habréis pensado en...*
> *Yo recomendaría...*
> *Sería aconsejable... conveniente...*
> *Eso es lo que yo haría.*

Indicar intención:
> *Desea intensificar su presencia.*
> *Te pensaba llamar esta semana.*
> *Va a establecer una sucursal.*
> *De eso quería hablarte.*

Tranquilizar:
> *¡Tranquilo! Nuestra capacidad nos permite...*
> *Es un producto estrella.*
> *La moda que presentáis tiene un diseño atractivo.*

Manifestar acuerdo/desacuerdo:
> *Estoy plenamente de acuerdo.*
> *Efectivamente, se adapta.*
> *De ninguna manera.*
> *Me parece bien.*

Confirmar mensajes:
> *Sugieres una auditoría, ¿verdad?*
> *Nos queda la gama, ¿no?*
> *¿Y usted?*
> *Se trata del lanzamiento, ¿no?*

Evaluar alternativas
> *Selectividad geográfica/alcance socioeconómico.*
> *Calidad de impresión/audiencia limitada.*
> *Barato/brevedad del mensaje.*
> *Alta permanencia/coste elevado.*

Hablar del tiempo
> *Soleado. Variable. Nublado.*
> *Amenaza lluvia.*
> *Hace frío. Hace calor.*
> *Temperatura máxima para hoy 30°.*
> *Suele nevar poco.*

Gramática

Grados de comparación
a) igualdad: **tan como, tanto como**
> *Este servicio es tan rápido como el anterior.*
> *No uso tanto la tarjeta de crédito como los cheques.*
b) superioridad: **más que**
> *Es más importante el cliente que el negocio.*

c) inferioridad: **menos que**

Este documento está menos claro que el fax.

d) formas irregulares:

positivo	*comparativo*	*superlativo*
bueno	mejor	óptimo, el mejor
malo	peor	pésimo, el peor
pequeño	menor	mínimo, el menor
grande	mayor	máximo, el mayor

e) ***tanto... como, tan poco... como***

Oraciones subordinadas modales

Se expresan:

a) Como: cuando el antecedente es un sustantivo o un adverbio de modo: *Se portó muy mal, como solía.*

b) Como para + infinitivo:

La Bolsa no está como para invertir.

c) Según:

Todo se acordó según estaba escrito (de la forma).

Formación de palabras

Derivación: procedimiento por el cual se forman vocablos, ampliando o alterando la estructura o significación.

Algunos prefijos:

Ante.-: indica procedencia en el tiempo, lugar o valoración: *antepasado.*

De-: indica procedencia: *devengar.*

Inter-: significa participación de varios sujetos: *intercomunicación.*

Pre-: indica anterioridad en el tiempo, lugar o valoración: *prehistoria.*

Re-: indica repetición (con verbos) e intensificación (con adjetivos y nombres): *reembolsa, renombre.*

Para hablar del tiempo

Memoria

Temperatura:

30° C   (treinta grados centígrados)

- 2° C   (dos grados bajo cero)

0° C   (cero grados)

Verbos impersonales o unipersonales:

Se utilizan en tercera persona del singular, con un sujeto indefinido. La mayor parte pertenecen a fenómenos atmosféricos: *alborear, amanecer, anochecer, diluviar, escarchar, helar, granizar, llover, lloviznar, nevar, relampaguear, tronar, ventar, ventiscar, acaecer, acontecer, ocurrir, pasar, suceder, convenir, parecer.*

Hacer frío, calor, buena temperatura, bochorno.

Voces latinas usuales

Ab initio (desde el principio).

Ab hominem (argumentación en la que se rebate al contrario con sus propios argumentos).

Ad-hoc (a propósito).

A posteriori (demostración que va del efecto a la causa).

Ex cátedra (con tono doctoral).

In extenso (con todo detalle).

Inter nos (entre nosotros).

Nota bene (para agregar explicaciones a un texto)

Cultismos para indicar número

1, mono	7, hepta	100, hecta
2, bis/bi	8, octo	1.000, kilo
3, ter, tri	9, enea	10.000, miria
4, tetra	10, deca	
5, penta	11, undeca	
6, sex/hexa	12, dodeca	

Adición

además	es más
asimismo	cabe añadir/observar
por otra parte	otro tanto puede decirse de
al mismo tiempo	por el contrario
algo parecido/semejante ocurre con	en cambio

Consecuencia		*Opinión*	*Resumen*
así	pues así	a juicio de muchos /de expertos	en suma en resumen total
pues	de ahí que	en opinión general	
por tanto	por ende	a mi (su/tu) entender /parecer	en resumidas cuentas
por lo tanto	total que	opino que	en una palabra
por consiguiente	de modo que	según (...) en fin	
en consecuencia	de suerte que		
consecuentemente			

Demostración

efectivamente	desde luego
en efecto	lo cierto es que
tanto es así (que)	la verdad es que
por supuesto	sin duda (alguna)
ciertamente	

Tallas

A. Señoras: vestidos, chaquetas, faldas

España y resto de Europa:	36	38	40	42	44	46	48	50	52	54
Gran Bretaña:		8	10	12	14	16	18	20	22	24	26
EE.UU.		6	8	10	12	14	16	18	20	22	24

B. Señoras: blusas, jerseys

España	38	40	42	44	46	48	50	52
GB	32	34	36	38	40	42	44	46
EE.UU.	10	12	14	16	18	20	22	24

C. Señores: trajes

España	44	46	48	50	52	54	56	58
GB EE.UU.}	34	36	38	40	42	44	46	48

D. Señores: camisas

En España y el resto de Europa (excepto Gran Bretaña que sigue la misma talla que los EE.UU. —en pulgadas) la medida del cuello de las camisas se toma en centímetros.

España	36	37	38	39	40	41	42
GB EE.UU.}	14	14,5	15	15,5	16	16,5	17

E. Cintura

En España y el resto de Europa se mide en centímetros y en el Reino Unido y los EE.UU. en pulgadas.

España	71	76	81	86	91	97	102	104	112
GB EE.UU.}	28	30	32	34	36	38	40	42	44

F. Zapatos

España	35	36	37	38	39	40
GB	2-2,5	3-3,5	4-4,5	5,5,5	6,6,5	7
EE.UU.	3,5-4	4,5-5	5,5-6	6,5-7	7,5-8	8,5

G. Guantes

No hay variación de tallas.

UNIDAD 6

Dieta: retribución complementaria que se paga a un empleado por desplazamientos fuera de su lugar de trabajo.

Entorno: ubicación o ambiente de una empresa o instalación.

Exposición: exhibición de productos con fines comerciales.

Ficha de inscripción: formulario o documento en el que se anotan los datos personales, o de la empresa, con el fin de participar en una reunión, feria o exposición.

Montaje: instalación.

Presupuesto: cálculo anticipado de los gastos o el coste de una obra o servicio.

Servicio de restauración: conjunto de establecimientos para comer y beber: restaurantes, cafeterías, bares, etc.

Tarjeta de visita: cartulina en la que están impresos los datos de la persona que representa a una empresa: nombre, cargo, dirección, etc.

Diccionario A

Atril: elemento que sirve para colocar libros o documentos y leer con comodidad.

Azafata: persona que atiende al público en una feria, exposición o congreso.

Diapositiva: fotografía en positivo que, al estar en cristal o película, puede ser proyectada sobre una pantalla.

Espectáculo: diversión pública que se celebra al aire libre o en un local cerrado.

Megafonía: instalaciones que favorecen la audición en locales y espacios grandes.

Muestra: parte pequeña que se toma como representativa de un producto.

Presentación: exposición de las cualidades de un producto o de una empresa.

Puntear: señalar o poner una marca en un escrito o relación.

Puntero: palo largo que se utiliza para señalar un punto distante (en un mapa, organigrama u otra representación).

Retroproyector: aparato que sirve para proyectar, mediante espejos y lentes, documentos opacos o transparentes, sobre una pantalla colocada generalmente detrás del conferenciante.

Diccionario B

Aduana: zonas de un país compuestas de oficinas, recintos acotados, almacenes y otros servicios, ubicadas en las fronteras, puertos y aeropuertos, por donde han de pasar las mercancías que se importan o exportan, con objeto de cobrar los derechos arancelarios y exigir el cumplimiento de las normas que regulan dicho tráfico.

DUA (Documento Único Aduanero): impreso obligatorio para los intercambios de mercancías entre los miembros de la Unión Europea, así como entre éstos y terceros países.

Cuaderno TIR: régimen aduanero especial que se aplica a los transportes de mercancías por carretera que facilita el despacho aduanero de los vehículos que se acogen a este régimen.

Cuaderno ATA: documento aduanero internacional que permite importar mercancías temporalmente.

Manifiesto: documento que deben presentar en la aduana los responsables de cualquier medio de transporte comercial, en el que se relacionan las mercancías que se transportan, así como una serie de datos relacionados con éstas.

Diccionario C

Saludar formal e informalmente:
> *Buenos días. Buenas tardes. Buenas noches.*
> *Buenas tardes, señoras y señores.*
> *¡Hola! ¿Qué tal?*
> *¿Cómo está usted?*
> *Encantada de verte/saludarte.*
> *Aprovecho la ocasión para saludarle.*

Funciones

Presentar(se):

Soy Antonio Beltrán.
Me llamo Lucía Pinillos.
Soy el Director del Departamento de Exportación de...
Como saben ustedes, nuestra empresa...
Comenzaremos con una breve presentación de...
La sesión de hoy está dedicada a...
Tengo el gusto de presentarles a...

Solicitar y dar información

¿Podría proporcionarme algunos detalles sobre...?
Quisiera saber...
Me interesaría comprobar...
En cuanto a las instalaciones...
¿Podría decirme la cuota de inscripción?
¿En qué puedo servirle?
Las condiciones para participar son...
A su disposición. Ahora mismo.

Indicar dimensiones, cantidades y capacidad:

Tiene una superficie de 150 m².
Mide un metro de alto por dos de ancho.
El precio por m² es...
Se compró por 50.000.000 de pesetas.
¿Cuánto mide de largo/ancho/fondo?
Tiene 14 metros de fachada.
La cuota de inscripción son 10.000 pesetas.
La Feria ocupa 30.000 m².
El auditorio tiene una capacidad para 1.800 personas.
Contamos con un aparcamiento para 230 coches.

Señalar situación exacta:

¿Podría indicarme en el plano...?
Nosotros estamos aquí y el pabellón 7 es...
El restaurante está en la planta baja, al lado del banco.
¿Hay alguna parada de autobús cerca? A 200 metros tiene una.

Expresar fórmulas de cortesía

¡Pase, por favor!
¡Bienvenido!
Tome asiento, por favor.
Tengo el gusto de invitarle a...
Permítame que le invite a...
Le ruego que me acompañe a...
Quedo a su disposición.
Cuando usted guste.

Indicar tarifas y precios:

El precio por persona, en habitación doble/individual es...
Ptas. 6.000, por persona.
Tenemos una tarifa fija. No podemos hacer descuentos.
Hay un menú turístico... a 1.500 el cubierto.
Son 12.500 + el I.V.A.
Podemos hacer un descuento del 5%.

Exponer resultados

En 1995, hubo 300 expositores.
El año pasado fue visitada por medio millón de personas.
Las ventas han aumentado en un 15%.
El incremento ha sido de un billón.
Los activos totales han crecido más del doble.
Nuestra cuota de mercado se ha visto...

Recordar instrucciones:

¿Ha comprobado ya...?
Habrás previsto...
No se olvide de...
No nos habremos olvidado de...
Me permito recordarle que las muestras...
Hay que verificar los aparatos de...

Expresar correlación y progresión:

Cuanto más lo miro más me gusta.
Cuanto más lo estudio menos me lo explico.
La empresa está en una posición cada vez más fuerte.
Cuanto menos hables mejor.

Solicitar ayuda lingüística

¿Cómo se dice...?
¿Cuál es la forma correcta de decir/de dirigirse a...?
¿Se puede decir...?
¿Cómo se llama este pescado?
¿Está bien dicho/escrito?
¿Con g o con j?

Para empezar:

— Buenos días/tardes, señores/señoras. Me llamo .... y soy el Director de .... En nombre de mi empresa, les doy la bienvenida.
— Permítanme que me/les presente.

Introducción:

— Como saben ustedes, nuestra empresa/producto...
— Me gustaría comenzar hablándoles sobre...
— El objetivo de esta reunión/convocatoria/presentación es...
— En primer lugar, vamos a...
— Comenzaremos con una breve presentación de nuestra empresa.
— En cuanto a nuestro producto/diseño/sistema/servicio...
— Mi intervención no durará más de treinta minutos. Se lo prometo. Y a continuación, tendremos el gusto de...
— Si tienen alguna pregunta, no duden en...
— Al final de la exposición contestaré gustosamente a todas sus preguntas.
— Como ven en el organigrama/gráfico/fotografía/escena...
— En la pantalla pueden apreciar...

Descripción de características:

— Se trata de un nuevo concepto/enfoque/avance.
— Ha sido diseñado/pensado/actualizado especialmente.
— Una característica importante/que hay que resaltar es...
— Me gustaría llamar su atención sobre...

Interpretación de datos/información:

— La curva ascendente/la zona de puntos indica/señala...
— Parece claro que... Esto nos lleva claramente a...
— De aquí podemos deducir/inferir...

Competencia y fortalezas o debilidades:

— Puede apreciarse la ventaja/diferencia.
— Destacamos especialmente.
— Satisface plenamente la necesidad de...

Reuniones

Comparar:
— Es mucho mejor/más blanco/suave/potente/sabroso/económico/rentable/seguro/eficaz.
— Se aprecia claramente...
— En comparación con.../ A diferencia de...
— No hace falta decir que.../ Fundamentalmente...

Para concluir:
— En resumen...
— Así pues, los aspectos más importantes...
— Eso es todo. Muchas gracias por su visita/atención.
— Y ahora, si desean alguna aclaración/información más detallada... Si tienen alguna pregunta...
— Si les parece, vamos a pasar a degustar/la demostración.

Gramática

Adverbios

De modo: **bien, mal, peor, mejor, así,** etc. A esta categoría pertenecen la mayoría de los adverbios terminados en -mente, que se forman añadiendo esta terminación a la forma femenina del adjetivo: *formal-formalmente; perfecta-perfectamente.*

Frases adverbiales de modo: *de repente, de nuevo, otra vez,* etc.

Ya: tiene valor de conjunción o de adverbio. Como adverbio confirma la realización de una acción, en pasado, presente o futuro: *ya he terminado.*

Todavía/Aún: puede señalar persistencia de la realidad o circunstancia:
Aún no hemos visto los salones.
No hemos llegado todavía.

Cuanto: Relativo que se utiliza cuando el antecedente es indefinido. Delante de comparativos expresa la correlación en la intensidad de ambos:
Cuanto más duermes, más sueño tienes.
Cuanto antes comience la reunión, mejor.
Cuanto mayor sea el riesgo, mayor será la rentabilidad.

Oraciones adversativas

Las coordinadas adversativas son aquellas oraciones en las cuales se contrapone una oración afirmativa y otra negativa. Las conjunciones utilizadas como nexo son: **más, pero, empero, sino, aunque, no obstante, antes bien, sin embargo.**

Varias locuciones pueden tener valor adversativo: ***excepto, fuera de, más que, salvo que, con todo, antes bien.***

Adverbios de afirmación:
sí, verdaderamente, también.

Adverbios de negación:
no, nunca, jamás, tampoco.

Adverbios de duda:
quizá, tal vez, acaso, a lo mejor.

Oraciones subordinadas temporales

Señalan el tiempo en que se realiza lo indicado por la oración principal. Las partículas utilizadas como nexos son: **cuando, en cuanto, como, que, mientras, después, antes.**

Perífrasis verbales de gerundio.
a) **Acabar + gerundio:** expresa el final de un proceso: *acabó ganando.*
b) **Estar + gerundio:** indica una acción que tiene lugar en el momento de que se habla: *estamos intentando recuperar lo invertido.*
c) **Salir + gerundio:** indica que la acción es el resultado final: *salimos ganando.*
d) **Seguir + gerundio:** expresa insistencia y repetición de la acción: *estos valores siguen subiendo.*

Colectivos relacionados con los números

Sin especificar
1, unidad
2, par/pareja
3, trío
10, decena
12, docena
15, quincena
20, veintena
100, centana/centenar/ciento
1.000, mil/miles/millar

Grupos de años
2, bienio
3, trienio
4, cuatrienio
5, quinquenio/lustro
6, sexenio
10, década
100, siglo
1.000, milenio

Unidad monetaria

La unidad monetaria en España es la peseta, dividida en céntimos. Los billetes de banco (papel moneda) tienen un valor de 1.000, 2.000, 5.000 y 10.000 pesetas. Las monedas tienen un valor de 1, 2, 5, 10, 25, 50, 100, 200 y 500 pesetas.

Medidas de longitud

Milímetro (mm): milésima parte del metro.
Centímetro (cm): centésima parte del metro.
Decímetro (dm): décima parte del metro.
Metro (m).
Decámetro (Dm): diez metros.
Hectómetro (Hm): cien metros.
Kilómetro (Km): mil metros.

Medidas de superficie

Metro cuadrado (m^2).
Área (a): cien metros cuadrados.
Hectárea (ha): cien áreas.

Medidas de peso

Miligramo (mg): milésima parte de un gramo.
Centigramo (cg): centésima parte de un gramo.
Decigramo (dg): décima parte de un gramo.
Gramo (g, gr).
Decagramo (Dg): diez gramos.
Hectogramo (Hg): cien gramos.
Kilogramo (kg): mil gramos.
Quintal métrico (q): cien kilos.
Tonelada métrica (t): mil kilos.
Decimales El signo indicador de decimales es la coma (,): *5,70 (cinco coma setenta).*

Prefijos indicando cantidad

Mega- (grande): *megalomanía.*
Micro- (pequeño): *micrófono.*
Oligo- (poco): *oligarquía.*
Omni-/pan- (todo): *omnipresente/panamericano.*
Poli-/multi- (mucho): *polivalente/multinacional.*
Semi-/hemi- (medio): *semiseco/hemiciclo.*
Proto- (primero): *protomártir.*

UNIDAD 7

Arbitraje: sistema extrajudicial que permite solucionar los problemas privados cuando las partes no se ponen de acuerdo.
Consentimiento: conformidad con una decisión determinada.

Contra reembolso: recepción de la mercancía previo el pago de su importe.

Convención jurídica: acuerdo que se aplica en relación con los derechos o las leyes.

Mediación: procedimiento que propone una solución a las partes en litigio, pero sin imponerla.

Ofimática: conjunto de técnicas informáticas utilizadas para facilitar el trabajo de oficinas en las empresas. Automatización.

Oneroso: costoso; gravoso.

Penalización: acción de castigar, mediante una sanción económica.

Diccionario B

Argumentar: defender la propia opinión.

Cláusula: disposición de un documento, de un contrato.

Embarque: acción de cargar las mercancías.

Diccionario C

Activo: conjunto de valores transformables en dinero que afectan en sentido positivo a la situación patrimonial de una empresa, o de un particular.

Almuerzo: comida del mediodía; en otros lugares, la comida que se toma a media mañana.

Base de datos: conjunto de informaciones organizadas con unas técnicas de acceso y tratamiento particulares y almacenadas sobre dispositivos de memoria masiva de un ordenador; banco de datos.

Existencias: mercancías que aún no han tenido salida.

Fusión: unión, unificación.

Pasivo: diferentes elementos comprensivos de deudas y obligaciones que afectan negativamente al patrimonio de una empresa, o de un particular.

Proveedor: suministrador.

Solvencia: garantía económica de una persona o empresa; crédito.

Funciones

Determinar con exactitud:
En 1936, la CCI publicó por primera vez...
Estos términos delimitan los derechos y obligaciones.
El número actual de cláusulas es trece.
Es la primera vez que...

Indicar objeto y utilización:
Tiene por objeto la transmisión de dominio.
Con el fin de establecer unas reglas...
Se cumplimenta para...
Determina con exactitud...

Definir:
El contrato es una convención jurídica mutua.
Es un conjunto de cláusulas llamadas INCOTERMS.

Negociar acuerdos comerciales:
¿Qué le parece si empezamos con un pedido...?
La primera entrega podría ser...
Sí, podríamos aceptarlo.
Sería imprescindible...
La política de nuestra empresa es FOB.
Teniendo en cuenta la solvencia...
Proponemos una carta de crédito...
El precio ex fábrica del catálogo.

Estipular condiciones contractuales:
Por el que la persona se obliga a...
En el caso de que se produzcan diferencias...
El contrato puede ser verbal y escrito.
De acuerdo con las condiciones pactadas.
Según el INCOTERM acordado...
El exportador pagará los derechos de aduana.

Indicar aspectos legales:
> *Por su naturaleza jurídica...*
> *Simplifica las condiciones de entrega.*
> *Hay fórmulas de mediación y arbitraje.*
> *La cláusula de penalización, en caso de...*

Expresar opinión
> *Es una ciudad muy agradable.*
> *Yo creo que su enfoque es...*
> *Tal vez sería conveniente...*
> *Bastante bien.*

Ganar tiempo:
> *Ya... Claro, claro...*
> *Bueno... En realidad...*
> *Déjeme ver... Vamos a ver...*
> *Entonces... Bueno, sí.*

Estilo directo:

Es el que se utiliza para repetir textualmente las palabras del hablante al que menciona:
> *El presidente dijo: «Estamos inmersos en una revolución bancaria».*

Oraciones subordinadas concesivas

En las que se hace referencia a la existencia de una dificultad u obstáculo para poder hacer algo. La oración principal indica que se llevará a cabo la acción a pesar de la dificultad. Las dos oraciones se unen por medio de: *aunque, si bien, a pesar de, por más que.*

1. Porcentaje

Número de cualquier clase de cosas que se toma, o se considera, de cada cien de ellas: *el porcentaje de mujeres que trabaja en la banca.*

Tanto por ciento: interés producido por cien unidades monetarias en la unidad de tiempo que se especifique: al 16% (dieciséis por ciento) *anual.*
al 5% (cinco por ciento) *mensual.*

2. Cálculo

$2 + 2 = 4$: dos y/más dos son cuatro
$6 - 2 = 4$: seis menos dos son cuatro
de dos a seis van cuatro
$2 \times 2 = 4$: dos por dos son cuatro
$32 : 8 = 4$: treinta y dos dividido por ocho son cuatro
$2^2 = 4$: dos al cuadrado son cuatro
$4^4 = 256$: cuatro a la cuarta potencia son doscientas cincuenta y seis
$\sqrt{16} = 4$: la raíz cuadrada de dieciséis es cuatro

3. Fracciones

1/2	medio/a
1 1/2	uno/a y medio/a
2 1/2	dos y medio/a [dos (quilos) y medio]
1/3	un tercio; la tercera parte
2/3	dos tercios; las dos terceras partes
1/4	un cuarto; la cuarta parte
3/4	tres cuartos; las tres cuartas partes
1/5	un quinto: la quinta parte
2/5	dos quintos: las dos quintas partes
2 3/4	dos y tres sextos
1/100	un centésimo; una centésima parte
1/1.000	un milésimo; una milésima parte
2 1/2%	dos y medio por ciento

4. Decimales

En español, el signo indicador de decimales es una coma, no un punto como ocurre en otras lenguas. Asimismo, el signo que separa las centenas de los miles y los cientos de miles del millón es un punto, no una coma.

4,68:   cuatro coma seis ocho/cuatro con sesenta y ocho.
3.571:   tres mil quinientos setenta y uno.

UNIDAD 8

Diccionario A

A la vista: en documentos bancarios, que se debe pagar en el momento de su prestación.
Al portador: valores o títulos que acreditan al que los presenta.
Cursar: enviar, expedir.
Desuso: que ha dejado de utilizarse; anticuado; sin vigencia.
Factura: documento comercial en el que se detallan los artículos comprendidos en una venta, o en cualquier transacción comercial, que se entrega al comprador.
Librador: persona que libra o expide una letra de cambio.
Nominativo: en los documentos bancarios, indica el nombre del propietario.
Pagaré: documento de compromiso de pago de una cierta cantidad, en un tiempo determinado.

Diccionario B

Prestador de un servicio: proveedor, suministrador.
Fiabilidad: margen de seguridad o confianza.
Letra de cambio: documento de crédito que se emplea en determinadas operaciones de compra.
Obligarse: contraer una obligación voluntariamente.
Plazo: término o tiempo señalado; vencimiento.
Terremoto: movimiento vibratorio violento de la corteza terrestre.

Diccionario C

Ajeno: impropio o extraño de alguien.
Divisa: moneda extranjera.
Extravío: pérdida.
Gasto: cantidad que hay que pagar; desembolso.
Gestión: administración; conjunto de trámites o acciones que se llevan a cabo para administrar una empresa.
Inundaciones: cubrirse de agua un lugar a causa del exceso de lluvia.
Retrasar el pago: no desembolsar el dinero en el momento señalado.

Funciones

Definir medios de pago y cobro:
Es el envío de fondos que hace...
Es una orden dada por...
Operación en virtud de la cual...
Orden de pago dada por una persona física.
Es un documento librado por una entidad.

Estipular condiciones:
Contra entrega de documentos.
A pagar al contado o a plazos.
El comprador condiciona el pago.
El vendedor no ha condicionado el...
Importador y exportador concluyen el contrato mediante...
Según las condiciones estipuladas.

Indicar seguridad y riesgo de las transacciones:

> *No presenta ningún riesgo.*
> *No ofrece garantías/seguridad.*
> *Tiene un riesgo.*
> *Es posiblemente el más seguro.*

Expresar ventajas e inconvenientes:

> *Es una operativa muy ventajosa.*
> *No reporta ventajas.*
> *La única ventaja.*
> *Por otra parte...*
> *No obstante, creo que tiene sus ventajas.*

Comparar instrumentos de cobro y pago:

> *El coste es superior.*
> *Resulta más ágil.*
> *El riesgo es menor.*
> *Tiene más ventajas que inconvenientes.*
> *Es el más utilizado.*

Expresar obligaciones:

> *Se compromete a pagar...*
> *Siempre que el beneficiario entregue...*
> *El comprador inicia la acción de pago.*
> *Esta relación conlleva derechos y obligaciones.*
> *En el caso de que se incumpliera...*

Pedir aclaraciones:

> *¿Me podrías aclarar unos detalles?*
> *Se trata de... No tengo claro...*
> *¿Cuál es la diferencia entre... y...?*

Plantear hipótesis:

> *¿Qué ocurriría en el caso de que...?*
> *¿Y si...?*
> *¿Qué podría pasar si...?*
> *¿Si no recupero la inversión...?*

Aclarar ideas expresadas:

> *Es decir... O sea...*
> *Querrás decir...*
> *Dicho de otra manera.*
> *Con otras palabras.*

Formación de las palabras

Por composición: son aquellas que resultan de unir otras que previamente tenían forma y significado autónomo. Se pueden subdividir en dos grandes grupos: ***por fusión y por unión.***

> ***Por fusión:*** sustantivo + sustantivo: *carricoche, compraventa.*
> sustantivo + adjetivo: *pelirrojo.*
> adjetivo + sustantivo: *medianoche.*
> sustantivo y verbo: *abrelatas.*
> sólo adjetivos: *agridulce.*
> fusiones facultativas: *hispanobelga.*

> ***Por unión:*** es una composición de sustantivos, mantienen sus acentos respectivos y se escriben juntos o unidos por un guión.

La variación de número suele afectar sólo al primer sustantivo: *hombres-clave, palabras-clave, cuenta-vivienda.*

Gramática

Ordinales

Indican el lugar o número de orden y concuerdan en género y número con el sustantivo al que acompañan.

1.º	primero	20.º	vigésimo
2.º	segundo	21.º	vigésimo primero
3.º	tercero	30.º	trigésimo
4.º	cuarto	40.º	cuadragésimo
5.º	quinto	50.º	quincuagésimo
6.º	sexto	60.º	sexagésimo
7.º	séptimo	70.º	septuagésimo
8.º	octavo	80.º	octogésimo
9.º	noveno/nono	90.º	nonagésimo
10.º	décimo	100.º	centésimo
11.º	undécimo	1.000.º	milésimo
12.º	duodécimo		antepenúltimo
13.º	decimotercero		penúltimo
14.º	decimocuarto		último
15.º	decimoquinto		

Primero y tercero pierden, en masculino singular, la -o final cuando van delante del nombre: *es el primer banco del país.*

Los ordinales se utilizan, en general, hasta 10.º A partir de ahí suelen sustituirse por los cardinales: *Isabel I (primera).*
Alfonso XII (doce).

Números romanos

Esta numeración se utiliza para indicar el número de orden en una sucesión: papas, monarcas, nobles, acontecimientos (congresos, ferias, festivales), siglos, el año de edificación de los monumentos y la numeración de los capítulos de los libros.

Felipe V (quinto)   *Pablo VI* (sexto)
Carlos III (tercero)   *Siglo XV* (quince)
Isabel II (segunda)   *MDCCLV* (1755)
Capítulo IV (cuarto)

I = 1	X = 10	C = 100
V = 5	L = 50	D = 500
		M = 1.000

Países y monedas

País	Gentilicio	Moneda
Afganistán	afgano/a	afganí
Albania	albanés/-a	lek
Argelia	argelino/a	dinar argelino
Alto Volta		franco CFA
Andorra	andorrano/a	franco francés; peseta
Angola	angolano/a	escudo angolano
Arabia Saudita	árabe	riyal
Argentina	argentino/a	peso argentino
Australia	australiano/a	dólar australiano
Austria	austríaco/a	chelín
Bahama		dólar
Bangladesh		taka
Barbados		dólar caribeño
Bélgica	belga	franco belga
Belice	belicense; beliceño/a	dólar
Benín		franco CFA
Birmania	birmano/a	kyat
Bolivia	boliviano/a	peso boliviano
Botswana		rand sudafricano

País	Gentilicio	Moneda
Brasil	brasileño/a	cruceiro
Bulgaria	búlgaro/a	lev
Burundi		franco
Bután		rupia hindú
Cabo Verde		escudo
Camerún	camerunense	franco CFA
Canadá	canadiense	dólar canadiense
Ciudad del Vaticano		lira italiana
Colombia	colombiano/a	peso colombiano
Corea del Norte	coreano/a	won
Corea del Sur	coreano/a	won
Costa de Marfil		franco CFA
Costa Rica	costarricense	colón
Cuba	cubano/a	peso cubano
Chad		franco CFA
Checoslovaquia	chescoslovaco/a	corona
Chile	chileno/a	escudo chileno
China	chino/a	yuan
Chipre	chipriota	libra chipriota
Dinamarca	danés/-a	corona danesa
Ecuador	ecuatoriano/a	sucre
Egipto	egipcio/a	libra egipcia
El Salvador	salvadoreño/a	colón salvadoreño
Escocia	escocés/-a	libra esterlina
España	español/-a	peseta
Estados Unidos de A.	estadounidense	dólar americano
Etiopía	etíope	dólar etíope
Filipinas	filipino/a	peso filipino
Finlandia	finlandés/-a	markka
Fidji		dólar
Francia	francés/-a	franco francés
Gabón	gabonés/-a	franco francés
Gales	galés/-a	libra esterlina
Gambia		dalasi
Ghana	ghanés/-a	cedi
Grecia	griego/a	dracma
Groenlandia	groenlandés	
Guatemala	guatemalteco/a	quetzal
Guinea	guineo/a; guienés/-a	suli
Guinea Ecuatorial	guineo/a; guienés/-a	peseta guineana
Guayana	guayanés/-a; guyanés/-a	dólar
Haití	haitiano/a	gourde
Holanda	holandés-a/; neerlandés-a	guilder
Honduras	hondureño/a	lempira
Hungría	indio; hindú	rupia
Indonesia	indonesio/a	rupia
Inglaterra	inglés/-a	libra esterlina
Irán	iraní;persa	rial
Iraq	iraquí	dinar iraquí
Irlanda	irlandés/-a	libra irlandesa
Islandia	islandés/-a	corona
Islas Caimanes		dólar jamaicano
Islas Maldivas		rupia
Islas Malvinas		libra malvina
Islas Seychelles		rupia
Israel	israelí; israelita	libra israelita
Italia	italiano/a	lira
Jamaica	jamaicano/a	dólar jamaicano
Japón	japonés/-a; nipón/-a	yen

País	Gentilicio	Moneda
Jordania	jordano/a	dólar jordano
Kenia	keniota	chelín
Kuwait	kuwaití	dinar kuwaití
Laos	laosiano/a	kip
Líbano	libanés/-a	libra libanesa
Lesotho		rand
Liberia	liberiano/a	dólares liberianos
Libia	libio/a	dinar libio
Liechtenstein		franco suizo
Luxemburgo	luxemburgués/-a	franco luxemburgués
Madagascar	malgacho/a	
Malasia	malayo/a	dólar malayo
Malawi		kwacha
Mali		franco
Malta	maltés/-a	libra maltesa
Marruecos	marroquí	dirham
Mauritania	mauritano/a	franco CFA
México	mexicano/a; mejicano/a	peso mexicano
Mónaco	monegasco/a	franco francés
Mongolia	mongol	tugrik
Mozambique	mozambiqueño/a	escudo mozambiqueño
Namibia		rand
Nauru		dólar australiano
Nepal	nepalés/-a	rupia
Nueva Zelanda	neozelandés/-a	dólar neozelandés
Nicaragua	nicaragüense	córdoba
Níger	nigeriano/a	franco CFA
Nigeria	nigeriano/a	naira
Noruega	noruego/a	corona noruega
Nueva Zelanda	neozelandés/-a	dólar neozelandés
Omán	omaní	rial omaní
Palestina	palestino/a	
Panamá	panameño/a	balboa
Papua	papú	kina
Paquistán	paquistaní	rupia
Paraguay	paraguayo/a	guaraní
Perú	peruano/a	sol
Polonia	polaco/a; polonés/-a	zloty
Portugal	portugués/-a; lusitano/a	escudo portugués
Puerto Rico	puertorriqueño/a	dólar USA
Qatar		riyal qatar
República Centro-africana		franco CFA
República Dominicana	dominicano/a	peso dominicano
República Federal de Alemania	alemán/-a	marco
Rep. Popular del Congo	congoleño/a	dinar
Rep. Pop. Democrática del Yemen		dinar
Rep. Sudafricana		rand
Rumania	rumano/a	leu
Ruanda		franco
Samos Occidental	samoano/a	tala
San Marino		lira
Senegal	senegalés/-a	franco CFA
Sierra Leona		leone
Singapur		dólar
Siria	sirio/a	libra siria

País	Gentilicio	Moneda
Somalia	somalí	dólar somalí
Sri Lanka	cingalés/-a	rupia cingalesa
Sudán	sudanés/-a	libra sudanesa
Suecia	sueco/a	corona sueca
Suiza	suizo/a	franco suizo
Surinam		guilder
Swazilandia		rand
Tailandia	tailandés/-a	bath
Tanzania	tanzano/a	chelín tanzano
Timor		escudo
Taiwan		dólar
Togo		franco CFA
Trinidad & Tobago		dólar
Tunicia	tunecino/a	dinar tunecino
Turquía	turco/a; otomano/a	lira turca
Uganda	ugandés/-a	chelín ugandés
Unión Soviética	ruso/a	rublo
Uruguay	uruguayo/a	peso uruguayo
Venezuela	venezolano/a	bolívar
Vietnam	vietnamita	dong
Yemen	yemenita	riyal yemenita
Yugoslavia	yugoslavo/a	dinar yugoslavo
Zaire	zaireño/a	zaire
Zambia		kwacha
Zimbabwe		

Nota: Si el gentilicio no figura debe utilizarse una oración con *ser: Es de Alto Volta. Es de Surinán.* En ocasiones se usa el gentilicio formado por analogía, aunque no sea usual: *Butanés* (de *Bután), taiwanés* (de *Taiwán):*

UNIDAD 9

Fluvial: perteneciente o relativo a los ríos.
Lacustre: perteneciente o relativo a los lagos.
Marco jurídico: límites en que se sitúa todo lo relacionado con el derecho o las leyes.
Perecedero: que dura poco; tiene caducidad.
Práctico: marino experto que dirige la navegación en zonas difíciles, especialmente en la entrada de los puertos.

Diccionario A

Almacenaje: depósito de mercancías en un almacén; almacenamiento.
Ataúd: caja de madera o metal donde se pone a los muertos para enterrarlos.
Daños: perjuicio producido en las mercancías.
Embalaje: caja o envoltura de las mercancías.
Envase: recipiente para las mercancías.
Estiba: operación para la distribución de pesos o carga en las embarcaciones de forma conveniente.
Indemnización: compensación por daños y perjuicios.
Película virgen: cinta de celuloide preparada para servir de placa fotográfica que no ha sido utilizada todavía.
Rotulado: conjunto de letreros o etiquetas que indica el contenido, origen y destino en las mercancías.

Diccionario B

Averías: daños materiales que sufren de forma parcial las mercancías.

Avería común o gruesa: perjuicio o daño incurrido por el capitán, con el fin de evitar un daño serio o pérdida total o parcial del barco y/o de las mercancías en beneficio de un interés común.

Avería particular o simple: daños materiales que sufren de forma parcial las cosas que son objeto de contrato, en especial el barco mercante y su carga.

Baratería: cualquier acto u omisión del capitán, patrón o tripulación que vaya en perjuicio del armador, del cargador de las mercancías o de los aseguradores y que hayan sido causados voluntariamente al buque o a su carga. Se distinguen dos clases: baratería simple (cuyo origen es una falta leve y ajena a toda intención de delito, causada por impericia o imprudencia) y baratería fraudulenta (de carácter delictivo).

Cargamento: conjunto de mercancías que carga un barco o avión.

Póliza: documento acreditativo del contrato de seguro.

Precinto: ligadura sellada que se pone a los bultos para que no puedan ser abiertos sin que aquélla sea rota.

Siniestro: desgracia o infortunio causado generalmente por fuerzas naturales.

Describir medios de transporte:
Modalidad idónea para...
Modalidad efectuada por mar...
Existen dos grandes especialidades:
Los buques que transportan carga fraccionada...
Sistema que ha cambiado los modos operativos.

Exponer condiciones contractuales
Son CIF Guayaquil 1990
El porteador se obliga mediante contrato.
Bajo su propia responsabilidad.
El fletante se obliga a...
Por este trabajo cobra un flete.
Les conviene a ustedes contratar...

Hablar de embalaje, materiales y mercancías
Un embalaje adecuado permite reducir...
La función del embalaje es...
Hay que distinguir entre envase y embalaje.
Se coloca la mercancía en cajas, jaulas, toneles, etc.
Podemos usar cáñamo, cartón, madera, etc.
Productos perecederos, sólidos, líquidos, etc.
Mercancía frágil, delicada y peligrosa.

Señalar peligro
El rotulado permite indicar...
Frágil. Peligro.
Materiales radioactivos.

Expresar dimensiones
Productos de tamaño reducido.
¿Cuáles son las dimensiones?
20' x 8' x 8'
Carga máxima en kg 20.320
Ancho de vía 1.435 mm
115 m^3

Expresar posibilidad y probabilidad
Puede dar lugar a pérdidas.
El porteador dispone de dos instrumentos.
Es muy probable de que cause perjuicios.
Recuerde que es posible ampliar la póliza.
¿Podría utilizar la póliza por viaje?

Manifestar eventualidad
Si no se protege puede causar avería.
¿Las instrucciones para actuar en caso de...?
Si las mercancías están en situación dudosa...

Dar instrucciones
Hay que aprovechar bien el espacio.
Protéjase contra la humedad.
Tenemos que trincar bien los bultos.
Avisar inmediatamente al inspector.

Formación de palabras

Derivación
Prefijos:
Anti-: indica oposición: *antieconómico.*
Contra-: indica oposición *contraprestación.*
Infra-: indica inferioridad: *infravalorar.*
Ultra-: indica intensificación: *ultramoderno.*

Cultismos
En la formación de palabras intervienen raíces griegas o latinas, sobre todo en terminología científica.
Arqueo-(viejo): *arqueología.*
Neo- (nuevo): *neoliberalismo.*
Auto- (por uno mismo): *autonomía.*
Cripto- (oculto): *criptografía.*
Equi-(igual): *equidistante.*
Para-(semejante): *parapsicología.*

6. Temperatura

	Centígrado (C)	Fahrenheit (F)
Grado de ebullición	100	212
	90	194
	80	176
	70	158
	60	140
	50	122
	40	104
	30	86
	20	68
	10	50
Grado de congelación	0	32
	- 10	14
	- 17,8	0

Medidas cúbicas
1 centímetro cúbico = 0,061 pulgada cúbica.
1 metro cúbico = 35.315 pies cúbicos.
1 metro cúbico = 1.308 yardas cúbicas.

---

1 pulgada cúbica = 16.387 cm^3
1 pie cúbico (1.728 pulgadas cúbicas) = 0,028 m^3
1 yarda cúbica (27 pies cúbicos) = 0,765 m^3
1 tonelada de registro (100 pies cúbicos) = 2.832 m^3

Medidas de capacidad

1 litro (1.000 centímetros cúbicos) = 1,76 pintas.
1 litro = 0,22 galón

Para líquidos:

1 pinta = 0,57 litro   1 pinta (USA) = 0,473 litro
1 cuarto (2 pinzas) = 1.136 litros   1 cuarto (USA) = 0,946 litro
1 galón (4 cuartos) = 4.546 litros   1 galón (USA) = 3.785 litros

Para sólidos:

1 peck (2 galones) = 9.087 litros   1 pack (USA) = 8,81 litros
1 bushel (4 pecks) = 36,36 litros   1 bushel (USA) = 35,24 litros
1 cuarto (8 bushels) = 290,94 litros

UNIDADES DE MEDIDA: factores de conversión

UNIDADES DE		PARA CONVERTIR	EN	MULTIPLICAR POR
Longitud	25,401	Milímetros	Pulgadas	0,0394
	2,5401	Centímetros	Pulgadas	0,3937
	0,3048	Metros	Pies	3,2808
	0,9144	Metros	Yardas	1,0936
	1,8288	Metros	Brazas	0,5468
	1,6093	Kilómetros	Millas tierra	0,6214
	1,8522	Kilómetros	Millas mar (USA)	0,5399
	1,8532	Kilómetros	Millas mar (U.K.)	0,5396
Superficie	645,160	Milímetros cuadrados	Pulgadas cuadradas	0,001550
	6,4516	Centímetros cuadrados	Pulgadas cuadradas	0,1550
	0,0929	Metros cuadrados	Pies cuadrados	10,7639
	0,8361	Metros cuadrados	Yardas cuadradas	1,1960
	0,004046	Kilómetros cuadrados	Aces	247,105
	2,5900	Kilómetros cuadrados	Millas cuadradas	0,3861
	0,4046	Hectáreas	Acres	2,4710
Volumen	16,3872	Centímetros cúbicos	Pulgadas cúbicas	0,0610
	0,0283	Metros cúbicos	Pies cúbicos	35,3145
	0,7646	Metros cúbicos	Yardas cúbicas	1,3079
	0,003785	Metros cúbicos	Galones (USA)	264,178
	0,004545	Metros cúbicos	Galones (U.K.)	219,976
Capacidad	0,01639	Litros	Pulgadas cúbicas	61,0238
	28,3205	Litros	Pies cúbicos	0,03531
	3,7850	Litros	Galones (USA)	0,2642
	4,5454	Litros	Galones (U.K.)	0,2200
	0,4732	Litros	Pintas líquidas	2,1134
	0,9463	Litros	Quarter líquidas	1,0567
	0,03785	Hectolitros	Galones (USA)	26,4178
	0,04545	Hectolitros	Galones (U.K.)	21,9976
	0,3524	Hectolitros	Bushels (USA)	2,8378
	0,3636	Hectolitros	Bushels (U.K.)	2,7497
Peso	28,3495	Gramos	Onzas (Av.)	0,0353
	31,1035	Gramos	Onzas (Troy)	0,0321
	0,4536	Kilogramos	Libras (Av.)	2,2046
	0,3732	Kilogramos	Libras (Troy)	2,6792
	6,350	Kilogramos	Stones (st.)	0,157
	12,701	Kilogramos	Quarter (gr.)	0,079
	0,5082	Quintales métricos	Hundredweights (cwt.)	1,968
	0,0004535	Toneladas métricas	Libras (Av.)	2.204,62
	0,907185	Toneladas métricas	Toneladas (USA)	1,1023
	1,016047	Toneladas métricas	Toneladas (U.K.)	0,9842
Velocidad	1,6093	Kilómetros/hora	Millas/hora	0,6214
	1,8532	Kilómetros/hora	Nudos	0,5396
Potencia	1,0139	Caballos vapor	Horsepower	0,9863
Temperatura	$°C = \dfrac{5 \times (°F - 32)}{9}$	Grados centígrados	Grados Fahrenheit	$°F = \dfrac{9 \times °C}{5} + 32$
	MULTIPLICAR POR	← EN ←	PARA CONVERTIR	

ment; UNCTAD: United Nations Conference on Trade and Development.

2.a.
Los Países en Vías de Desarrollo; El Acuerdo General sobre Aranceles de Aduana y Comercio; La Organización Europea de Cooperación Económica; La Comunidad Económica Europea; la Unión Europea; la Organización de las Naciones Unidas; el Sistema Monetario Internacional; La Unidad de Cuenta Europea; la Comunidad Económica del Carbón y del Acero; el Banco Internacional para la Reconstrucción y el Desarrollo.

3.b.
estuvo/es/es/es/fueron/está.

4.a.
SOPA de Letras.

Sección C

3.c.
belicense y beliceño; estadounidense; danés; guatemalteco; holandés y neerlandés; caribeño; andino; canadiense; polaco; alpino.

Clave de la solución de los ejercicios

UNIDAD 1

Sección A

1.c.
1. mayorista/minorista; 2. moneda del país vendedor; 3. comercio interior; 4. comercio exterior; 5. relación entre el valor de las exportaciones e importaciones es igual a 1; 6. saldo de la balanza comercial.

3.a.
se han producido/se realiza/se denomina/se produce/se fabrica/se derivará.

3.b.
política/país/actuación/económico/políticamente/sólo/economía.

3.d.
1. es; 2. es; 3. son; 4. está; 5. ha sido.

Sección B

1.a.
GATT: General Agreeement on Tariffs and Trade; IBRD: International Bank for Reconstruction and Development; IMF: International Monetary Fund; OECD: Organization for Economic Cooperation and Develop-

UNIDAD 2

Sección A

1.c.
1. capacidad logística; 2. calidad; 3. productos; 4. capacidad financiera; 5. recursos humanos; 6. recursos humanos.

4.b.
1./h; 2./j; 3./g; 4./a; 5./b; 6/f; 7./c; 8./e; 9./d; 10./i.

Sección B

1.a.
1.c; 2.c; 3.b; 4.a; 5.a.

1.c.
2.d; 3.a/e/g/h/j; 4.b/e/h/k; 5.f/h/k; 6.d; 7.a/e/i; 8.a/c/e/g/h; 9.d; 10.h/j.

Sección C

3.a.
1. tanto; 2. bastante; 3. más; 4. todo; 5. más.

3.b.
1.o; 2.e/o; 3.e; 4.u; 5.ni.

UNIDAD 3

Sección A

3.c.
1. Publicación didáctica que resume lo más esencial de una materia.
2. Resumen de las actividades principales de una empresa de la que se puede obtener una información exacta de su situación económica.
3. Conjunto de información organizadas con unas técnicas de acceso y tratamiento particulares que están almacenadas en dispositivos de memoria masivos de los ordenadores.
4. Es una publicación que recopila la más completa información sobre normativa aduanera, manteniéndola permanentemente actualizada.
5. Medio informativo impreso, de periodicidad variable, que publica información actualizada sobre un tema o profesión.
6. Publicación que recoge el cuerpo legal de tarifas que gravan las operaciones de comercio exterior.
7. Pequeño cortometraje realizado en vídeo que pretende dar a conocer una empresa o un producto.
8. El vídeotex es un servicio público que permite el acceso, a través de la red IBERTEX de Telefónica, a la información que facilitan empresas u organismos, tanto públicos como privados.

3.c.
1. todos los días; 2. una vez al año; 3. una vez al mes; 4. una vez a la semana; 5. una vez cada tres meses; 6. una vez cada cinco años; 7. una vez cada quince días; 8. una vez cada seis meses.

4.c.
actualización/d; contenido/a; recuperación/g; descripción/a; volumen/f; fuentes/b; idioma/c; productor/e.

Sección B

1.b.
A. 2; B.4; C.1; D.5; E.3.

3.a.
F.A.D.: 4.c/cuyo; C.A.R.I.: 5.a/en el que; C.E.S.C.E.: 2.c./en cuya; M.I.G.A.: 3.d./que; I.V.A.: l.f/que; R.P.A.: 4.b/por el cual.

3.c.
A/D/F/C/E/B.
3.c.1.: Seguro de Crédito a la Exportación para «PYME».

Sección C

3.a.
1. nuestro/sus; 2. sus; 3. nuestro/suyo// su//nuestro; 4. mi o nuestra; 5. sus/nuestros// nuestros/sus.

3.f.
Banco/gastos/Letra de cambio; a cuenta/cuenta corriente/nuestro cheque/comisión/efecto a pagar/salvo error u omisión.

4.b.
1. Suma/adición; 2. resta/sustracción; 3. multiplicación; 4. división; 5. raíz cuadrada; 6. igualdad; 7. no igualdad; 8. mayor que; 9. menor que; 10. infinito; 11. por ciento; 12. identidad.

UNIDAD 4

Sección A

1.a.
A. solicitud de información; B. disculpa y aviso de embarque; C. envío de catálogo; D. Aviso de embarque; E. pedido; F. reclamación.

1.c.
A/C/E/D/F/B
* Se han perdido las cartas correspondientes a la solicitud y envío de oferta, detrás de A y C.

3.a. (Véase apéndice de abreviaturas).

3.d.
2/5/3/100/4/6.

4.b.
3/5/6/8/2/1/7/4

Sección B

1.c.
1.d; 2.f; 3.e; 4.a; 5.b; 6.c.

Sección C

1.a.
a/7; b/4;c/10; d/9; e/1.

1.b.
a/6; b/5; c/6; d/1; e/3; f/4; g/2.

2.b.
1. documentación; 2. factura comercial/proforma/factura/británicas; 2. origen; 2. documentar/licencia/calidad; 2. zoosanitario/fitosanitario.

3.b.
número/kilo/referencia/Número de Identificación Fiscal/Sociedad Limitada/número; metro cuadrado/código/modelo/tonelada métrica/máximo/mínimo.

UNIDAD 5

Sección A

1.b.
C: 1/3/5/7.
I: 2/4/6/8.

Sección B

1.c.
1/c; 2/a; b y c; 3/; 4/c; 5/c.

Sección C

3.a.
1. marca comercial registrada; 2. patente; 3. nombre comercial; 4. marca comercial; 5. rótulo; 6. logotipo; 7. OAMI.

UNIDAD 6

Sección A

3.d.
c2/20% de Impuesto sobre el Valor Añadido/16 m³/2 Tm./0,80 pesetas vatio por día/treinta mil pesetas el metro cuadrado/ciento quince milímetros por doscientos diez milímetros/cuatrocientos kilos.

4.b.
CRIPTO: relacionado con clave, código; EURO: denominación de origen europea; DULCI: productos de confitería, dulces;BIO: bioquímica, alimentación, etc.; FARMA: productos farmacéuticos, medicinas; TEC: tecnología; DIDAC: didáctica, enseñanza, juguetes; EMBAL: envase y embalaje.

4.d.
1/j; 2/f; 3/g; 4/h; 5/b; 6/i; 7/a; 8/c; 9/e; 10/d.

Sección B

1.a.
1. vídeo; 2. televisión; 3. proyector de películas; 4. diapositivas; 5. retroproyector; 6. proyector de diapositivas; 7. bloc de conferencias; 8. puntero; 9. rotuladores; 10. grabadora; 11. transparencias; 12. dos copias del vídeo; 13. pizarra; 14. atril.

Sección C

1.a.
1. disposiciones; 2. régimen; 3. intervencionismo; 4. normativa; 5. tramitación; 6. restricciones; 7. licencia; 8. despacho; 9. procedimiento; 10. competente; 11. derechos; 12. impuesto.

1.b.
1. régimen de comercio; 2. licencia; 3. restricciones cuantitativas; 4. despacho de Aduana; 5. arancel de Aduanas; 6. certificado de arancel rebajado.

UNIDAD 7

Sección A

1.c.
1. contrato por escrito e INCOTERMS; 2. documentos administrativo-aduaneros; 3. oneroso; 4. RAFTD; 5. negociación del contrato.

4.b.1.
antes: b/c/e/g/h; reunión: d; después: a/f.

Sección B

1.b.
V: 2/4/5/6/7; F: 1/3/8/9/10.

3.a.
1. aduana/puerto, DEQ; 2. seguro/flete marítimo, CIF; 3. transportista; FCA; 4. costado/muelle/embarque, FAS.

3.c.
1. DDP; 2. EXW; 3. FAS; 4. CIF.

Sección C

1.a.
1. no, ya que realiza la exportación; 2. es jefe de Compras; 3. no; 4. no; 5. no; 6. FOB; 7. no.

3.a.
5/11/1/6/12/2/8/10/9/3/7/4.
Importador: 5/1/12/8/9/7; Exportador: 11/6/2/10/3/4.

3.d.
1/e; 2/f; 3/a; 4/g; 5/b; 6/c; 7/d.

UNIDAD 8

Sección A

1.a.1.
Simples: cheque personal y bancario, orden de pago simple, remesa simple; documentarios: orden de pago documentaria, remesa documentaria y crédito documentario.

1.a.2.
I. transferencia bancaria y SWIFT; II. remesas; III. crédito documentario; IV. cheque bancario; V. cheque bancario internacional; VI. cheque personal; VII. orden de pago y documentaria.

1.c.
Sí: 1/5/7; No: 2, orden de pago, remesa y crédito documentario; además de las peculiaridades de las distintas legislaciones, diferencias idiomáticas y usos mercantiles

diversos; 3. los simples no necesitan documentación; 4. en las remesas, la acción la inicia el vendedor; 6. la cláusula blanca no existe.

2.a.
1: 1/f; 2/a; 3/c; 4/g; 5/e; 6/d; 7/b.
2: 1/b; 2/d; 3/a; 4/e; 5/c.
3: 1/a; 2/c; 3/c; 4/g; 5/f; 6/a; 7/b; 8/e.

3.d.
La diferencia entre 3.657/3.700 = 43 pesetas.

Sección B

3.e.
1/j/10; 2/n/5; 3/i/4; 4/a/8; 5/m/4; 6/f/9; 7/l/1; 8/e/7; 9/b/2; 10/k/3; 11/g/7; 12/h/6; 13/c/1; 14/d/10.

Sección C

1.b.
1. comercial; 2. operativo; 3. comercial, operativo y/o de crédito; 4. extraordinario; 5. político y económico; 6. de asistencia a ferias.

1.c.
1. inversión, 2. boicoteo; 3. embargo; 4. requisa; 5. insolvencia; 6. amortizado; 7. prospección.

UNIDAD 9

Sección A

1.a.
1./avion/aéreo;2./camión/tolva//ferrocarril/terrestre; 3. transatlántico/RoRo Ferry/portacontenedores/marítimo/multimodal; 4. camión/transatlántico, etc./multimodal; 5. portacontenedores/contenerizado; 6. varios/transitario.

3.1.
mayor/mejor/racional/medio/aduana/condiciones/oportunidad/materias primas/óptimas/crucial.

3.b. (Véase apéndice de siglas).

4.c.
a. CMC, carta de porte por carretera; b. carta de porte aéreo; c. documento de transporte, emitido por transitario; d. carta de porte por ferrocarril; e. embarque marítimo.

Sección B

1.c.
1. caja de madera/metal; 2. bala; 3. caja de cartón; 4. bidón; 5. envase de cartón; 6. tonel; 7. jaula; 8. saco; 9. contenedor refrigerado.

2.c.
1. este lado hacia arriba; 2. productos radiactivos; 3. no usar ganchos; 4. proteger de la humedad; 5. productos peligrosos; 6. frágil/vidrio; 7. materiales corrosivos; 8. levantar con cadenas; 9. no rodar; 10. proteger contra el calor; 11. proteger contra el frío; 12. centro de gravedad; 13. levántese por aquí.

3.b.

Español	Francés	Inglés	Alemán
Abrir por aquí	Ouvrir ici	Open here	Hier öffnen
Cuidado	Attention	Handel with care	Vorsicht
Este lado arriba	Cette face en haut	This side up	Diese Seite oben
Frágil	Fragile	Fragile	Zerbrechlich
Guardar en lugar fresco	Garder en lieu frais	Keep cool	Kühl aufbewahren
Guardar en lugar seco	Garder en lieu tomber	Keep dry	Trocken lagern
No tumbar	Ne pas laisser tomber	Don't drop	Nicht stürzen
No volcar	Ne pas renverser	Not to be tipped	Nicht kanten
Peso bruto	Poids brut	Gross-weight	Bruttogewicht
Peso neto	Poids net	Nett-weight	Nettogewicht
Peso tara	Poids tare	Tare-weight	Taragewicht
Proteger contra el calor	Craint la chaleur	Keep cool	Vor Hitze schützen
Proteger contra la humedad	A préserver de l'humidité	Keep dry	Vor Nässe schützen
Vidrio, cristal	Verre	Glass	Glas

Sección C

1.c.
Acción: reclamación/avisar; documento: informe pericial/reclamación/recibo; persona: inspector/porteador/depositario/representante;

3.e.
Código de Comercio/condiciones/póliza/riesgos/embarque y desembarque/transbordo/bodegas/avería/indemnizará/franquicias/póliza/bulto/siniestrado/conocimiento/a granel.

4.b.
SOPA de letras.

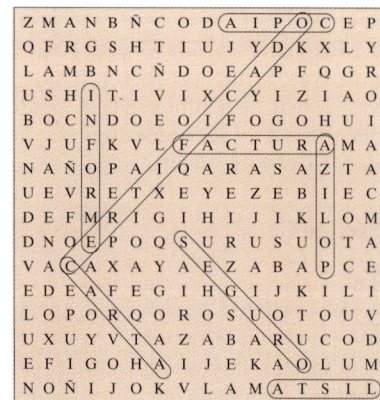

Apéndice de abreviaturas y siglas

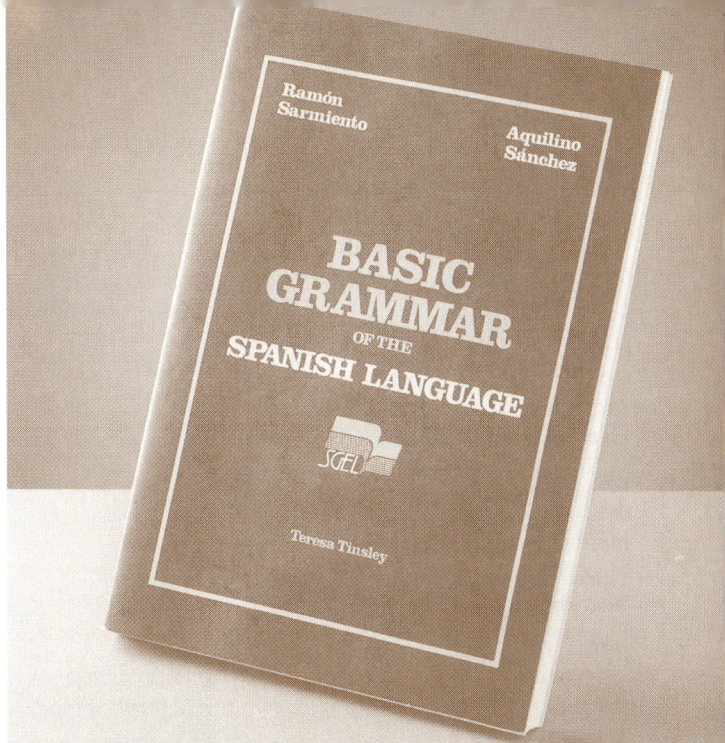

BASIC GRAMMAR OF THE SPANISH LANGUAGE

Ramón Sarmiento   Aquilino Sánchez

SGEL

Teresa Tinsley

ABREVIATURAS

a/c. ....A cuenta
Admón..................Administración
a/f. ....A favor
apdo. o aptdo. Apartado (Correos)
Art. o Art.º.........................Artículo
Avda....................................Avenida

Bco. o B. ....Banco
BOE.....Boletín Oficial del Estado

C.V. o H.P. ....Caballos de vapor
c/ ....Calle
c.º ....Cambio
cap. o cap.º.........................Capítulo
cgo. o c...................................Cargo
C..Carta
c/o ....Carta orden
cg.....................................Centigramo
c...................................Centilitro
cm. ....Centímetro
Cert............................Certificado
Cda. ....Ciudad
Cód. ....Código
Com. ....Comisión
Cía., Comp.ª, c.ª ....Compañía
cje......................................Corretaje
Cta. ....Cuenta
Cta. cte. o c/c......Cuenta corriente

ch...Cheque

D. ....Don
D.ª..Doña
Dg..............................Decagramo
Dl. ....Decalitro
D. ....Decámetro
dm. ....Decímetro
dpto.......................Departamento
dcha. ....Derecha
dto. ....Descuento
d/................................Día(s)
d/f ....Días fecha
d/v ....Días vista
D.m. ....Dios mediante
Dtor. ....Director
Dr. ....Doctor
doc. ....Documento
dupdo. dupl. ....Duplicado

Ed. ....Edición, editor, editorial
efvo. ....Efectivo
E/ef............................Efecto(s)
E/pag....................Efecto a pagar
E/cob. ....Efecto a cobrar
E/neg................Efecto a negociar
ej. ....Ejemplo
E.P.M.................En propia mano
entlo. ....Entresuelo
e/...................................Envío
E ....Este (punto cardial)
etc. ....Etcétera

Excmo. ....Excelentísimo
ext. ....Exterior

fáb...................................Fábrica
fra. ....Factura
fcha. ....Fecha
f/f.........................Fecha factura
f.º, fol....................................Folio
fr. ....Franco

gtos. ....Gastos
gral. ....General
g/..Giro
G.P., g/p. ....Giro postal
G.T., g/t. ....Giro telegráfico
g., grs.........................Gramo(s)

Ha ....Hectárea
Hg ....Hectogramo
Hl.........................Hectolitro
Hm. ....Hectómetro
Hnos...........................Hermanos

ib, ibid.................................Ibidem
íd ....Idem
Ilmo. ....Ilustrísimo
Impte...............................Importe
Impto. ....Impuesto
IVA ....Impuesto sobre el
                            Valor Añadido

Juzg.º.....................................Juzgado

Kg. ....Kilogramo
Km..................................Kilómetro
Km²...............Kilómetro cuadrado
Km./h. km./h............Kilómetro por hora

L/ ....Letra de cambio
£............................Libra esterlina
Ldo. ....Licenciado.
Ltd., Ltda. ....Limitada
L....................................Liras

Máx. ....Máximo
m/....................................Meses
m/v.........................Meses vista
m., mts. ....Metro(s)
M.²......................Metro cuadrado
m.³......................Metro cúbico
m/c............................Mi cuenta
m/fra..........................Mi factura
m/f. ....Mi favor
mg............................Miligramo
ml. ....Mililitro
mm. ....Milímetro
mín. ....Mínimo
m....................................Minuto
Mod. ....Modelo

Nom. ....Nominal
N.....................................Norte
NE. ....Nordeste
NO...............................Noroeste
n/...............................Nuestro/a
n/cta. ....Nuestra cuenta
n/fra..................Nuestra factura
n/L. ....Nuestra letra
n/o....................Nuestra orden
n/r.....................Nuestra remesa
n/cgo. ....Nuestro cargo
n/ch.................Nuestro cheque
n/g..........................Nuestro giro

n/p. ....Nuestro pagaré
Núm., n.º............................Número

o/...Orden
O.M. ....Orden Ministerial

p/...Pagaré
pág. ....Página
p.º...Paseo
pta., ptas., pts.....................Pesetas
P.N...................................Peso neto
Pl...Plaza
P. admón.........Por administración
P.A., p.a. ....Por ausencia
P.A., p.a. ....Por autorización
% ....Por ciento
p/cta.............................Por cuenta
p. ej.............................Por ejemplo
p.o., P.O., p/o. ....Por orden
p.p.................................Porte pagado
P.D., P.S. .Posdata o Post scriptum
P.V.P.........Precio venta al público
prov..................................Provincia
ppdo. ....Próximo pasado

Ref. Rf.ª ....Referencia
Rte. ....Remitente
r.p.m. .....Revoluciones por minuto

sdo. ....Saldo
s.b.f. ....Salvo buen fin
s.e.u.o..........Salvo error u omisión
s/...Según
s.s..............................Seguro servidor
Sr. ....Señor
Sra. ....Señora
Sres. Srs......................Señores
Srta. ....Señorita
ss., sigs. ....Siguientes
S.G. ....Sin gastos
s/n. ....Sin número
Sdad.................................Sociedad

S.A. ....Sociedad Anónima
S.C...........Sociedad en Comandita
S.R.C. ....Sociedad Regular Colectiva
S.L....................Sociedad Limitada

s/cgo...................................Su cargo
s/c...Su casa
S.E...............................Su Excelencia
s/fra...............................Su factura
s/fv...................................Su favor
s/g.......................................Su giro
s/L. ....Su letra
S.M...........................Su Majestad
s/o..................................Su orden
s/p...............................Su pagaré
s/r...............................Su remesa
s.s.s. ....Su seguro servidor
SE.......................................Sudeste
SO...................................Sudoeste

t/..Talón
T. ....Tara
Tel. Teléf........................Teléfono
Tít. ....Título
t. ....Tomo
Tm....................Tonelada métrica

Ud., Uds............................Ustedes
últ. ....Último

V. ....Valor
V/cta. ....Valor en cuenta
Vr. ....Valor recibido
v..Véase
vto. ....Vencimiento
v.g., v.gr. ....Verbigracia
V.ºB.º ....Visto bueno
Vda. ....Viuda
vol...................................Volumen
V.I. ....Vuestra Ilustrísima
V.E.................Vuestra Excelencia

AAC: Arancel Aduanero Común.
AEB: Asociación Española de Banca.
AECOC: Asociación Europea de Codificación Comercial.
AELC: Asociación Europea de Libre Cambio.
AENOR: Asociación Española de Normalización y Certificación.
AIE: Agrupación de Interés Económico.
AIFE: Asociación Internacional de Fomento.
ALADI: Asociación Latinoamericana de Integración.
ALALC: Asociación Latinoamericana de Libre Comercio.

AMA: American Marketing Association.
AMF: Acuerdo Multifibras.
AMI: Acuerdo Monetario Internacional.
ANGED: Asociación Nacional de Grandes Empresas de Distribución.
AOD: Ayuda Oficial al Desarrollo.
ASEAN: Asociación de Naciones del Sureste Asiático.
ATEIA: Asociación de Transitarios.
AWB: Carta de porte aéreo (Air Way Bill).

BCE: Banco Central Europeo.
BEI: Banco Europeo de Inversión.

BERD: Banco Europeo de Reconstrucción y Desarrollo.
BEX: Banco Exterior de España.
BID: Banco Internacional de Desarrollo.
BIRF: Banco Internacional de Reconstrucción y Fomento.
BOE: Boletín Oficial del Estado.

CAD: Comité de Ayuda al Desarrollo.
CARICOM: Mercado Común del Caribe.
CARIFTA: Caribbean Free Trade Association.
CATS: Mercado Continuo Asistido por Ordenador.
CCI: Cámara de Comercio Internacional.
CECA: Comunidad Europea del Carbón y del Acero.
CED: Comunidad Europea de Defensa.
CEDIN: Centro de Documentación e Información del Comercio Exterior.
CEE: Comunidad Económica Europea.
CEOE: Confederación Española de Organizaciones Empresariales.
CEPYME: Confederación Empresarial de la Pequeña y Mediana Empresa.
CESCE: Compañía Española de Seguros de Crédito a la Exportación.
CNMV: Comisión Nacional del Mercado de Valores.
COFIDES: Compañía de Financiación del Desarrollo.
CSB: Consejo Superior Bancario.

DEG: Derechos Especiales de Giro.
DGA: Dirección General de Aduanas.
DGTE: Dirección General de Transacciones Exteriores.
DUA: Documento Único Aduanero.

EAN: International Article Numbering Association.
ECU: Unidad de Cuenta Europea (European Currency Unit).
EDI: Intercambio Electrónico de Datos.
EEE: Espacio Económico Europeo.
EE.UU.: Estados Unidos de América.
EFTA: Asociación Europea de Libre Comercio.
EURATOM: Comisión Europea de la Energía Atómica.
EURO: Unidad de Cuenta de la Unión Europea.
EUROSTAT: Oficina Estadística de la Comunidad Europea.

FAD: Fondo de Ayuda al Desarrollo.
FBL: FIATA Bill of Lading (conocimiento marítimo de transitarios).
FCR: Forwarding Agents Certificate of Receipt.
FDG: Fondo de Garantía de Depósitos.
FED: Fondo Europeo de Desarrollo.
FEDER: Fondo Europeo de Desarrollo Regional.
FEOGA: Fondo Europeo de Orientación y Garantía Agrícola.
FEU: contenedor de 40 pies (forty equivalent unit).
FIATA: Federación Internacional de Asociaciones de Transitarios.
FMI: Fondo Monetario Internacional.
FSE: Fondo Social Europeo.

GATT: Acuerdo General sobre Aranceles y Comercio.
GV: Gran velocidad.

IATA: Asociación Internacional de Transporte Aéreo.
ICAO: International Civil Aviation Association.
ICEX: Instituto de Comercio Exterior.
ICO: Instituto de Crédito Oficial.
I + D: Investigación y Desarrollo.
IEME: Instituto de Moneda Extranjera.
IFEMA: Instituto Ferial de Madrid.
IIEE: Impuestos Especiales.
IMAC: Instituto de Mediación y Arbitraje.
IMPI: Instituto de la Pequeña y Mediana Empresa Industrial.
INCOTERMS: International Commerce Terms.
INDO: Instituto Nacional de Denominación de Origen.
IVA: Impuesto sobre el Valor Añadido.

LMV: Ley del Mercado de Valores.

MCA: Montantes Compensatorios Monetarios.
MCCA: Mercado Común Centroamericano.
MCE: Mercado Común Europeo.
MIGA: Multilateral Investment Guarantee Agency.
MTO: Organización Multilateral de Comercio.

NABALALC: Nomenclatura Arancelaria Uniforme de la Asociación Latinoamericana de Libre Comercio.
NACCA: Nomenclatura del Consejo de Cooperación Aduanera.
NAFTA: North American Free Trade Association.
NAUCA: Nomenclatura Uniforme Centroamericana.
NC: Nomenclatura Combinada.

OAMI: Oficina Europea de Armonización del Mercado Interior.
OCDE: Organización de Cooperación y Desarrollo Económico.
OCM: Organización Común de Mercado.
OECE: Organización Europea de Cooperación Económica.
OEPM: Oficina Española de Patentes y Marcas.
OFCOMES: Oficinas Comerciales de España en el Exterior.
OMA: Acuerdos de Comercialización Ordenada.
OMC: Organización Mundial de Comercio.
ONG: Organización No Gubernamental.

PAC: Política Agrícola Común.
PIB: Producto Interior Bruto.
PNB: Producto Nacional Bruto.
PV: Pequeña Velocidad.
PVD: Países en Vías de Desarrollo.
PYMES: Pequeña y Mediana Empresa.

RAI: Registro de Aceptos Impagados.
RPA: Régimen de Perfeccionamiento Activo.
RRI: Relación Real de Intercambio.
RUUCD: Reglas y Usos Uniformes Relativos a los Créditos Documentarios.

SCE: Seguro de Crédito a la Exportación.

SFE: Sistema Financiero Español.

SIB: Sistema de Información Bursátil.

SMMD: Sociedades Mediadoras en el Mercado del Dinero.

SOIVRE: Servicio Oficial de Inspección, Vigilancia y Regulación de las Exportaciones.

SPG: Sistema de Preferencias Generalizadas.

SWIFT: Society for Worldwide Interbanks Financial Telecommunications.

TAE: Tasa Anual Equivalente.

TARIC: Arancel Integrado de las Comunidades Europeas.

TEC: Tarifa Exterior Común.

TEU: Contenedor de 20 pies (twenty equivalent unit).

TIR: Transporte Internacional por Carretera.

TLC: Tratado de Libre Comercio.

TRIP: Trade Related Intellectual Property Rights.

UE: Unión Europea.

UEM: Unión Económica y Monetaria.

UEP: Unión Europea de Pagos.

ULD: Dispositivo de Carga Unitaria (Unit Load Device).

UNCTAD: Conferencia de las Naciones Unidas sobre Comercio y Desarrolo.

UNICE: Unión de Industrias de la Comunidad Europea.

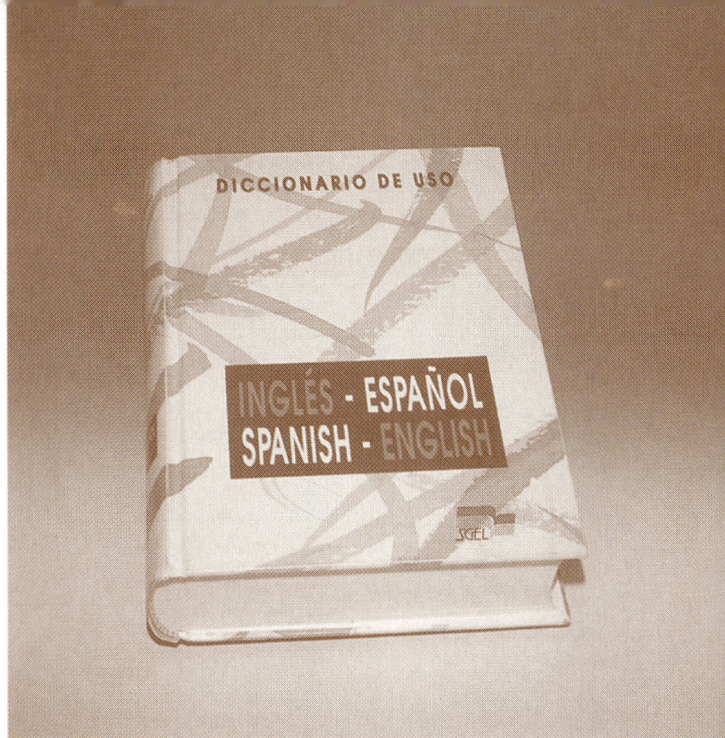

Glosario

Español	Inglés	Francés	Alemán
A			
A bordo	On board	A bord	an Bord
A granel	In bulk	En vrac	lose
A la orden	To order	A l'ordre	and Order
A la vista	At sight	A vue	bei Sicht
A título fiduciario (en confianza)	In trust	A titre fiduciaire	zu getreuen Händen
Abril	To open / issue / establish	Ouvrir	eröffnen
Aceptación	Acceptance	Acceptation	Akzept / Akzeptierung
Agente de transportes, Transitario	Forwarder / Forwarding agent	Transitaire / Transporteur	Spetiteur
Almacén	Warehouse	Magasin	Lager / Lagerhaus
Anticipar	To advance	Avancer (d l'argent)	bevorschussen
Anulación	Concellation	Annulation	Annullierung
Aprobación	Approval	Approbation	Zustimmung
Aproximadamente	About	Environ	circa
Asegurar	To insure	Assurer	versichern
Atender	To honour	Honorer	Honorieren
Aumento	Increase	Augmentation	Erhöhung
Autorización	Authorization	Autorisation	Ermächtigung
Aval	Guarantee / surety	Aval	Aval
Avería	Damage by sea / average	Avarie	Havarie
Avisar	To advise	Aviser	Avisieren
Aviso	Advice / Notification	Avis (notification)	Avisierung / Avis
B			
Bajo cubierta	Under deck	Sous couvert (sous le pont)	unter Deck
Banco cedente	Presenting bank	Banque présentatrice	vorlegende Bank
Banco cobrador (encargado de la cobranza)	Collecting bank	Banque chargée de l'encaissement	Inksssobank
Banco corresponsal	Correspondent bank	Correspondant bancaire	Korrespondenzbank
Banco emisor	Issuing bank	Banque émettrice	Akkreditivbank
Banco remitente / presentador	Remiting bank	Banque remettante	Einreicherbak
Beneficiario	Beneficiary / payee	Bénéficiaire	Begünstigter

Español	Inglés	Francés	Alemán
Beneficiario segundo	Second beneficiary	Bénéficiaire en second	Zweitbegünstigter
Bidón	Barrel	Tonneau	Fass

C

Español	Inglés	Francés	Alemán
Caducar / vencer	To expire / mature	Expirer	erlöschen
Caja	Case	Caisse	Kiste
Cantidad	Amount / quantity	Quantité	Menge
Calidad	Quality	Qualité	Qualität
Cámara de Comercio	Chamber of commerce	Chambre de commerce	Handelskammer
Carga	Cargo / shipment	Cargaison	Ladung
Cargar	To load	Charger	beladen
Carta de crédito	Letter of credit	Accréditif	Akkreditiv
Carta de crédito comercial	Commercial letter o credit	Letre de credit commerciale	Handelskreditbrief
Carta de crédito confirmada	Confirmed L/C/doc. credit	Accréditif confirmé	Bestätigtes Akkreditiv
Carta de porte aérea (guía aérea)	Air Waybill / air consignment note	Lettre de transport aérien	Luftfrachtbrief
Carta de porte de camión (C.M.R.)	Truck waybill (C.M.R.)	Lettre de transport routier (C.M.R.)	Lastwagenfrachtbrief (C.M.R.)
Carta de porte ferroviaria	Railway bill railroad bill of lading / duplicate of rail / consignment note	Lettre de voiture ferroviaire	Bahnfrachtbrief
Certificado de almacenaje	Warehouse certificate	Certificat de dépôt	Lagerschein
Certificado de análisis	Certificate of analysis	Certificat d'analyse	Analysenzertifikat
Certificado de origen	Certificate of origin	Certificat d'origine	Ursprungszeugnis
Certificado de peso	Certificate of weight	Certificat de poids	Gewichtszertifikat
Certificado de progreso de trabajo	Work progress certificate	Confirmation d'avancement des travaux	Arbeitsfortschrittsausweis
Certificado de recibo de agente de transporte	Forwarder's certificate of receipt	Attèstation de prise en charge de l'expediteur	Spediteur-Ubernahmebescheinigung
Certificado de seguro	Certificate of insurance	Certificat d'assurance	Versicherungszertifikat
Cesión	Assignment of proceeds	Cession	Zession
Cobranza	Collection	Encaissement	Inkasso
Cobranza documentaria	Documentary collection	Encaissement documentaire	Dilumentar-Inkasso
Comisión	Commision	Commission	Kommision
Compañía marítima	Shipping company	Compagnie maritime	Schiffahrtsgesellschaft
Comprador	Buyer	Acheteur	Käufer
Compromiso	Undertaking	Engagement	Verpflichtung
Condiciones	Conditions/terms	Conditions	Bedingungen
Confirmación	Confirmation	Confirmation	Bestätigung
Confirmar	To confirm	Confirmer	Bestätigen
Conocimiento de embarque	Bill of lading	Connaissement	Konnossement
Conocimiento de embarque charter / con contrato de fletamento	Charter party B/L	Connaissement chartepartie	Charter-Party-Konnossement
Conocimiento de embarque directo	Through B/L	Connaissement direct	Durchkonnossement
Conocimento de embarque a bordo	On board B/L	Connaissement à bord	Bordkonnossement
Contrato de compra-venta	Contract/bill of sale	Contrat de vente	Kaufvertrag
Correo aéreo	Air mail	Poste aérienne	Luftpost
Crédito a la vista	Sight letter of credit	Accréditif à vue	Sichtakkreditiv
Crédito de pago diferido	Deferred payment credit	Crédit documentaire à paiement différé	Akkreditiv bei verschobenem Zahlungsziel
Crédito documentario	Documentary credit	Crédit documentaire	Dokumentar-Akkreditiv
Crédito negociable	Negotiable letter of credit	Accéditif négotiable	Negoziferungsakkreditiv
Crédito no confirmado	Unconfirmed letter of credit	Accréditif non confirmé	Unbestätigtes Akkreditiv
Crédito respaldado	Back to back credit	Contre-accréditif	Gegen-Akkreditiv
Credito subsidiario			
Crédito rotativo	Revolving credit	Crédit documentaire «revolving» automatiquement renouvelable	Revolvierendes Akkreditiv
Crédito transferible	Transferable crédit	Crédit documentaire	Übertragungsakkreditiv/ übertragbares Akkreditiv
C & F = Costo y flete	C & F= Cost and freight	C & F = Coût et fret	C & F = Kosten und Fracht
CIF = Costo seguro y flete	CIF = Cost, insurance and freight	CIF = Coût, assurance et fret	Cif = Kosten Versicherung und Fracht
COD = contrareembolso	COD = cash on delivery	COD = remboursement	COD = bei Nachnahme
Contingentes	Contingents	Contingents	kontingente

Español	Inglés	Francés	Alemán

D

Español	Inglés	Francés	Alemán
Declaración de seguro	Insurance declaration	Déclaration d'assurance	Versicherungsdeklaration
Derechos de aduana	Customs duty	Droits de douane	Zollgebühr
Descargar	To unload	Décharger	Abladen
Descontar	To disount	Escompter	Diskontieren
Descripción	Description	Désignation	Bezeichnung
Destinatario	Consignee	Destinataire	Empfänger
Día hábil	Working day	Jour ouvrable	Arbeitstag
Dirección de notificación de domicilio para efectos de notificación	Notify address	Adresse à notifier	Meldeadresse (notify)
Divergencia	Discrepancy / desviation	Divergence	Unstimmigkeit
Divisas/monedas extranjeras	Foreign exchange/foreign currency	Devises	Devisen
Documentos contra aceptación	Documents against acceptance (D/A)	Documents contre acceptation (D/A)	Dokumente gegen Akzept (D/A)
Documentos contra pago	Documents against payment (D/P)	Documents contre paiement (D/P)	Dokumente gegen Zahlung (D/P)
Duplicado	Duplicate	Duplicata	Duplikat

E

Español	Inglés	Francés	Alemán
Embarcar	To ship	Embarquer	verschiffen
Embalaje	Packing	Emballage	Verpackung
Embalaje marítimo	Seaworthy packing	Emballage maritine	Seemässige Verpackung
Emitir/expedir/establecer	To issue	Etablir	austtellen
Endosar	To endorse	Endosser	indossieren
Endoso	Endorsement	Endossement/endos	Indossament
Entrega	delivery/handing over/surrender	Remise (délivrance)	Aushändigung
Enviar	To send/dispatch	Envoyer	Senden
Envío parcial	partial shipment	Expédition partielle	Teillieferung
Estiba	shipload	cargaison	schiffsladung
Ex almacén (ex bodega)	Ex warehouse	Ex magasin	ab Lager
Ex estación	Ex station	Ex gare	ab Station
Ex fábrica	Ex works	Ex usine	ab Fabrik
Ex vabón	Ex truck/rail	Ex wagon	ab Waggon
Expedidor	Consignor	Expéditeur	Absender
Expedir	To dispatch	Expédier	Absenden
Exportador	Exporter	Exportateur	Exporteur

F

Español	Inglés	Francés	Alemán
Factura	Invoicer	Facture	Faktura/Rechnung
Factura comercial	Commercial invoice	Facture commerciale	Handelsfaktura
Factura consular	Consular invoice	Facture consulaire	Konsularfaktura
Factura proforma	Proforma invoice	Facture proforma	Proforma-Rechnung
Fecha de carga	Date of loading	Date of chargement	Verladedatum
Fecha de embarque	Date os shipment	Date d'embarquement	Verchiffungsdatum
Fecha de expedición	Date of issuance	Date d'emission	Ausstellungsdatum
Fecha de vencimiento	Expiry date/manturity date	Date d'expiration	Verfalldatum
Flete	Freight	Fret	Fracht
Flete aéreo	Air freight	Fret aérien	Luftfracht
Flete marítimo	Sea freight	Fred maritime	Seefracht
Franco frontera	Free border	Franco frontière	franco Grenze
Franqueo	Postage	Port	Porto
Fuerza mayor	Force majeure/Act of Good	Force majeure	höhere Gewalt
FAS = Franco al costado del barco	FAS = Free alongside ship	FAS = Franco le long du navire	FAS = frei Längsseite des Schiffs
FIO = «Free in and out»	FIO = Free in and out	FIO = «Free in and out»	FIO = frei ein und aus
FOB = Franco a bordo	FOB = Free on board	FOB = Franco à bord	FOB = Frey and Bord
FOR = Franco sobre vagón	FOR = Free on rail	FOR = Franco wagon	FOR = franko Waggon
FPA = Franco de avería particular	FPA = Free of particular average	FPA = Franc d'avaire particulière	FPA = frey von Beschsssdigung

Español	Inglés	Francés	Alemán
G			
Gastos	Charges	Frais	Spesen
Gran velocidad	Express goods	Grandre vitesse	Eilgut
Guía aérea expedida por transportador	House air waybill	Lettre de transport aérien émise par un transitaire	Haus-Luftfrachtbief
H			
Huelga	Strike	Grève	Streik
I			
Importador	Importer	Importateur	Importeur
Irrevocable	Irrevocable	Irrévocable	Unwiderruflich
J			
Jaula	Cage	Cage enbois	Holzverschlag
L			
Legalizar	To legalize	Légaliser	beglaubigen
Letra de cambio/giro	Bill of exchange/draft bill of exchange	Letre de change	Wechsel/gezogener Wechsel
Librado	Drawee	Tiré	Bezogener
Librador	Drawer/maker	Tireur	Austteller (von Wechseln)
Limpio	Clean	Net	rein
Lista de contenido	Packing list	Liste de colisage	Packliste
Lista de pesos	Weigh list	Liste de poids	Gewichtsliste
LL			
Llegar	To arrive	Arriver	Ankommen
M			
Mercancía	Merchandise/goods	Marchandise	Ware
Modificación	Amendment	Modification	Abäderung
Moneda	Currency	Monnaie	Währung
Muestras	Samples	Echantillons	Muster
N			
Negociar	To negotiate	Négocier	negozieren
O			
Obligación	Liability	Obligation	Verbindichkeit
Orden	Order	Ordre	Auftrag/order
Orden de entrega	Delivery order	Bon de livraison	Lieferschein
Ordenante	Applicant	Donneur d'ordre	Akreditivsteller
Ordenante (or orden de)	Principal/applicant/Orderer/Account party	Donneur d'ordre	Auftraggeber
P			
Pagado por anticipado	Prepaid	Payé d'avance	Vorausbezahlt
Pagar/pagado	To pay/paid	Payer/payé	Bezahlen/bezahlt
Pagaré	Promissory note	Billet à ordre	Eigenwechsel
Pago	Payment	Paiement	Zahlung
Pago a la primera presentación	Payment on first presentation	Payable sur première présentation	Zahlunb be erster Vorweisung
Pago diferido	Defferred payment	Paiement différé	aufgeschobene Zahlung
Pequeña velocidad	By good train	Petite vitesse	Frachtgut
Pesar	To weigh	Peser	wiegen

Español	Inglés	Francés	Alemán
Peso	Weight	Poids	Gewicht
Peso bruto	Gross weight	Poids brut	Bruttogewicht
Peso neto	Net weight	Poids net	Nettogewicht
Plazo	Deadline	Délai	Frist
Plazo de entrega	Time of delivery	Délay de livraison	Lieferfrist
Fecha de pago	Date of payment	Délai de paiement	Zahlungsziel
Póliza de seguro	Insurance policy	Police d'assurance	Versicherungspolice
Póliza flotante	Floating policy	Police d'abonnement	Generalpolice
Portador	Bearer	Porteur	Inhaber
Porte debido	Freigh collect	Por dû	unfranko
Porte pagado	Freigh prepaid	Port payé	franko
Presentador	Principal	Donneur d'ordre	Einreicher
Presentación	Presentation	Présentation	Vorzeigung
Prórroga	Extension	Prorogation	Verlängerung
Protesto	Protest	Protêt	Protest
Puerto	Port	Port	Hafen

R

Español	Inglés	Francés	Alemán
Recibo	Receipt	Reçu (quittance)	Quittung
Recibo de un agente de transportes	Receipt/ forwarder's receipt	Récépissé du transporteur	Spediteurbescheiningung
Recurso	Recourse	Recours	Regress/Rückgriff
Reglas y Usos Uniformes de los Créditos Documentarios	Uniform customs and practicer for documentary credits	Régles et usances uniformes relatives aux crédits documentaires	Einheitiche Richtlinien und Gebräuche für Dokumenten Akkreditive
Rehusar	To reject	Refuser	Zurückweisen
Remitente	Sender	Expéditeur	Einreicher/Absender
Reserva	Reserve	Réserve	Vorbehalt
Resguardo de almacén	Warehouse receipt	Récépissé d'entrepôt	Lagerempfangsschein
Resguardo postal	Postal receipt	Récépissé postal	Postquittung
Responsabilidad	Responsability/liability	Responsabilité	Haftung
Revocable	Revocable	Révocable	widerruflich
Riesgo	Risk	Riesque	Risiko

S

Español	Inglés	Francés	Alemán
Saco	Sack	Sac	Sack
Seguro contra todo riesgo	Insurance against all risks	Assurance conter tous risques	Versicherung gegen alle Risiken
Sellado	Stamped	Estampillé	abgestempelt
Sello de recepción	Reception stamp	Timbre de réception	Empfangsstempel
Sin gastos	Without charges	Sans frais	Kostenfrei
Sobre cubierta	On deck	En pontée (sur le pont)	An Deck
Solvencia	Solvency	Solvabilité	Zahlungswürdigkeit
Suministrador	Supplier	Fournisseur	Lieferant
SRCC = Huelgas, Motines, Conmociones civiles	SRCC = Strikes, riots, civil commotions	SRCC = Grèves, émeutes, troubles civils	SRCC = Streik, Aufruhr, politische Unruhen

T

Español	Inglés	Francés	Alemán
Traducción	Translation	Traduction	Übersetzung
Tambor	Drum	Tambor	Trommel
Transbordo	Transhipment	Transbordement	Umladung
Transferencia	Transfer	Tranfert/virement	Übertragung/Überweisung
Transferible	Transferable	Tranférable	Übertragbar
Transporte combinado	Combined transport	Transport combiné	Kombinierter Transport
Transportista	Carrier	Transporteur	Frachführer
TPND = robo, hurto y falta de entrega	TPND = theft, pilferage, non-delivery	TPND = vol, village, disparition	TPND = Diebstahl, Plünderung

Español	Inglés	Francés	Alemán

V

Español	Inglés	Francés	Alemán
Vagón	Railway car	Wagon	Waggon
Vagón colectivo	Groupage wagon (combined load)	Wagon groupage	Sammelwagon
Validez	Validity	Validité	Gültigkeit
Válido hasta	Valid until	Valable jusque	Gültig bis
Valor	Value	Valeur	Valuta/Wert
Vapor	Steamer (s/s)	Vapeur	Dampfer
Vencer	To expire	Expirer	Erlöschen
Vencimiento	Maturity/due date	Echéance	Fälligkeit/Verfall
Vendedor	Seller	Vendeur	Verkäufer

W

Español	Inglés	Francés	Alemán
WA (WPA) = con avería particular	WA (WPA) = with particular average	WA (WPA) = avec avarie particulière	WA (WPA) = Einschliesslich Beschädigung

Índice